돈이 되는
글쓰기의 모든 것

지금 배워 100살까지 써먹는 일과 삶의 진짜 무기

돈이 되는 글쓰기의 모든 것

—

2020년 2월 24일 1판 1쇄 발행
2023년 2월 15일 1판 4쇄 발행

—

지은이 송숙희
펴낸이 이상훈
펴낸곳 책밥
주소 03986 서울시 마포구 동교로23길 116 3층
전화 번호 02-582-6707
팩스 번호 02-335-6702
홈페이지 www.bookisbab.co.kr
등록 2007.1.31. 제313-2007-126호.

—

기획·진행 권경자
디자인 프롬디자인

—

ISBN 979-11-968453-7-7 (03190)
정가 16,800원

책밥은 (주)오렌지페이퍼의 출판 브랜드입니다.

이 도서의 국립중앙도서관 출판예정도서목록(CIP)은 서지정보유통지원시스템 홈페이지
(http://seoji.nl.go.kr)와 국가자료종합목록시스템(http://www.nl.go.kr/kolisnet)에서
이용하실 수 있습니다. (CIP제어번호 : CIP2020005449)

돈이 되는 글쓰기의 모든 것

송숙희 지음

책밥

일러두기

- 이 책에 실린 자료는 독자와 공유합니다.
- www.돈이되는글쓰기.com에서 관련 자료를 다운로드받아 활용할 수 있습니다.

하버드 대학교 졸업생 90퍼센트가
이것 때문에 후회한다

취업준비생 나오미는 미치도록 좋았습니다. 미국 항공우주국 나사(NASA)의 인턴으로 선발되었기 때문입니다. 나오미는 SNS로 이 사실을 맘껏 자랑했습니다. 그녀의 글에는 욕설이 섞이기도 했고, 어떤 이가 말조심하는 게 좋겠다며 댓글을 남기는 일도 생겼습니다. 합격 소식에 흥분이 채 가시지 않은 나오미는 도리어 심한 성적 욕설로 맞받아쳤습니다. 그런데 댓글을 남긴 사람은 나사의 엔지니어를 지낸 이로, 당시 나사를 감독하는 국립우주위원회에서 일하는 사람이었습니다. 질겁한 나오미가 부랴부랴 트위터 글을 전부 삭제하고 계정을 폐쇄하는 등 수습에 나섰지만 이미 엎질러진 물이었습니다. 나사로부터 인턴십 취소 통보를 받았거든요.

일곱 살 때 미국으로 건너간 박진규 님은 부모가 사기를 당하는 바람에 불법체류자로 살았습니다. 다행히 불법체류 청년 추방유예

프로그램(DACA)의 도움으로 미국에서 계속 공부할 수 있었고, 세계 최고 권위의 장학 프로그램인 옥스퍼드 대학교의 '로즈장학생'으로 선발되기까지 했습니다. 하지만 트럼프 정부에서 불법체류 청년 추방유예프로그램을 폐지하기로 하는 바람에 그는 진퇴양난에 빠졌습니다. 영국으로 떠나면 그는 다시 미국으로 돌아올 수 없게 된 것입니다. 박진규 님은 〈뉴욕타임스〉에 불법체류 청년 추방유예프로그램 폐지의 부당성을 지적하는 글을 기고했습니다. 이 기고문은 미국 사회에 큰 반향을 일으켰고 미국 하원의원의 초대로 의회에서 열리는 트럼프 대통령의 국정연설을 지켜보기도 하는 등 오피니언 리더로서 그의 존재를 일시에 부각시켰습니다. 결국 그가 쓴 한 편의 글은 영국에서 공부한 후 미국으로 돌아와 계속 공부할 수 있도록 길을 열어주었습니다. 로즈장학회와 하버드 대학교 측은 공동 변호사팀을 꾸려 박진규 님이 영국 유학생활을 마치고 하버드 대학교로 돌아와 계속 공부할 수 있도록 법적 도움을 주고 있다 합니다.

미국 예일 대학교의 에이미 추아 교수는 큰딸이 로클러크(대법원 재판연구원)로 일할 수 있도록 줄을 댔습니다. 에이미 추아 교수는 연방대법관인 캐버노에게 로비하여 큰딸의 로클러크 채용을 성사시켰습니다. 그녀의 로비는 칼럼 한 편 쓰기. '캐버노는 여성들의 멘토'라는 칼럼을 〈월스트리트 저널〉에 기고하여 캐버노가 대법관 인준을 통과하도록 공개 지지를 한 것입니다. "젊은 여성 판사들의 선생님이자 친구인 캐버노보다 내가 더 믿을 수 있는 판사는 없다"며 캐버노를 극찬하는 글을 썼습니다. 이 칼럼은 대표적 진보학자인 에이미 추아 교수가 보수 대법관 후보를 공개 지지한 이례적인 일이라는 비난이 속출하는 등 거센 후폭풍을 일으켰지만, 캐버노는 대법관으로 취임했습니다. 그가 취임한 지 8개월 만에 에이미 추아 교수의 딸 소피아도 로클러크에 채용되었습니다.

○ 피할 수 없는 인생의 전투에서 승리하는 개인의 무기

세 편의 사례는 삶의 중요하고 긴급한 순간순간에 글쓰기가 얼마나 큰 위력을 발휘하는가를 이야기합니다. 정보를 전하거나, 설명하거나, 설득하거나, 강연하거나, SNS를 하거나 일과 일상의 거의 모든 순간에 글쓰기가 필요합니다. 문제는 그 모든 순간의 글쓰기가 원하는 것을 얻도록 돕기도 하지만 다 잡은 기회를 망치게도 만드는 결정적 요인으로 작용한다는 것입니다.

재학하는 4년 내내 글을 쓰거나 쓰면서 공부하는 하버드 대학교 졸업생 90퍼센트가 학생시절 글쓰기에 대해 더 배우지 못한 것을 뼈

저리게 후회합니다. 막상 사회에 진출해보니 글쓰기가 필요하지 않은 일이 없고 글쓰기가 중요하지 않은 삶의 순간이 없음을 알게 되어 그렇습니다. 대학에서 배운 것만으로는 전방위적으로 요구되는 글쓰기 능력을 발휘하기에 역부족임을 알아서 그렇습니다. 이제는 글쓰기 자체가 아니라 글쓰기로 의도한 것을 이루느냐 아니냐가 관건입니다. 지금은 사람도 일도 생각도 모두 얽히고설킨 초연결의 시대. 원하든 그렇지 않든 간에 우리가 웹페이지에 쓴 글은 의도를 벗어나 공유되면서 영향을 미칩니다. 컴퓨터 자판의 삭제키가 먹히지 않는 인터넷에 한 번 올린 글은 지울 수도 없습니다.

○ 글쓰기, 돈이 되거나 독이 되거나

글을 쓴다는 것은 읽히기 위한 작업이고 읽게 만드는 행위입니다. 썼으면 읽혀야 하고 읽혔으면 통해야 하고 통했으면 먹혀야 합니다. 당신이 관심과 시간을 투자하여 글을 쓴다면 그 글이 당신의 독자에게 읽혀야 하고 의도한 반응을 끌어낼 수 있어야 합니다. 핵심을 빠르게 전달하여 원하는 반응을 빠르게 얻어내는 글쓰기, 나는 이러한 글쓰기를 '돈이 되는 글쓰기'라 부릅니다. 쓴다고 쓰지만 읽히지 않고 먹히지도 않는, 시간과 에너지만 잡아먹는 글쓰기는 일과 삶에 독소로 작용한다 하여 '독이 되는 글쓰기'라 부릅니다. 이 책은 돈이 되는 글쓰기 능력을 갖도록 돕습니다.

명료하게 글을 쓴다는 것은 삶에서 반드시 거쳐야 할 전투에서 이기게 하는 칼이나 M16 같은 총, 방탄조끼 사용하는 법을 배우는 것과 같다.

— **조던 피터슨** 베스트셀러 작가이자 캐나다 토론토 대학교 교수

왜 경영대학에서 글쓰기를 가르치지 않는지 모르겠다.

— **워런 버핏** 세계 최고의 투자회사 버크셔 해서웨이 회장

○ '워라밸'을 좌우하는 글쓰기

최근 몇 년, 눈 깜박할 사이, 글쓰기를 통한 정보와 메시지 발신이 폭발적으로 늘었습니다. 일과 일상에서 글쓰기가 얼마나 중요한지 역설한 문장을 옮겨 담는 것으로도 책 한 권이 모자랍니다. 직장에서 유능함을 인정받으면서도 야근 없이 똑떨어지게 일하고 얻어내는 '워라밸'은 글쓰기 실력이 좌우한다는 말도 자연스럽습니다. 글쓰기의 쓰임이 늘면 늘수록 글쓰기 실력을 갖추지 못해 발생하는 어려움이나 스트레스도 급증합니다. 그럭저럭 쓰는 정도로는 불가능하기 때문입니다. 잘 읽히는 글, 잘 먹히는 글을 쓰고 그리하여 의도한

결과를 얻어냄으로써 원하는 이미지를 얻고 매력과 영향력을 발휘하는 글쓰기 능력은 이제 직업이나 직무, 직종을 불문하고 터득해야할 1순위 역량으로 자리 잡았습니다.

글을 잘 쓰는 능력은 그저 글을 잘 쓰는데 그치는 것이 아니라 당신을 유능한 사람으로 인식하게 합니다. 잘 읽히는 글을 쓸 줄 아는 능력은 독자로부터 관심, 돈, 시간을 투자받는 프로페셔널로 거듭나게 합니다. 이것이 돈이 되는 글쓰기의 파워입니다. 에너지와 시간을 투자하고도 읽히지 않고 통하지 않고 먹히지 못하면 그 글은 독이 되고 맙니다. 독이 되는 글쓰기가 위험한 것은 단지 글을 좀 못 쓰는 정도가 아니라 당신을 무능한 사람으로 오인하게 만드는 것입니다. 당신의 능력이 실제로 어떠하든 독이 되는 글쓰기는 당신이 아마추어에 불과하다는 부정적인 선입견을 갖게 합니다. 이것이 독이 되는 글쓰기의 치명적인 결과입니다.

○ 지금 바로 배워 100살까지 써먹는 내 삶의 진짜 무기

이 책은 무슨 일을 하든 원하는 성과를 내고 실력을 인정받으려면 글쓰기가 매우 중요하다는 것을 알아버린 당신을 위해 썼습니다. 이 메일, 프레젠테이션, 설명, 발표, 보고서, 인트라넷, 메신저 등 회사

업무의 대부분을 글쓰기로 승부하는 직장인, 퇴사 준비에 바쁜 베이비부머와 취업을 준비하는 90년대생들, 단절된 경력을 딛고 재취업을 모색하는 30대 후반 여자 후배들과 혼자서 알토란 같이 일과 삶을 꾸려가는 프리랜서, 1인 기업, 전문직은 물론 SNS 공략에 바쁜 자영업 사장님, 덕질하기 바쁜 유튜버까지 글쓰기라는 도구를 사용해 빛나는 일과 일상을 만들고 싶어 하는 당신을 위해 썼습니다. 이미 글쓰기로 밥을 먹고 있지만 결과가 시원찮다면, 또한 일상에서 글쓰기로 인한 소통 능력을 갖지 못해 일상이 불편한 당신이라면 이 책을 읽어보세요. 글쓰기 능력을 전략적으로 개발하도록 가이드합니다. 이 책은 한국 대표 글쓰기 코치로 불리며 20년 가까이 진행해온 〈돈이되는글쓰기〉 수업의 결정판입니다. 강의실에서 또 온라인으로 전파하고 전도해온 유료 콘텐츠를 일일이 옮겨 담았습니다. 이 책은 직업적 성공과 사회적 영향력을 발휘하는데 요구되는 필수 소양으로써 글쓰기 능력을 향상하도록 돕습니다.

이 책은 일과 삶의 핵무기가 되는 글쓰기 능력을 위한 편의점을 목표로 했습니다. 필요할 때 달려가고 급할 때 우선 떠올리는 집 앞 편의점처럼 글 쓰는 순간 언제든 쉽고 빠르게 문제를 해결하고 원하는 성과를 내는 데 도움받을 수 있도록 내용을 구성했습니다. 돈이 되는 글쓰기 능력에 필요한 지식, 기술, 노하우는 물론, 언제든 쉽고 편하고 만만하게 글 쓰는 근육을 단련하게끔 연습하고 훈련하는 프로그램도 제시했습니다. 이 책 한 권이면 치열하게 생각하고 치밀하게 설득하며 당당하게 소통하고 영향을 미치는, 그리하여 원하는 것을 얻어내는 돈이 되는 글쓰기 능력을 가질 수 있습니다. 돈이 되는 글쓰기 능력 하나면 당신은 어떤 성공이든 어떤 바람이든 꿈꾸고 원하는 대로 다 이룰 수 있습니다.

이 책의 제목은 미국의 국립 쓰기위원회(National Commission on Writing)에서 펴낸 보고서 제목

Writing: A Ticket to Work Or a Ticket Out

에서 착안했습니다. 이 보고서는 기업 120곳을 대상으로 조사한 연구를 토대로 오늘날 직장에서 글을 쓰는 것은 직원들 사이에서 고용과 승진을 위한 '임계기술'이라고 요약합니다. 설문조사 결과에 따르면 작문은 전문적인 기회에 대한 티켓이며, 불완전하게 작성된 작문은 죽음의 입맞춤이라고 비유합니다. 나는 20년 가까이 글쓰기 수업을 해오며 글쓰기는 직장인뿐 아니라 모든 사람에게 돈이 되거나 독

이 되거나 둘 중 하나임을 목도했고 주저 없이 이 책의 제목을 '돈이 되는 글쓰기의 모든 것'으로 정했습니다.

글쓰기 코치라는 직업을 탄생시킨 나의 첫 책을 낼 무렵 초등학교 5학년이던 아들아이가 보고서 쓰기와 이메일, SNS 쓰기를 고민하는 사회인이 되었습니다. 한국 대표 글쓰기 코치로서 하나뿐인 아들아이에게 전해줄 딱 한 권의 글쓰기 책을 염두에 두고 썼습니다. 이 책을 아들아이보다 먼저 당신에게 바칩니다. 조던 피터슨 교수의 당부와 함께.

여러분이 제대로 생각할 수 있고, 말할 수 있고, 글 쓸 수 있다면, 여러분 앞길을 막는 건 아무것도 없습니다. 도대체 이걸 왜 얘기를 안 해주는지 모르겠어요. 글 쓰는 법은 누군가에게 제공해줄 수 있는 가장 강력한 무기입니다.

당신의 글쓰기가 돈이 되게 돕는
송숙희 코치 드림

프롤로그 하버드 대학교 졸업생 90퍼센트가 이것 때문에 후회한다

KNOWHOW
지식과 기술로 시작하는 돈이 되는 글쓰기

무슨 글이든 반드시 잘 쓰게 되는
글쓰기 불변의 법칙 7

제 3 장 돈이 되는 글쓰기 스타일링 5

2부

DOHOW
태도와 습관으로 완성하는 돈이 되는 글쓰기

제 **4** 장

돈이 되는 글쓰기
초능력을 만드는 결정적 태도 5

제 5 장

돈이 되는 글쓰기
근육을 강화하는 매일 습관 7

에필로그 당신의 글에 투자하라

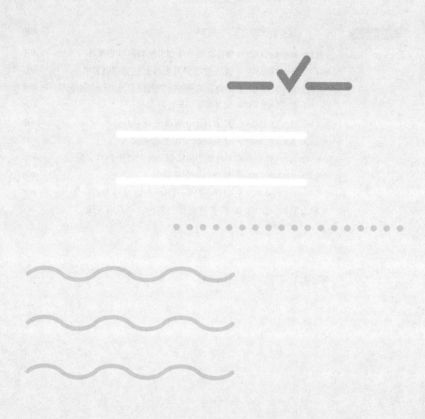

1부

KNOWHOW

지식과 기술로 시작하는
돈이 되는 글쓰기

· 제 **1** 장 ·

무슨 글이든
반드시 잘 쓰게 되는
글쓰기 불변의 법칙 7

· 돈이 되는 글쓰기, 카시(KASH)의 법칙 ·

K 지식 Knowledge	A 태도 Attitude
S 기술 Skill	H 습관 Habit

—— " ——

어떤 것을 꿈꾸든 당신의 성공은
돈이 되는 글쓰기 능력이 좌우한다.

—— " ——

소원을 이루고 싶다면,
돈이 되는 글을 써라

돈이 되는 글쓰기:
카시(KASH)의 법칙

카시(KASH)의 법칙은 보험 세일즈 분야에서 성공할 수 있는 법칙을 정리해놓은 것으로 미국 생명보험협회에서 수십 년간의 경험과 데이터를 분석해 만든 것입니다. 이 내용은 특정 분야의 능력을 발달시키는 모델로도 쓰입니다. 어떤 분야든 원하는 성공을 이루려면 특정한 능력을 갖춰야 하는데, 이러한 능력은 지식이나 기술뿐 아니라 적합한 태도를 갖추고 습관으로 구축될 때 가능하다는 의미를 전합니다. 글쓰기 능력도 그렇습니다. 그냥 글을 쓰는 게 아니라 돈이 되는 글을 쓰려면, 그냥 능력이 아니라 무슨 소원이든 다 이루어주는 돈이 되는 글쓰기 초능력을 가지려면 카시의 법칙을 적용해야 합니다. 돈이 되는 글을 쓰는데 요구되는 일련의 지식과 태도, 그리고

돈이 되는 글을 쓰는데 필요한 기술은 물론, 돈이 되는 글쓰기를 습관
화해 기를 쓰지 않고 애를 쓰지 않아도 가능하도록 만들어야 합니다.

○ **Knowledge** 돈이 되는 글쓰기를 위한 지식

　돈이 되는 글쓰기를 위해 알아야 할 지식이 있습니다. 글쓰기 이
전에 커뮤니케이션과 언어 능력에 대한 기본 지식은 물론 문법, 맞
춤법에도 조예가 있어야 하고 독자 상황과 심리를 이해하는 한편 쓰
기와 읽기, 생각하기의 상관관계 등에 이르기까지 기본에 대해 많이
알면 알수록 돈이 되는 글을 잘 쓰게 됩니다.

○ **Attitude** 돈이 되는 글쓰기를 위한 태도

　돈이 되는 글쓰기에 요구되는 태도와 자세를 가져야 합니다. 썼

으면 읽히는 글, 통하고 먹히고 그리하여 독자로부터 마침내 원하는 반응을 끌어내겠다는 단호한 태도와 마인드 셋, 그로부터 나오는 일련의 행동자세까지를 포함합니다.

○ **Skill** 돈이 되는 글쓰기를 위한 기술과 소양

돈이 되는 글쓰기는 생각을 만들어 표현하는 데 직결된 기술과 소양을 요구합니다. 돈이 되는 글을 척척 써내도록 기술을 단련하고 감각과 안목을 길러야 합니다.

○ **Habit** 돈이 되는 글쓰기를 위한 연습과 습관 들이기

글쓰기 자체가 만만해야 더 잘 쓰는 노력이 가능합니다. 글을 잘 쓰는 노력은 쓰는 사람으로 살 때라야 가능합니다. 의식하지 않아도 잘 쓰려면 쓰기와 관련된 모든 행동을 습관으로 굳어지게 해야 합니다.

• 돈이 되는 글쓰기, 카시(KASH)의 법칙 •

- **지식(Knowledge)** : 돈이 되는 글쓰기를 위해 알아야 할 지식과 정보
- **태도(Attitude)** : 돈이 되는 글쓰기에 요구되는 태도와 자세
- **기술(Skill)** : 돈이 되는 글쓰기가 가능한 기술과 소양
- **습관(Habbit)** : 돈이 되는 글쓰기를 연습하고 습관 들이기

글쓰기 책을 사고 강연을 찾아다니지만 글쓰기 실력이 늘지 않는 것은 실제로 쓰지 않기 때문입니다. 글쓰기가 여전히 버겁고 부담스러운 것은 글을 쓰면서 경험을 만들어가지 않기 때문입니다. 일과 삶의 무기가 되는 돈이 되는 글쓰기 능력을 개발하는 데 필요한 지식-기술-태도-습관에 대해 구체적으로 소개합니다. 이 책에 소개된 모든 실천 프로그램은 글쓰기 수업을 통해 검증된 것들로 당신과 공유하기 위해 재구성합니다.

이번 장은 돈이 되는 글쓰기, 카시의 법칙 중에서 지식 편을 다룹니다. 돈이 되는 글을 쓰기 위해 알아야 할, 배워야 할 많은 지식 가운데 중요하고 우선되는 것들을 7가지로 정리했습니다. 글쓰기 불변의 법칙 7가지를 익히면 어떤 글이든 무슨 글이든 반드시 잘 쓰게 되는 기본 능력을 갖게 됩니다. 글을 잘 쓰기 위한 첫 번째 법칙은 '돈이 되는 글을 써라'입니다.

글쓰기, 돈이 되거나 독이 되거나

당신은 그럭저럭 쓸 수 있습니다. 하지만 충분히 잘 쓰지는 못합니다. 당당하고 자신만만하게 글을 내놓기도 쉽지 않습니다. 자주, 많이 여러 곳에 글을 쓰지만 의도한 것을 얻어내지는 못합니다. 허

1부 지식과 기술로 시작하는 돈이 되는 글쓰기

겁지겁 쓰느라 애쓴 나머지 내가 쓴 글을 다른 사람이 어떻게 읽는지, 내가 쓴 글을 보고 나를 어떻게 여기는지와 같은 것은 생각할 엄두도 내지 못합니다. 글을 쓰느라 관심과 시간을 투자했지만 끝까지 읽히지 않고 의도한 것을 이루지도 못한다면 당신은 독이 되는 글을 쓴 것입니다. 보고서든 SNS든 이메일이든 글은 읽혀야 하고 독자로부터 의도한 반응을 끌어내야 합니다. 독자가 시간과 관심을 투자하여 읽은 글, 이런 글은 내가 원하는 방향으로 독자를 행동하게 합니다. 당신이 이런 글을 썼다면 돈이 되는 글을 쓴 것입니다. 돈이 되는 글을 쓸 줄 아는 능력은 독자로부터 관심, 돈, 시간을 투자받는 프로페셔널로 거듭나게 합니다. 돈이 되는 글쓰기는 그저 글을 잘 쓴다는 평가에 그치는 것이 아니라 당신을 유능한 사람으로 인식하게 합니다. 반면, 독이 되는 글쓰기가 위험한 것은 단지 글을 좀 못 쓰는 정도가 아니라 당신을 무능한 사람으로 오인하게 만드는 것입니다. 당신의 능력이 실제로 어떠하든 독이 되는 글쓰기는 당신이 아마추어에 불과하다는 부정적인 선입견을 갖게 합니다. 독이 되는 글

• 돈이 되는 글쓰기 목표 •

CTA

Call To Action : 원하는 행동 끌어내기

쓰기는 당신의 성공을 가로막는 치명적인 걸림돌입니다.

돈이 되는 글쓰기는 원하는 행동을 끌어냅니다(CTA : Call To Action). 독자가 관심과 시간을 들여 읽게 만들고 마침내 독자의 마음을 얻어 내는 글쓰기를 말합니다. 읽는 사람, 쓰는 사람 모두 윈윈하는 이기는 글쓰기입니다. 읽으면 바로바로 이해하는 글쓰기, 읽고 나면 글이 의도한 대로 행동하게 되는 글쓰기를 말합니다. 글쓰기 불변의 법칙, 그 첫 번째는 '돈이 되는 글을 써라'입니다.

• 돈이 되는 글쓰기 vs 독이 되는 글쓰기 •

돈이 되는 글쓰기	독이 되는 글쓰기
읽히는	읽기를 포기하는
먹히는	막히는
독자 중심	필자 중심
전략적 접근	일단 쓰고 보는
Call To Action(원하는 행동 끌어내기)	그냥 쓰기
생각-쓸거리-쓰기	생각-쓰기
유능한 사람이라는 인식	유능하지 못하다는 선입견
이기는 글	이기적인 글
프로페셔널 독자의 관심, 돈, 시간을 투자받는, 독자의 마음을 얻는 → 원하는 반응을 얻어내는	**아마추어** 글을 쓰느라 관심, 돈, 시간 낭비, 마음을 얻지 못하는 → 아무것도 이루어지지 않는

1부 지식과 기술로 시작하는 돈이 되는 글쓰기

> - 핵심을 빠르게 전달하여 원하는 반응을 빠르게 얻어내는 글쓰기
> - 독자가 관심, 시간을 투자하여 읽고 반응하게 만드는 글쓰기. 쓰는 사람 역시 글쓰기에 쏟은 시간과 에너지에 대한 투자수익을 올리는 윈윈하는 글쓰기
> - 어떤 분야에서든 원하는 성공을 가능하게 하는 필수 능력

소원을 이뤄주는 글쓰기, 소원을 망치는 글쓰기

예일 대학교 학생들이 가장 영향력 있는 스승으로 꼽는 윌리엄 반스 교수. 그는 글로벌 기업과 국제기관 종사자들을 대상으로 비즈니스 커뮤니케이션을 지도합니다. 수업 안팎에서 반스 교수는 딱 한 가지만을 강조합니다.

무엇이든 소원을 이루고 싶다면 커뮤니케이션 능력을 갖추라.

취직에서 입학, 상담, 승진이나 승급, 결혼, 창업, 발명에 이르는 모든 일에서 커뮤니케이션 없이는 성공할 수 없기 때문이라는 것이 반스 교수의 설명입니다. 성공에는 능력, 인맥, 자금이 중요하지만 이 역시 어떻게 커뮤니케이션하는가에 달려 있기 때문에 성공에는

커뮤니케이션이 필수라고 강조합니다. 커뮤니케이션 능력 가운데 압권은 글쓰기입니다. 그래서 이런 역설이 가능합니다.

어떤 것을 꿈꾸든 당신의 성공은 돈이 되는 글쓰기 능력이 좌우한다.

나는 이 말을 '돈이 되는 글쓰기 지니의 법칙'이란 이름의 방정식으로 만들었습니다. 이 공식에 따르면 당신이 어떤 분야에서 탁월한 실력을 발휘하더라도 돈이 되는 글쓰기 능력을 갖추지 못하면 성공은 기대하기 어렵습니다. 또한 당신이 설령 어떤 분야에서 평범한 재능을 가졌더라도 돈이 되는 글쓰기 능력이 곱해지면 원하는 것을 이룰 수 있습니다.

• 돈이 되는 글쓰기 지니의 법칙 •

해당 분야의 실력
↓
$$f(x)=success$$
↑   ↑
돈이 되는 글쓰기   원하는 것을 이루는, 즉 성공하는

ⓞ 빠르게 소원을 이뤄주는 돈이 되는 글쓰기의 조건

돈이 되는 글쓰기는 다음과 같은 조건을 갖춰야 합니다.

`Fast` 빠르게 전달해야 한다

독자는 바쁘고 산만합니다. 읽을 게 너무 많습니다. 의도한 내용을 핵심 위주로 빠르게 전달해야 합니다.

`Attractive` 매혹적인 내용이어야 한다

독자가 빠르게 반응하도록 만들려면 독자의 관심을 끌만한 흥미로운 내용이어야 합니다.

`Simple` 내용은 간결해야 한다

전달하려는 내용을 간결하게 구성해야 빠르게 전달됩니다.

`call To action` 원하는 반응을 명확하게 요청한다

쓰기는 내용을 전달하는데 그치는 것이 아니라 의도한 대로 독자가 행동하게 만들어야 합니다. 원하는 것을 명확하게 요청해야 빠르게 반응합니다.

돈이 되는 글쓰기의 이 4가지 요소를 정리하면 이러합니다.

핵심을 빠르게 전달하여 원하는 반응을 빠르게 얻어낸다.

핵심을 빠르게 전달하여 원하는 것을 얻는다.

FAST

Fast	Attractive	Simple	call To action
빠르게	매혹적으로	간결하게	원하는 반응 끌어내기

누구도 넘볼 수 없는 차이, 돈이 되는 글쓰기 초능력

　돈이 되는 글쓰기란, 의도한 대로 글을 써서 독자를 원하는 방향으로 움직이게 만드는 글쓰기를 말합니다. 이를 위해 핵심을 빠르게 전달하고 분명하게 원하는 것을 요청하는 것이 중요합니다. 돈이 되는 글쓰기는 독자가 관심, 시간 그리고 돈(글값)을 투자하여 읽고 반응하게 만드는 글쓰기입니다. 독자가 반응해야 그 글을 쓰는데 들인 시간과 관심과 돈(기회비용)에 수익을 올리게 됩니다. 돈이 되는 글쓰기는 이렇듯 실제로 가치를 창출하는 글쓰기를 말합니다. 따라서 돈이 되는 글쓰기는 어떤 분야에서 어떤 성공을 원하든 반드시 갖춰야 할 필수 능력입니다. 이런 글쓰기 능력 없이는 어떤 직업도 직무도 제대로 수행할 수 없기 때문입니다.

4년 연속 대한민국 샐러리맨 연봉 킹에 오르며 최근 6년간 받은 연봉만 700억 원. 이 기록적인 신화의 주인공은 삼성전자 권오현 회장입니다. 그는 '초경쟁 환경에서는 어떤 경쟁도 허락하지 않는 넘볼 수 없는 차이를 만드는 격이 필요하다'고 단언하면서 이를 '초격차'라 부릅니다. 초격차는 개인에게 더욱 필요합니다. 직장 안에서든 밖에서든 누구도 넘볼 수 없는 차이를 만들고 지속하는 능력이 필요합니다. 돈이 되는 글을 쓸 줄 아는 능력은 우리의 일과 삶이 필요로 하는 원활한 힘과 에너지, 방법과 기술을 가능하게 합니다. 돈이 되는 글을 쓸 수 있다면 누구도 넘볼 수 없는 차이를 만드는 능력을 갖게 되는 것입니다. 이러한 능력을 나는 초능력이라 부릅니다.

정리하자면 돈이 되는 글쓰기란, 독자의 관심, 시간, 돈을 투자받고 마음을 공략하여 원하는 것을 얻어내는 글쓰기를 말합니다. 돈이 되는 글쓰기는 명료하고 구체적으로 생각하게 만드는 도구입니다. 돈이 되는 글쓰기는 갈수록 중요해지는 의사소통, 협업에 반드시 필요한 수단입니다. 돈이 되는 글쓰기는 한 줄 글로 국가와 기업, 개인의 운명을 들썩이게 만드는 핵무기입니다. 돈이 되는 글쓰기는 분야 불문, 경력 불문, 학력 불문, 연차 불문하고 직업적 성공을 부르는 마스터키입니다. 돈이 되는 글쓰기는 영향력을 발휘하고 매력을 어필하며 설득력을 행사하는 프로가 갖춰야 할 필수 능력입니다. 돈이 되는 글쓰기는 콘텐츠를 생산하고 지식사업을 운영하는 데 반드시 필요한 기술이자 평생 현역의 최종 병기입니다. 그러므로 돈이 되는 글쓰기 초능력은 누구도 넘보지 못하는 해자(垓子)*를 갖는 일이며, 원하는 것을 말만 하면 다 이뤄주는 요술램프입니다.

• 돈이 되는 글쓰기 ATM •

독자의 관심, 시간, 돈을 투자받고 마음을 공략하여 원하는 것을 얻어내는 글쓰기

ATM

Attention
독자의 관심

Time
독자의 시간

Money & Mind
독자의 돈과 마음

---

* 해자(垓子): 적의 침입을 막기 위해 성 밖을 둘러 파서 못으로 만든 곳

먼저 쓸거리를
만들어라

당신이 글을
잘 쓰지 못하는 진짜 이유

읽어도 또 읽어도 단 하나의 생각을 잡아낼 수 없다. 그 어떤 뚜렷한 내용도 머리에 떠오르지 않는다. 낱말에 낱말을 구절에 구절을 쌓아 올렸을 뿐 말하고자 하는 바가 아무것도 없다.

이 말은 철학자 쇼펜하우어가 당대의 대표 철학자 헤겔이 쓴 글을 보고 지적한 것입니다. 쇼펜하우어는 헤겔이 이렇게 쓸 수밖에 없는 배경도 밝힙니다.

할 말도 없고 아는 것도 없고 생각도 없으면서 그래도 말은 하고 싶어서 말들을 골라 써서 그렇다.

쇼펜하우어는 헤겔의 글쓰기가 형편없는 것은 생각할 줄 모르기 때문이라고 꼬집습니다.

그가 쓰는 언어들은 자신의 생각을 더 분명하게 표현해주기 때문이 아니라 생각의 결핍을 아주 능숙하게 감추어주기 때문에 선택되었다.

쇼펜하우어는 '읽어도 읽어도 무슨 뜻인지 알 수 없는 글쓰기'를 '헤겔짓거리'라 부르며 놀려먹기도 했습니다. 만일 당신이 쓴 글을 읽고 독자가 '뭔 말을 하는지 모르겠다'고 투덜댄다면 당신도 헤겔짓거리를 한 것입니다. SNS에서 발견되는 많은 글들이 헤겔짓거리에 가깝습니다. 쇼펜하우어의 말마따나 이런 글들은 대부분 싫증나고 지루한데, 무엇을 말하려는 것인지도 모르고 쓰기 때문입니다. '헤겔짓거리' 한 글은 돈이 되기는커녕 독이 되기 십상입니다.

⊙ 디지털 시대 90퍼센트가 앓는 글쓰기 부전증

20년 가까이 글쓰기를 강의하고 코칭하고 컨설팅하면서 참으로 많은 사람들을 만났습니다. 만난 사람의 수만큼 다양한 하소연을 들었습니다. 앓는 소리는 제각각이지만 대개는 다음 3가지 증상을 앓습니다.

1부 지식과 기술로 시작하는 돈이 되는 글쓰기

증상 ① 쓸 엄두가 나지 않아 시작도 못한다.

증상 ② 쓰다 말다, 말다 쓰다… 끝내지 못한다.

증상 ③ 무슨 내용을 써야 할지 모르겠다.

나는 이러한 증상에 '글쓰기 부전증(不全症)'이라 이름 지어 주었습니다. 글쓰기 부전증이란 '글을 잘 쓰지 못하거나 또는 글을 잘 쓰지 못해 실력이나 능력을 제대로 발휘하지 못하는 것'이라고 나름 정의합니다. 글쓰기 부전증은 결국 하나의 원인에 닿습니다.

무슨 말을 하고 싶은지, 모르거나 잘 모르거나

쇼펜하우어가 헤겔짓거리의 원인으로 파악한 것과 같습니다. 무슨 말을 하고 싶은지 모르는데 어떻게 잘 읽히는 글을 쓸 수 있겠어요? 겨우 쓰더라도 끝까지 읽힐 리 없고 그러니 의도한 반응을 끌어낼 리 만무합니다. 이런 식으로 억지로 쓰다 보니 글 쓰는 일이 내내 고역이고 재미를 느낄 리도 없습니다. 글쓰기가 돈이 되기는커녕 매번 시간과 에너지만 낭비하고 맙니다. 이러니 글쓰기 연습을 하다 말다, 말다 하다를 되풀이하게 되고, 그러는 사이 글쓰기가 점점 어렵고 힘든 일로만 인식됩니다. 해결책도 딱 하나입니다. '쓰기 전에 쓸거리부터 만들기.' 그래서 나는 이 말을 입에 달고 삽니다.

쓸거리가 있으면 쓰는 것은 문제가 되지 않는다. 쓸거리가 없으면 쓰는 것은 문제조차 되지 않는다.

글을 잘 쓰기 위한 두 번째 법칙은 '먼저 쓸거리를 만들어라'입니다.

독이 되는 글쓰기를 부르는 고질적 습관

비만이나 당뇨, 고혈압 등 현대인들의 고질병은 '생활습관병'이라고도 합니다. 글쓰기 부진증도 잘못된 쓰기 생활이 낳은 습관병입니다. 잘못된 쓰기 습관이란, 생각나는 대로 쓰고 보는 '생각하기-쓰기' 패턴을 말합니다. 생각나는 대로 떠오르는 대로 쓰다 보니 독자가 읽기에 싫증나고 지루한 글을 쓰게 됩니다. 독자로부터 관심과 시간을 투자받고 원하는 반응을 얻기는커녕 기껏 시간 들여 에너지 들여 쓴 글이 읽히지도 않는 참사만 되풀이합니다. 아무리 써도 투자를 회수하지 못하는 아마추어입니다.

돈이 되는 글을 쓰는 이들의 습관은 이와 다릅니다. 생각을 바로 써내는 것이 아니라 의도에 맞춰 의식적으로 정리하고 정돈합니다.

생각하기　▶　쓰기

생각하기　▶　**쓸거리 만들기**　▶　쓰기

이들은 '생각하기 - 쓸거리 만들기 - 쓰기' 패턴으로 씁니다. 생각을 쓸거리로 만든 다음 씁니다. 이렇게 습관을 들여야 독자에게서 원하는 반응을 끌어내 글 쓴 의도를 달성하는 돈이 되는 글쓰기가 가능합니다. 쓰는 대로 돈이 되는 프로의 습관입니다.

생각하기에서 쓰기로 바로 가는 습관은 편합니다. 그런데 이렇게 쓰인 글은 읽기가 어렵습니다. 아니 읽으려는 독자가 없습니다. 한두 줄 읽다 보면 '뭔 소리 하는 거지?' 싶어 읽기를 멈춥니다. 읽히지도 않는 글을 쓰느라 시간과 에너지를 낭비한 독이 되는 글쓰기 코스입니다. 쓸거리 만들기 과정을 경유하는 글쓰기는 쓰기가 만만치 않습니다. 그러나 독자는 읽기 편합니다. 끝까지 읽고 의도한 반응을 보입니다. 글을 쓰느라 들인 시간과 에너지에 대한 보상을 받습니다. 이것이 바로 돈이 되는 글쓰기 코스입니다.

'생각하기-쓸거리 만들기-쓰기' 코스로 글을 쓰면 글쓰기를 가로막는 문제들 하나하나에 집중하여 해결하는 노력을 하게 됩니다. 글로 쓰려는 내용에 대해서도 더 깊이 이해하게 되고, 글쓰기라는 행위에 대해서도 더 잘 이해하여 경험으로 쌓게 됩니다. 이런 식으로 글쓰기 경험이 쌓이면 글쓰기가 재미있어집니다. 생각하자마자 쓰고 보는 아마추어 코스에서는 불가능한 변화입니다.

누구나 글을 쓰지만 잘 쓰지 못하는 이유

글씨를 쓸 줄 알면 누구나 글은 쓸 수 있습니다. 그러나 원하는 반응을 끌어내는 글쓰기는 아무나 할 수 없습니다. 글쓰기가 어렵다는 것은 바로 이 점을 말합니다. 글 쓴 의도를 달성하려면 쓸거리를 분명히 하고 이를 읽을거리-메시지로 만들어야 합니다. '무엇을 어쩌

44

- 독자에게 하고 싶은 말인 쓸거리를 독자가 읽고 싶은 말인 읽을거리로 만든 핵심내용
- 핵심을 빠르게 전달하여 원하는 반응을 빠르게 끌어내도록 조직한 돈이 되는 글쓰기 DNA

란 것인지'를 독자가 바로 이해할 수 있도록 말입니다. 의견을 만들고 이를 빠르게 전달하기 위해 내용을 보태 의견을 설득력 있게 구성하는 작업이 쓸거리-메시지를 만드는 일입니다.

독자 입장에서 보면 쓸거리는 읽을거리입니다. 쓸거리를 읽을거리로 만드는 과정을 습관 들이면 글쓰기가 의외로 쉽고 편해집니다. '쓸거리'를 '읽을거리'로 만들면 이것은 '메시지'가 됩니다. 하고 싶은 말을 독자가 듣고 싶은 말로 정리하는 메시지 작업은 돈이 되는 글쓰기의 DNA입니다.

• 돈이 되는 글쓰기 핵심작업, 메시지 만들기 •

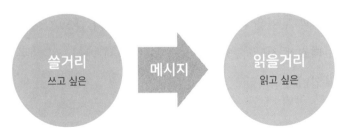

쓸거리
쓰고 싶은
메시지
읽을거리
읽고 싶은

미국 최고 명문인 예일 대학교에서 '자신이 받은 예일대 최고의 수업', '기립박수 받는 명강의'로 손꼽히는 윌리엄 반스 교수. 그는 소원을 이루려면 커뮤니케이션을 잘해야 하고 특히 메시지를 잘 전달해야 한다고 강조합니다. 세계적인 커뮤니케이션 전문가 캠 바버도 청중을 사로잡지 못하고 실패하는 발표는 자신의 지식이나 아이디어를 메시지로 바꾸는 방법을 모르기 때문이라고 주장합니다. 그에 따르면 메시지는 아이디어로 들어가는 문이며, 사람들이 세부사항에 관심을 갖도록 끌어들이는 자석입니다. 내로라하는 글로벌 컨설팅 기업들 또한 핵심을 제대로 빠르게 전달하려면 메시지를 만드는 일이 가장 중요하다고 역설하면서 다음과 같은 공통된 조언을 합니다.

① 핵심을 앞세워라

독자가 알고 싶은 것은 당신이 무슨 생각을 하는지, 무슨 말을 하고 싶은지, 얼마나 많이 알고 있는지가 아닙니다. 독자는 당신이 말하려는 내용이 독자 자신과 무슨 관련이 있는가를 알고 싶어 합니다. 그 결과 무엇을 어떻게 하면 되는가를 빨리 알고 싶어 합니다. 핵심을 빠르게 전달하는 메시지를 디자인할 때 가장 공을 들여야 하는 부분입니다.

② 논리정연하게 설득한다

메시지에서 가장 중요한 것은 논리성입니다. 주장하는 내용을 독자 입장에서 바로 이해하고 수긍하게 만들어야 합니다. 앞세운 핵심에 대해 일리 있는 이유를 제시하고 객관적이고 합리적인 근거로써 이를 증명해야 합니다. 아울러 주장하는 바를 반영한 사례를 들어 당신의 메시지를 저항 없이 받아들이게 해야 합니다.

③ 원하는 바를 요청한다

논리정연하고 탄탄하게 설득하는 과정을 거친 메시지는 독자의 마음을 활짝 열어줍니다. 이 열린 문으로 당신이 요청하면 독자는 거절하지 못하고 '예스!'라고 합니다. 독자가 당신이 원하는 방향으로 반응하게 하려면 명확한 지침을 담아 요청해야 하고 그럴 때 독자는 당신이 원하는 방향으로 행동합니다.

하버드 대학생에게 150년 동안 전수된 단 하나의 글쓰기 비법

하버드 대학교는 학생들에게 가장 필요한 것이 논리적으로 생각하는 능력이라고 믿었습니다. 논리적으로 생각하려면 글쓰기라는 도구가 반드시 필요하다 여겼지요. 이러한 인식의 토대에서 하버드 대학교는 150년 동안이나 논리적으로 생각하기를 돕는 글쓰기 교육에 매달려왔습니다. 하버드 대학교에서 가르쳐온 논리적으로 생각하기는 바로 앞에서 다룬, 잘 읽히는 메시지를 만드는 공식과 일치합니다. 나는 하버드 대학교가 집중해온 논리적으로 생각하고 글 쓰는 교육의 핵심을 '오레오(OERO) 공식' 하나로 정리했습니다.

의견 주장하기(Opinion) – 이유 대기(Reason) – 사례 들기(Example) – 의견 강조, 제안하기(Offer)

오레오 공식의 순서대로 글쓰기를 연습하면 하버드 대학생들처럼 논리정연하게 생각하는 능력을 기를 수 있다는 주장을 담았습니다. 오레오 공식을 활용하면 '핵심을 빠르게 전달하여 원하는 반응을 빠르게 끌어내는 메시지'를 디자인할 수 있고, 이렇게 만든 메시지를 글로 풀어내면 원하는 방향으로 독자를 행동하게 만드는 돈이 되는 글쓰기가 가능합니다. 오레오 공식은 앞에서 언급한 빠르게 전달되는 메시지 디자인의 3요소가 그대로 반영되어 있습니다.

• 돈이 되는 글쓰기 오레오 공식 •

Opinion	Reason	Example	Offer
의견을 주장한다.	이유와 근거를 댄다.	예를 들어 설명한다.	의견 강조, 제안한다.

오레오 공식은 어떤 경우에 어떤 목적으로 쓰든 돈이 되는 글쓰기를 가능하게 합니다. 생각과 자료들을 일리 있고 조리 있게 구성하여 쓸거리로 만들 수 있기 때문입니다. 이 공식은 직장인에게 중요한 각종 문서나 보고서는 물론이고 SNS 글쓰기, 책이나 에세이 쓰기까지 글쓰기가 요구되는 모든 현장에 공통적으로 적용됩니다.

예를 들어볼까요? 당신은 도움이 필요한 사람이라면 개를 키워보라는 내용의 글을 쓰고 싶습니다. 먼저 쓸거리를 읽을거리로 만드는 메시지 작업부터 해야겠지요. 생각이나 자료를 오레오 공식에 담아냅니다.

Opinion(의견 주장하기)	혼자 사는 어르신이라면 개를 키우세요.
Reason(이유와 근거 대기)	왜냐하면 개는 인간에게 도움이 되기 때문입니다.
Example(사례 들기)	다양하게 활약하며 인간을 돕는 개들이 참으로 많습니다.
Offer(의견 강조, 제안하기)	도움이 되는 개가 필요하면 유기견 입양시설을 이용하세요.

이렇게 쓸거리의 뼈대 - 메시지가 완성되면 각각의 내용에 살을 붙여 한 편의 글을 뚝딱 만들 수 있습니다. 이렇게 만드는 메시지는 글쓰기뿐만 아니라 유튜브를 통해 방송으로도, SNS로도, 또 연설로도 얼마든지 활용할 수 있습니다.

돈이 되는 글쓰기 :
탄탄한 메시지부터

미국 투자가 비노드 코슬라는 투자를 요청하는 이들 가운데 인문계 전공자들만의 두드러진 특징이 있다고 합니다. 논의가 잘못된 경우가 많고, 근거 없는 결론에 도달하기 일쑤이며, 단순한 이야기를 사실에 기초한 단정으로 혼동하기도 하고, 인터뷰 등 가벼운 이야기를 사실로 오인하며 통계를 오용하는 경우가 많다고 합니다. 이런 경우에 대해 그는 '합리적 의심, 상식적 비판, 즉 통계, 확률에 근거하여 합리적으로 생각하는 비판적 사고를 하지 못할 때 일어난다'고 설명합니다.

글을 쓸 때 오레오 공식을 활용하면 비판적 사고를 따로 공부하지 않아도 성공을 가로막는 이러한 참사를 예방할 수 있습니다. 오레오 공식이 논리정연한 구조로 디자인되었기 때문입니다. 오레오 공식으로 생각을 정리하면 쓰는 사람의 주관적인 생각을 객관화시키고 내용을 짜임새 있게 구성하여 독자가 빠르게 이해하도록 돕습니다. 오레오 공식을 활용하여 쓸거리를 만들면 글 쓰는 데 들이는 시간과 노력을 줄여줍니다. 또한 '이렇게 쓰면 될까?' 하는 망설임을 줄여줍니다.

메시지는 탄탄할수록 빠르게 전달됩니다. 오레오 공식을 지붕과 기둥, 토대로 구성된 한 채의 집으로 인식하면 사용하기가 더욱 수월합니다. 메시지를 디자인할 때 집처럼 생긴 틀을 활용하면 독자에게 의도한 반응을 빠르게 얻어낼 수 있습니다. '오레오하우스'라 이름 지은 메시지 틀이 그것입니다.

아래의 그림에서 보다시피 오레오하우스는 지붕 - 기둥 - 토대로 구축된 집 모양의 메시지 틀입니다. 지붕은 주장하는 바를 말하고 기둥은 이유와 근거, 사례, 주장 또는 의견을 강화하는 기능을 하며, 토대는 의견을 실행하는 구체적인 방법을 제시함으로써 의견에 힘

• 핵심을 빠르게 전하는 메시지 만들기 틀 오레오하우스 •

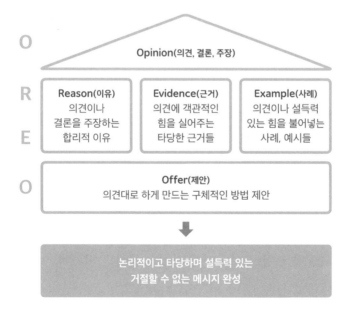

O — Opinion(의견, 결론, 주장)

R / E

Reason(이유)	Evidence(근거)	Example(사례)
의견이나 결론을 주장하는 합리적 이유	의견에 객관적인 힘을 실어주는 타당한 근거들	의견이나 설득력 있는 힘을 불어넣는 사례, 예시들

O — Offer(제안)
의견대로 하게 만드는 구체적인 방법 제안

논리적이고 타당하며 설득력 있는
거절할 수 없는 메시지 완성

을 더해주는 기능을 합니다. 오레오하우스는 지붕→기둥→토대 순으로 이야기함으로써 독자가 빠르게 이해-수긍-납득하게 만들고 빠르게 반응하게 합니다. 오레오하우스 각 칸을 하나하나의 방으로 간주하고 방을 채우면 집처럼 탄탄하게 메시지를 완성할 수 있습니다.

오레오하우스 틀을 사용하여 쓸거리 만들기-메시지를 작성하는 과정을 단계별로 알아봅니다.

O-R-E-O하우스 로 쓸거리 만들기 1단계

Opinion: 의견, 결론, 주장 만들기

독자에게 하고 싶은 말을 한마디로 정리하는 단계입니다. 의외로 많은 사람들이 글을 쓸 때 '하고 싶은 말'을 찾지 못해 막막해합니다. 하고 싶은 말은 정해져 있는 것이 아니라 만들어가는 것인데, 먼저 내가 말하려는 그것이 인식에 관한 것인지 문제해결에 관한 것인지를 구분합니다. 인식에 관한 것이란 어떤 주제에 대한 관점이나 믿음이 타당한가를 짚는 것이고, 문제해결에 관한 것이란 문제상황을 해결할 최선의 방법을 제안하고 결정하는 것을 말합니다. 어떤 경우든 먼저 질문을 만들고 이에 대한 대답을 구하면 되는데, 이렇게 구해진 답이 하고 싶은 말, 즉 의견입니다.

○ 인식에 관한 것

질문 왜 ~은 ~~일까?

대답 ~ ~해서다.

인식에 관한 내용은 '왜 A는 B할까?'와 같은 질문하는 문장과 'C 하기 때문이다'라고 답하는 문장을 결합해 만들 수 있습니다. 이 두 문장식에 질문과 답을 담아내면 이것이 곧 메시지 작성의 첫 단계인 의견이 만들어집니다. 예를 들어, 직장인에게 글쓰기가 중요하다는 의견을 만들고 싶다면 먼저 '인식에 관한 질문－대답'을 구성합니다.

질문 왜 A는 B할까?

      직장인에게 글쓰기 능력은 왜 중요할까?

대답 C하기 때문이다.

      보고서를 간결 명료하게 전달할 수 있기 때문이다.

이를 한 줄의 문장으로 만들면 의견이 완성됩니다.

직장인에게 글쓰기 능력이 중요한 것은 간결 명료한 보고서를 작성할 수 있기 때문이다.

◑ 방법에 관한 것

질문 어떻게 하면 ~할 수 있을까?

대답 ~ ~하라.

이번에는 문제해결에 관한 의견을 만들어봅니다. '어떻게 하면 A 할 수 있을까?'로 질문하고 '(A를 잘하려면) H하라'는 문장식으로 의견을 만들면 됩니다.

질문 어떻게 하면 A할 수 있을까?

       어떻게 하면 보고서를 간결하게 쓸 수 있을까?

대답 (A를 잘하려면) H하라.

       (보고서를 간결하게 잘 쓰려면) 오레오하우스부터 지어라.

이를 한 줄의 문장으로 연결하여 의견을 완성합니다.

보고서를 간결하게 작성하려면 오레오하우스부터 지어라.

질문+답변 구조로 핵심질문을 만들 때는 그 질문이 독자 자신의 문제라고 여길 만큼 관련성이 있어야 합니다. 그러려면 범위가 너무 넓지 않아야 하고 또한 지나치게 한정적이지 않아야 합니다. 그런 주제는 일반적인 답, 뻔한 답이 나올 수밖에 없기 때문입니다.

왜 글을 잘 써야 할까? → 너무 광범위하다.

　▶▶ 왜 **직장인은** 글을 잘 써야 할까?

어떻게 하면 이메일을 잘 쓸 수 있을까? → 너무 막연하다.

　▶▶ 어떻게 하면 **곧바로 회신받는** 이메일을 쓸 수 있을까?

 여기, 혼자 사는 어르신이 개를 키우면 혼자 사느라 야기되는 다양한 문제를 해결할 수 있다는 내용의 글을 쓰려합니다. 오레오하우스 틀을 사용해 먼저 의견을 정리합니다.

의견(Opinion)

혼자 사는 어르신이라면 개를 키우세요. 고령에 혼자 살다 보면 예기치 않은 사고가 발생하거나, 건강에 문제가 생길 경우 순발력 있게 대처하지 못해 문제가 커질 위험이 있습니다. 이때 개를 키운다면 크게 도움을 받을 수 있습니다.

O-R-E-O하우스 로 쓸거리 만들기 2단계
Reason: 이유와 근거 대기

내가 왜 그런 식으로 생각하는지, 왜 그런 식이 유익한지를 전달할 수 없다면 아무도 나를 믿지 않을 것이다. 글쓰기의 목표는 사람들에게 당신의 아이디어가 가치 있다는 것을 확신시키는 것이다.

하버드 대학교 컴퓨터공학과 마고 셀처 교수의 말입니다. 글쓰기는 자신의 생각이 얼마나 가치 있는지를 주장하는 일이고 그 주장이 가치 있으려면 왜 그런지 설득력 있게 증명해야 합니다. 증명 없는 주장은 의견으로 인정받지 못합니다. 증명은 주장에 대한 타당한 이유와 합리적인 근거를 제시함으로써 완성되고 그제야 독자는 의심 없이 주장을 받아들입니다. 이유와 근거는

왜냐하면 ~이기 때문이다.

문장으로 표현하면 분명해집니다. 이유를 들 때는 주장에 대한 인과관계가 성립해야 합니다. 예를 들어 글쓰기 능력을 가지면 보고서를 잘 쓰게 되는 이유가 '글을 잘 쓰면 글씨를 잘 쓰기 때문'이라고 한다면 인과관계가 성립되지 않습니다. 글씨를 잘 쓰는 것과 글을 잘 쓰는 것은 서로 관련이 있을 수 있으나 직접적인 이유가 되지는 못하기 때문입니다. 만일, 글쓰기는 생각을 명료하게 만들어준다고 하는 연구결과를 인용하면 독자가 수긍할만한 이유가 될 수 있습니다. 이유와 근거를 댈 때는 누가 봐도 믿을만한 것이어야 합니다. 권위 있는 연구진의 실험이나 연구결과, 믿을만한 기관에서 발표한 통계 수치, 해당 분야의 전문가나 권위자의 증언, 성공한 전력에 대한 수치 등이 주장을 신뢰하게끔 하는 이유와 근거로 작동합니다.

Case Study 개를 키우면 혼자 사는 어르신에게 유용하다는 의견을 냈다면, 그에 합당한 이유와 근거를 제시합니다.

이유(Reason)

왜냐하면 개는 사람과 친하고 말귀를 잘 알아듣기 때문입니다. 또 훈련받은 개는 주인에게 변화가 생기면 예민하게 감지해 도움을 줍니다. 전문적으로 훈련받은 도우미견도 많습니다.

O-R-**E**-O하우스 로 쓸거리 만들기 3단계

Example : 예시와 사례 들기

베이킹파우더가 빵을 부풀게 하듯 사례 들기는 의견에 대한 독자의 신뢰를 더욱 풍성하게 합니다. 정말 그럴까요? 미국의 심리학자 리처드 니스벳 교수는 학생들이 심리학 과목을 선택하는 데 참고하도록 두 자료를 제시했습니다.

자료 ① 해당 과목의 평가자료를 통계 정보로 보여준다.
자료 ② 해당 과목의 평가자료를 사례 정보로 보여준다.

결과적으로 사례 정보를 보고 심리학을 선택한 학생들이 훨씬 많았습니다. 니스벳 교수는 어떤 판단을 할 때 사례 정보가 이론보다 더 큰 영향력을 발휘한다고 결론 내렸습니다.

　주장한 의견을 증명하는데 가장 빠른 방법은 사례를 들어 설명하는 것입니다. 구체적인 예시나 사례, 증언 등의 도움을 받아 설명하면 주장이 더 잘 먹힙니다. 사람들은 '무엇이 어떠하다'는 이론보다 '누가 무엇을 했다더라'는 경험 이야기를 더 빨리 이해하고 받아들이는 편이기 때문입니다. 사례는 이토록 힘이 세지만 전달하려는 메시지에 딱 들어맞지 않으면 오히려 설득력이 떨어집니다. 또 여기저기서 숱하게 거론된 진부한 사례를 예로 들면 의견 자체가 진부해지는 위험도 있습니다. 글 쓰는 사람이 경험한 자신만의 사례를 들려주면 고만고만한 사례 10가지보다 더 큰 힘을 발휘합니다.

 　개를 키우면 혼자 사는 어르신에게 유용하다는 의견을 내고 그에 합당한 이유와 근거를 제시했으니, 적합한 사례를 들어 설득력을 더합니다.

사례(Example)

안내견, 보청견, 경찰견 등 다양한 분야에서 활약하며 인간을 돕는 개들이 참으로 많습니다. 그중에서도 어르신들과 생활하며 삶의 의욕을 잃지 않게 하는 반려견들은 혼자 사는 어르신들에게 큰 도움이 됩니다. 어떤 반려견은 주인에게 화재경보기, 전화와 초인종 소리를 전달하며 주인을 위험하지 않게 돕습니다. 주인이 매일 밤 수면 무호흡증으로 고생하는 것을 알게 된 반려견이 매일 밤 세 번씩 주인의 가슴 위로 뛰어올라 잠을 깨우며 위험에 빠지지 않게 돕는 경우도 있습니다.

Offer: 의견 강조하기, 제안하기

오레오하우스로 쓸거리를 만드는 3단계까지 진행하는 동안 이미 메시지는 충분히 설득력을 갖습니다. 이제 마무리 단계입니다. 의견을 새롭게 표현하여 한 번 더 강조하고, 주장한 의견대로 하지 않을 수 없게끔 의견에 대한 구체적인 방법까지 제안하면 메시지는 한층 견고하게 전달됩니다.

어느 대학교에서 학생들에게 파상풍 위험과 예방접종의 중요성을 일깨우는 문자메시지를 보냈습니다. 예방접종 받는 방법도 곁들였습니다. 실제로 파상풍 예방접종을 받은 학생은 3퍼센트. 이번에는 보건소가 위치한 건물에 동그라미로 표시한 학교 지도를 보여주자 접종자 비율이 28퍼센트로 상승했습니다. 이 사례는 내 글을 읽고 독자가 내가 요청한 대로 행동하게 만들려면, 의도가 행동으로 이어지도록 경로를 준비하여 제시하는 일의 중요성을 일깨웁니다. 당신이 알고 있는 방법을 제안하면서 의견대로 따르도록 유도하세요.

Case Study 개를 키우면 혼자 사는 어르신에게 유용하다는 의견을 내고 그에 합당한 이유와 근거, 적합한 사례를 제시했으니 의견대로 행동하게 만드는 구체적인 방법을 제안합니다.

앞에서 설명한 대로 오레오하우스 각각의 방에 혼자 사는 어르신이 개를 키우면 유용하다는 의견을 내고, 그에 대한 이유와 근거, 사례에 제안까지 하나씩 채우고 나면 보기만 해도 탄탄하고 힘 있는 메시지가 완성됩니다.

핵심을 콕 찍어
전달하라

핵심을 콕 집어 전달하는 그릇,
에세이

돈이 되는 글쓰기 중 압권은 광고용 글쓰기입니다. 어떤 한 줄을 쓰느냐가 만만찮은 광고비를 회수하느냐 마느냐를 가릅니다. 광고용 글쓰기에서 가장 중요한 것은 뭘까요? 번뜩이는 아이디어? 기발한 표현? 광고 글쓰기가 하고 싶은 이야기는 단 하나지요? '내 것을 사주세요.' 광고든 아니든, 글쓰기의 목표는 단 하나 이것입니다.

내 글을 읽고 내가 하자는 대로 해주세요.

◎ 원하는 반응을 빠르게 얻는 메시지 담아내기

돈이 되는 글쓰기에서 가장 중요하고 우선 되어야 할 것은 무슨 말을 할 것인가, 쓸거리를 만드는 것이고, 하고 싶은 말을 오레오하우스 틀로 정리하면 읽을거리, 즉 간단하면서도 설득력 있는 메시지를 만들 수 있다고 알려드렸습니다. 여기까지 준비하면 독자에게 내놓기에 손색없는 글 한 편이 완성됩니다만, 원하는 반응을 빠르게 얻어내는 돈이 되는 글쓰기를 위해서는 한 단계 더 나아가야 합니다. 요리의 완성이 요리를 그릇에 담아내는 것이듯 돈이 되는 글쓰기 또한 메시지를 담아내는 것으로 완성됩니다.

TV 예능 프로그램 〈스페인하숙〉에서 집에서 늘 먹는 한식을 북유럽 스타일의 식기에 차려내는 것을 보았습니다. 우리의 그릇에 담아낸 한식의 고유한 맛과 멋을 즐기는 만큼이나 이국적인 맛이 느껴져 좋았습니다. 같은 요리라도 어떤 그릇에 어떻게 담아내느냐에 따라 다른 맛을 기대하게 만들 듯, 생각을 어떤 그릇에 담아내느냐에 따라 전달력이 달라집니다. 찌개를 담아내는 데는 뚝배기가 좋습니다. 보쌈김치는 보시기, 국은 대접에 담아내야 훨씬 맛있어 보이고 먹기도 편합니다. 메시지는 에세이라는 그릇에 담아내야 돈이 되는 글쓰기가 가능합니다. 에세이! 하면 많은 사람들이 '마음 가는 대로 쓰는 글'을 떠올리지만, 돈이 되는 글을 담아내는 에세이는 누구에게나 쉽게 읽히고 잘 읽히는 산문의 양식을 말합니다. 에세이는 하나의 주제에 대해 일리 있고 조리 있게 서술하여 독자를 원하는 방향으로 설득하는데 적합한 글그릇입니다. 에세이 양식에 담아내는 글은 독자의 흥미를 불러일으켜 읽게 만들고 핵심을 빠르게 전달하여 독자의 반응을 빠르게 얻어냅니다.

○ 하버드 대학생이 4년 내내 에세이 쓰기를 배우는 진짜 이유

하버드 대학생은 논리정연하게 메시지를 개발하는 방법과 이를 설득력 있게 전달하기 위해 에세이 쓰기를 배웁니다. 4년 내내 종이 무게로 50킬로그램이나 되는 분량의 에세이 쓰기에 매진한 끝에 그들이 졸업할 즈음에는 글쓰기의 달인이 됩니다. 이는 무슨 생각이든 명료하게 표현하고 전달할 줄 아는 '작가'가 되어 졸업한다는 뜻인데요. 여기서 말하는 작가란 상대가 빠르게 이해하도록 표현하고 전달하는 에세이 작성 능력을 가졌다는 의미입니다. 하버드 대학생뿐만 아니라 미국 학생들은 초등학교 때부터 고등학교를 졸업할 때까지 수준과 목적에 맞게 에세이 쓰는 법을 배웁니다. 그들에게 에세이 쓰기를 배운다는 것은 독자가 읽고 싶어 하고 읽기 쉬운 글쓰기를 배운다는 뜻이며, 한마디로 돈이 되는 글쓰기 능력을 갖춘다는 것입니다. 글을 잘 쓰기 위한 세 번째 법칙은 '핵심을 콕 찍어 전달하라'입니다.

보면 읽힌다,
잘 먹히는 에세이 쓰기

에세이란 메시지를 읽고 싶게, 읽기 쉽게 담아내는 글쓰기 형식을 말합니다. 칼럼이니 아티클이니 하는 글쓰기도 에세이에 포함됩니다. 에세이는 한 번에 하나의 메시지를 전하고 독자가 빨리 이해하고 납득하도록 내용을 전개합니다. 에세이는 독자가 알아야 할 내용과 정보를 그들이 알고 싶어 하는 순서대로 배열합니다. 이런 이유로 잘 읽히는 글을 쓰려는 사람들은 에세이 형식을 사용합니다.

에세이를 쓰는 데는 엄격한 형식이나 특별한 규정이 없습니다. 도입부-본문-맺음부의 일반적인 구조로 씁니다. 도입부는 에세이의 첫 번째 단락으로 독자를 사로잡고 그의 흥미와 주의를 유지시켜 본문을 읽게 하는 기능을 합니다. 본문은 글의 핵심부로 요점을 다룹니다. 보통 2~3단락으로 구성됩니다. 두 개 이상의 단락으로 확장될 수 있습니다. 독자가 이해할 수 있도록 일리 있고 조리 있게 생각을 구성하는 것이 중요합니다. 맺음부에서는 글의 결론을 언급합니다.

○ 돈이 되는 글쓰기, 에세이의 조건

에세이는 하나의 주제를 일리 있고 조리 있게 서술하게끔 구조화한 글쓰기 형식입니다. 그러므로 에세이를 쓴다는 말 자체가 읽고 싶은, 읽기 쉬운 글을 쓴다는 뜻이지요. 에세이는 다음의 조건을 갖춥니다.

① 한 번에 하나씩

한 편의 글에 하고 싶은 말을 제한 없이 다 담으면 독자는 아무것도 전달받지 못합니다. 한 편의 에세이에는 딱 하나의 메시지를 담아야 독자에게 빠르게 전달됩니다.

② 일리 있고 조리 있게

모든 생각은 처음에는 주관적입니다. 그리고 일방적입니다. 이러한 생각을 일리 있고 조리 있게 객관화해야 독자가 쉽게 받아들입니다. 따라서 에세이는 주장을 증명하기 위해 사실, 수치, 사례, 증언 등 다양한 글감을 동원하여 씁니다.

③ 단락 구성으로 읽기 편하게

에세이는 서론-본론-결론 또는 도입부-본문-맺음부로 구성됩니다. 보통 4~5단락으로 구성하는데, 단락으로 구성된 글이라야 독자가 읽기 편합니다.

④ 완성문으로 서술하기

완성문이란 문장성분을 완전하게 갖춰 서술한 글을 말합니다. 문장이 완전하지 않으면 의미전달이 어렵습니다. 핵심을 빠르게 전하기도 불가능합니다.

⑤ 적절한 제목으로 흥미를 끌고

독자의 관심을 끌고 호기심을 자극하려면 제목이 좋아야 합니다. 일단 읽게 만들어야 원하는 반응을 요청할 수 있기 때문입니다.

⑥ 끝까지 읽게 만들기

문장표현이 어색하거나 말이 안 되거나 맞춤법이 자주 틀리면 독자는 읽기를 멈춥니다. 끝까지 읽히지 않으면 의도한 반응을 끌어내기도 불가능하지요.

⑦ 1페이지로 끝내기

가능한 한 짧은 시간에, 가능한 간결하게 메시지를 전달해야 합니다. 아무리 긴 콘텐츠도 1페이지를 넘어서는 안 됩니다. 글자수로 치면 1,500자 분량입니다.

○ 에세이 공식 APT 포맷

쓸거리를 담아내는 에세이는 APT 포맷을 활용하면 쉽습니다. APT 포맷은 독자의 주의를 끌고(Attention), 핵심을 전하고(Point), 원하는 반응을 끌어내는(call To action) 3단계 과정을 말합니다.

돈이 되는 글쓰기에서 전달력을 극대화한 기본 포맷

APT

Attention   **P**oint   call **T**o action
주목을 끌고   핵심을 전하고   원하는 반응 끌어내기

오레오하우스로 쓸거리를 만들고 이를 APT 포맷으로 담아내면 독자의 관심과 시간과 돈을 투자받아 독자의 마음을 사로잡는, 그리하여 원하는 것을 이루는 돈이 되는 글쓰기가 완성됩니다. 오레오하우스로 메시지를 만드는 과정을 거치지 않고, 생각과 자료를 APT 포맷으로 정리하는 것만으로도 잘 읽히는 에세이를 쓸 수 있습니다. APT 포맷이 오레오 공식을 품고 있기 때문입니다.

APT 포맷을 활용하면 0.3초 만에 독자의 주의를 끌고 독자가 주의를 집중하는 최장 시간인 3분 안에 의도한 반응을 끌어내는 에세이가 탄생합니다. 이를 이미지로 표현하면 다음과 같습니다.

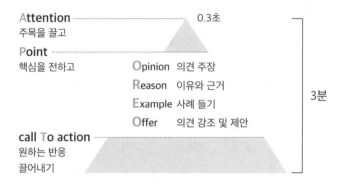

Attention 0.3초
주목을 끌고
Point ....
핵심을 전하고   **O**pinion 의견 주장
                        Reason 이유와 근거
                        Example 사례 들기   3분
                        Offer   의견 강조 및 제안
call To action ....
원하는 반응
끌어내기

콤팩트한 메시지를
임팩트 있게 전하는 에세이

유럽에서 활동하는 혁신전문가 피터 힌센은 고객사로부터 직원들의 생산성에 대해 평가해달라는 부탁을 받았습니다. 그가 고객사에서 최종적으로 원하는 작업이 보고서인지를 물었더니, 고객사 담당자는 보고서를 읽을 시간이 어디 있냐고 되물었습니다. 그러면 파워포인트 프레젠테이션을 볼 시간은 있지 않겠느냐고 되묻자, 그들은 이번에도 펄쩍 뛰었습니다.

그것도 제발 사절이다. 에세이를 하나 써달라, 짧게. 반드시 간결한 제목을 달아라. 그렇지 않으면 아무도 읽지 않을 것이다.

이 경험으로 피터 힌센은 큰 통찰을 얻었습니다. 고객사가 '에세이 읽기를 원한다'는 것이 어떤 의미인지를 파악했는데요. 정보는 엄청나게 늘었지만 정보 흡수량은 엄청나게 줄어든 시대인 만큼 이제 출처에 근거한 정보가 아니라 소비에 근거한 정보를 만들어야 한다는 것이었습니다. 상대가 빨리 읽고 판단하고 행동하도록 요구하는 형태의 보고를 해야 한다는 것을 간파했습니다.

노벨 경제학상을 수상한 게리 베커 교수도 〈비즈니스 위크〉에 칼럼을 연재한 후 이렇게 말했습니다. "칼럼 집필은 나에게 큰 경험이었다. 경제학적인 아이디어를 간단하고 평이하게 표현하는 방법을 가르쳐주었다." 칼럼은 신문이나 잡지 등 미디어에 실린 에세이를 말합니다. 피터 힌센과 게리 베커의 경험에 따르면 어떤 대단한 아이디어든 메시지든 간단하고 평이하게 독자의 눈높이에 맞게 표현하고 전달해야 합니다. 이러한 목적에 부합하는 양식이 바로 에세이입니다. 에세이란 독자 입장에서 읽을 가치가 있는 글, 독자로 하여금 생각하게 하고 행동하게 만드는 설득 기반의 글, 독자의 마음을 사로잡아 글쓴이가 의도하는 영향력을 행사하는 글입니다.

○ 에세이, 보고 싶게 보기 쉽게

그러므로 에세이를 잘 쓴다는 것은 읽고 싶게, 읽기 쉽게 메시지를 전달하는 능력을 갖췄다는 증거입니다. 글 한 편으로 독자의 흥미를 끌고 논리를 갖춰 주장하고 설득할 수 있다는 증거입니다. 명확한 사고를 바탕으로 쉽고 명료하게 메시지를 전달하여 기대반응을 빠르게 그리고 확실하게 끌어낼 수 있는 능력을 가졌다는 증거이기도 합니다. 그러므로 에세이 한 편을 잘 쓴다는 것은 독자를 매혹하는 능력을 가졌다는 의미이며, 이 능력은 돈이 되는 글쓰기 능력의 다른 표현입니다.

○ 끝까지 잘 읽히게

에세이는 끝까지 읽혀야 합니다. 그러려면 첫 문장에서 마지막 문장 마침표까지 읽게끔 써야 합니다. 아무리 흥미로운 이야기도 일정한 시간이 지나면 최근 정보에 밀려난다지요. 한 번에 집중하는 데 최장 시간이 8초밖에 안 되는 독자가 끝까지 읽는 에세이를 쓰려면 1,500자 내외로 한 페이지를 써야 합니다. 제목은 0.1초 안에 그러니까 힐끔 보자마자 클릭하게 만들어야 하고, 180초 안에 다 읽게 만들어야 합니다. 하고 싶은 말을 오레오하우스 틀로 콤팩트하게 정리하고 에세이로 임팩트 있게 담아내면 됩니다.

○ 글로벌 기업 아마존의 혁신 비결: 1페이지 에세이 보고서

2020년 1월 시가총액 9,300억 달러인 세계적인 인터넷 기업 아마존. 이 기업의 성장동력이 궁금하지 않나요? 제프 베조스 회장은 '그 비결은 보고서에 있다'고 설명합니다. 그가 말하는 보고서는 파워포인트가 아니라 워드파일에 정리한 서술형 보고서, 즉 에세이입니다.

아마존 임직원은 보고자료를 만들 때 에세이를 써야 합니다. 웬만한 회의 사안은 1페이지, 길어야 6페이지로 분량이 제한되는 보고서는 서술형 문장으로 써야 합니다. 서술형으로 작성된 보고서에는 불릿 포인트도 없고 그래프, 숫자, 도표도 없습니다. 꼭 필요한 세부적인 자료는 따로 첨부합니다.

회의는 미리 준비한 서술형 보고서(에세이)를 읽고 질문하는 것이 전부입니다. 핵심을 빠르게 파악하게끔 정리하고 서술한 에세이 형식의 보고서로 진행하는 회의는 빠릅니다. 에세이를 읽고 따로 질문하거나 할 일이 없으면 회의는 그것으로 끝입니다. 하지만 잘 읽히지 않거나 이해하기 힘든 보고서는 질문이 끊이지 않고 시간이 많이 소요되어 비효율적인 회의를 하게 만든 원인이라는 평가를 받습니다. 금융기업 JP 모건도 2017년 하반기부터 공동 사장이자 공동 최고운영책임자인 고든 스미스의 주도하에 소비자 사업 부문에서 서술형 문서(에세이)로 소통합니다.

아마존과 JP 모건의 사례에서 보듯이 1페이지 에세이를 쓸 수 있다는 것은 어떤 경우, 어떤 대상도 자신의 의도대로 설득하고 움직일 수 있는 능력을 가졌다는 것입니다. 읽으면 아무 말 없이 '오케이!' 하는 서술형 보고서를 뚝딱 쓸 수 있다면 이를 요약하여 개조식 보고서로 만드는 것쯤은 일도 아니겠지요?

잘 쓰려면
먼저 잘 읽어라

왜 잘 쓰지 못하는 사람은
잘 읽지도 못할까

　글쓰기 코치로서 나의 시작은 책쓰기를 돕는 일이었습니다. 누구나 책을 쓸 수 있고 책을 쓰면 죽는 날까지 현역으로 살 수 있다는 신념을 전파했습니다. 그런데 곧 책쓰기를 가로막는 장애물이 글쓰기라는 것을 간파했습니다. 글쓰기가 자유롭지 못하면 책쓰기는 그야말로 '넘사벽'이니까요. 그래서 팔을 걷어붙이고 글쓰기부터 지도했습니다. 이번에도 곧장 '불편한 진실'을 마주했습니다. 대부분 글을 잘 쓰지 못했고 그 이유가 잘 읽지 못하기 때문이라는 것이었습니다. 잘 읽지 못하거나 아예 읽지 않거나 읽더라도 이해를 못하거나, 하는 총체적 난독(亂讀) 사태를 목격했습니다.

'잘 읽지만 쓰지는 못한다'는 이가 많습니다. 이는 틀린 말입니다. 잘 쓰는 사람은 반드시 잘 읽고 많이 읽습니다. 글을 읽지도 않고 잘 읽지 못하면 글을 잘 쓸 리 만무합니다. 읽기 따로, 생각하기 따로, 쓰기 따로 식으로 인식하는 한 돈이 되는 글쓰기는 불가능합니다. 읽기와 생각하기와 쓰기는 하나의 시스템이기 때문입니다. 많이 읽어야 생각이 많아지고 생각이 많아지면 쓰게 됩니다. 쓰려면 생각해야 하고 생각하려면 읽어야 합니다. 쓰기는 읽기로 시작하고 읽기는 쓰기로 완성됩니다. 읽고 생각하고 쓰기, 어느 하나라도 소홀히 하는 한 돈이 되는 글쓰기는 불가능합니다.

〈잘 팔리는 책쓰기 수업〉, 〈마케팅 글쓰기〉, 〈하버드식 글쓰기 수업〉 어떤 수업이든 내 수업에 참여하는 이들은 반드시 읽기 연습을 병행합니다. 처음에 읽기 과제를 내주면 다들 의아해합니다. 글쓰기를 배우러 왔지 읽기를 배우러 온 게 아니라는 언짢은 표정도 보입니다. 쓰기와 읽기는 별개라 착각하는 데서 오는 반응입니다.

결론부터 말씀드리면 읽기와 쓰기는 분리될 수 없는 하나의 행위입니다. 글쓰기는 읽히기 위한 작업입니다. 글을 쓰려면 대부분의 시간을 읽어야 합니다. 쓰기는 읽기로 시작되고 읽기로 진행되고 읽기로 마무리됩니다. 앞에 쓴 것을 읽지 않으면 다음에 쓸 문장이 무엇인지 알 수 없습니다. 무엇을 써야 하는지 모르면서 쓸 수는 없기 때문이죠.

'잘 쓰려면 잘 읽어야 한다'는 말에서 '읽기'는 남이 쓴 글을 읽는 것만을 말하는 게 아닙니다. 글을 쓰려면 자기가 쓴 것을 거듭거듭 읽어야 합니다. '읽지 않고 쓸 수 없다'는 말은 이런 맥락입니다. 바둑에서 가장 많이 하는 일이자 가장 중요한 것이 수를 읽는 일입니다. 앞서 둔 수를 다시 읽고 다음 수를 미리 읽습니다. 글을 쓸 때 가장 많이 하는 것 또한 '읽기'입니다. 글쓰기는 생각을 단어로 문장으로 찍어내며 앞으로 나가는 일 같지만 실제로는 돌아보느라 바쁩니다. 앞에 쓴 문장을 읽고서야 뒤 문장을 씁니다.

예를 들어 '나는 글을 잘 쓰고 싶다'고 썼으면, 다음에 이어 쓸 내용을 생각합니다. 그러려면 앞에 쓴 문장을 읽어야 합니다. 글을 마칠 때까지 쓰고 읽고, 읽고 쓰기 패턴을 되풀이합니다. 그러니 쓰기의 거의 대부분이 읽기라 해도 과언이 아닙니다.

앞에 쓴 문장을 제대로 읽지 못하면, 자신이 써놓고도 앞에 쓴 내용이 무엇인지 파악하지 못하면 다음 내용을 제대로 쓸 수 없습니다. 이런 식으로 읽기가 생략되면 무엇을 쓰고 있는지 무엇을 써야 하는지도 모르는 채, 문장 하나하나가 제각각 따로 노는 글을 쓰게 됩니다. 글쓰는 이가 뭘 쓰는지도 모르고 쓴 글이 독자에게 잘 읽힐 리 없고 먹힐 리 없습니다. 독자의 돈과 시간과 관심을 얻어낼 리 만무합니다. 이렇게 헷갈리는 판이니 독자에게 읽힐 리 없고 먹힐 리 만무합니다.

글을 잘 쓰기 위한 네 번째 법칙은 '잘 쓰려면 먼저 잘 읽어라'입니다.

세계적인 전문가의 조언: 글 잘 쓰기의 유일한 비결은…

세계적인 읽기 전문가인 스티븐 크라센 미국 서던캘리포니아 대학교 명예교수는 글을 잘 쓰게 되는 비결을 전수합니다. 그에 따르면 글을 잘 쓰는 유일한 비결은 '읽기'입니다. 수년 동안 많은 책을 탐독함으로써 습득되는 읽기 능력은 복잡한 이슈나 복합적으로 구성된 텍스트를 이해하는 능력과 필체에 대한 민감성을 익히게 된다고 설명합니다. 책을 탐독하는 과정에서 어떤 부분이 중요하고 어느 부분을 대충 훑어보고 넘어갈 것인지를 즉각 판단하는 전문적인 식견을 갖출 수 있으며, 이러한 식견이 글을 쓸 때 그대로 발휘된다고 강조합니다. 그는 또한 많이 읽을수록 쓰기를 자유자재로 할 수 있어 쓰기에 대한 불안감이 줄어든다고 역설합니다. 그에 따르면 잘 읽는 능력은 훌륭한 문장력, 풍부한 어휘력, 고급 문법 능력, 철자를 정확하게 쓰는 능력을 갖추는 유일한 방법입니다. 미국의 읽기 전문가 메리 레온하르트 또한 '읽기는 독해력, 문체, 어휘, 문법, 철자법을 발달시키는 확실한 방법'이라고 알려줍니다.

글을 쓴다는 것은 나의 생각을 드러내고 주장하여 설명하고 납득하게 만드는 일입니다. 이 과정에서 필자의 주관적인 생각을 객관화시켜야 독자가 빠르게 이해합니다. 독자가 빠르게 이해하려면 우선은 말이 되어야 합니다. 말이 된다는 것은 논리에 무리가 없다는 의미지요. 앞에 쓴 글을 읽고 논리가 맞는가를 확인한 다음 미흡한 부분이 발견되면 이를 보완하여 쓴 것이 다음 문장입니다. 이런 식으로 말이 되는 한 문장 한 문장을 만들어갑니다. 읽기와 쓰기를 반복하면서요. 이렇게 우선은 말이 되게끔 쓰기 위해 읽고 쓰고 또 쓴 것을 읽고 또 다음 글쓰기를 반복합니다. 글을 잘 쓰는 사람들은 예외 없이 이렇게 합니다. 그러니 잘 읽지 못하면 잘 쓰지 못합니다.

의도한 대로 독자의 반응을 빠르게 얻어내는 글을 쓰려면 하고 싶은 말을 독자가 읽고 싶어 하는 말로 바꾸는 작업이 중요합니다. 이를 위해 법칙 2에서 오레오하우스로 쓸거리 만드는 방법을 알려드렸습니다. 복습하면 오레오하우스는 의견이나 정보를 의도에 맞게 설득력 있게 배열함으로써 원하는 반응을 빠르게 끌어내는, 탄탄한 메시지를 만드는 공식입니다. 말 그대로 집 모양을 띤 오레오하우스는 신뢰할만한 자료들이 의견이나 주장을 떠받쳐주어야 합니다. 독자를 설득하기 위해, 나아가 납득시키려면 다양한 정보자료가 필수인데, 이러한 정보자료는 관련 자료를 많이 읽으며 입수합니다. 또한 기존의 자료를 다양하게 많이 읽으면 글로 쓸 아이디어를 만들어 내는 것이 수월합니다. 이런 식으로 넓고 탄탄한 지식기반을 갖추면 이를 활용해 잘 읽히는 글을 쓸 수 있습니다. 지식기반을 갖추는 것은 독서, 즉 읽기만 한 방법이 없습니다. 글쓰기에 가장 필요한 새로운 아이디어도 많은 자료를 읽으며 취합한 내용에 내 생각을 더해 만듭니다. 이렇게 읽기는 쓰기 전반에 걸쳐 반드시 요구되는 능력입니다. 읽기 능력이 부족하면 절대 잘 쓸 수 없습니다.

○ 글을 잘 쓰게 되는 눈썰미 갖는 법

글을 잘 쓰지 못하는 사람들은 제각각 그 이유가 다양하지만 글을 잘 쓰는 사람들은 글쓰기에 필요한 감각과 안목을 갖췄다는 공통점이 있습니다. 글을 쓰는 데 있어 필요한 절대감각이란 독자에 따라 의도에 따라 어떻게 내용을 구성하고 표현해야만 빠르게 전달되는가를 가늠하는 것입니다. 글쓰기에 필요한 감각은 글에 대한 눈썰미라 할 수 있는 안목을 동시에 요구합니다. 문장을 알아보는 능력, 문장이 의도에 맞게 쓰였는가를 파악하는 능력, 문장과 문장과의 관계에 논리가 바로 섰는가를 알아차리는 능력, 글 속에 메시지가 명확하고 적절하게 담겼는가를 보는 능력, 메시지를 설득력 있게 피력하기 위해 내용이 짜임새 있게 구성되었나를 가릴 줄 아는 능력이 글쓰기 안목입니다. 글에 대한 감각과 눈썰미는 오직 읽기를 통해서만 길러지고 쓰면서 체화됩니다. 글을 잘 쓰는 사람들은 '읽기'로 이 같은 감각과 안목을 기르고 여기에 잘 읽히는 문장을 탐내고 욕심내느라 감각과 안목을 예리하게 벼립니다.

이처럼 읽기는 글을 잘 쓰기 위해 갖춰야 할 보조 기술이 아니라 필수 기술입니다. 읽기 능력 없이는 쓰기 능력을 발휘할 수 없습니다. 그저 눈으로 문자를 좇느라 바쁜 형식적인 읽기, 문자를 겨우 해독하는 정도의 수준 낮은 읽기 기술, 읽는 재미를 느끼지 못하는 읽기는 글쓰기에 도움이 되지 못합니다. 내용을 파악해 제대로 이해하는 읽기 수준이 아니면 읽기를 바탕으로 한 쓰기가 잘 될 리 없습니다.

읽을 시간 없으면
쓸 시간도 없다

피카소, 모차르트, 스티브 잡스, 조앤 롤링 등은 전 세계적으로 사람들을 열광시키고 놀라운 이익을 거둔 크리에이터들입니다. 그들만의 노하우를 연구하여 소개한 마케팅 전문가 앨런 가넷. 그에 따르면 빅히트 크리에이터들은 깨어 있는 시간의 20퍼센트를 자신의 창작 분야에 속한 자료를 접하는 데 사용합니다. 결국 영화 제작자가 되고 싶으면 밤낮 가리지 않고 영화를 봐야 하고, PGA 투어를 하는 프로골퍼가 되고 싶다면 역시 밤낮없이 골프대회를 보거나 연습하거나 라운드하는 환경에 노출되어야 한다는 결론입니다. 이 노하우는 이 책을 읽는 당신에게도 고스란히 적용됩니다. 돈이 되는 글을 쓰고 싶다면 밤낮없이 읽어야 합니다. 글을 써서 밥을 먹는 이들 가운데 잘 읽지 못하거나 많이 읽지 않는 사람을 못 봤습니다. 나 역시 하루 중 가장 많은 시간을 읽는 데 씁니다. 만일 나에게 10시간의 쓰기 시간이 주어진다면 그중 60퍼센트 이상을 읽는 데 쓸 것입니다. 돈이 되는 글을 쓰는 사람들에게는 독서량 자체가 재능입니다.

○ 남다르게 쓰려면 그들보다 더 읽어라

책이든 블로그든 페이스북이든 유튜브든 개인이 만들어내는 콘텐츠가 많아지면서 '남의 이야기'를 하는 이들이 참 많습니다. 책에서 읽고 블로그에서 보고 페이스북과 유튜브에서 접한 내용들을 긁어 붙여 만든 콘텐츠입니다. 이런 내용들로 책을 내겠다며 덤비는 이도 참 많습니다. 긁어 붙여 만든 콘텐츠로 책을 내고 블로그를 하고 유튜브를 하는 것은 그 사람 마음이지만 이런 글에 돈과 시간과 관심을 투자해줄 독자는 없습니다. 이런 글을 쓰는 사람에게 어떤 독자도 마음을 내주지 않습니다. 고생은 고생대로 하면서 독소 가득한 글을 쓰는 사람들은 글을 쓰기에 앞서 다른 사람들이 써놓은 글들을 살피지 않은 결과입니다. 남들이 쓴 글을 읽지 않으니 내가 쓴 글이 남들과 다르다는 것을 알 리 없습니다. 남다르게 쓰려면 남들이 뭘 썼는가를 아는 것이 우선입니다. 독자의 눈높이를 넘어서는 글을 쓰려면 독자가 읽는 글을 넘어서야 합니다.

읽을 시간이 없다면 글 쓸 시간도 없다.

미국 소설가 스티븐 킹의 말입니다. 글을 쓰며 살다 보면 이 말에 참으로 실감합니다. 글 쓸 시간은 읽을 시간에서 나옵니다. 읽을 시간이 없으면 글 쓸 시간이 없고, 글 쓸 시간이 없으면 생각할 시간이 없으며, 생각할 시간이 없으면 성공할 시간도 없습니다.

쓰기에 영향을 미치는 것은 얼마나 많이 써봤느냐가 아니다. 얼마나 많이 읽었는가다.

스티븐 크라센 교수가 강조하고 또 강조하는 말입니다. 나도 질세라 강조하고 또 강조합니다.

글을 잘 쓰려면 우선 잘 읽어야 한다. 잘 읽지 못하면 잘 쓸 수 없다.

● 바로가기 337쪽

제5장 돈이 되는 글쓰기 근육을 강화는 매일 습관 7 중 <매일 습관 2. 읽기 근육을 기르는 베껴 쓰기 연습법>으로 돈이 되는 글쓰기를 위한 읽기 근육을 기르세요.

생각하는 능력을 길러라,
아마존처럼

테라피는 비싸니까 헤어커트 하세요.

미용실 밖, 보도에 세워진 입간판에 쓰인 내용입니다. 여기까지만
해도 '재치있네!' 했습니다. 커트만으로도 힐링이 되긴 하니까요. 그
런데 다음 구절을 보고 감동했습니다.

우리는 잘 들어드립니다.

왜, 여자들은 미용실에 가면 말이 많아지잖아요? 그런데 잘 들어
주는 미용실이라니 보자마자 들어가 보고 싶지 않나요? 평범하기 그

지없는 문장인데도 마음을 끄는 힘이 있습니다. 이 문장을 글쓰기 수업에서 보였더니 '미용사 분이 글을 참 잘 쓰네요' 합니다. 누군가는 부럽다고 하면서, 또 누군가는 어떻게 하면 저렇게 잘 쓸 수 있는지 묻습니다. 그런데 잘 보세요. 저 문장 어디가 남달리 잘 쓴 부분인가요? 비유가 멋진가요? 단어를 잘 골라 썼나요? 평범한 문장 쉬운 단어들로도 저렇듯 의도하는 글을 쓸 수 있는 비결은 뭘까요? 그것은 생각하는 능력이 남다르기 때문입니다. 의도적으로 다르게 생각했다기보다는 깊게 생각하니 남다른 생각이 만들어지는 것입니다.

생각을 어떻게 표현해야 할지 모르겠어요.

글쓰기 수업에서 많이 듣는 하소연입니다. 그런데 이 말 속에 이미 글 잘 쓰기를 가로막는 장애물이 있습니다. 생각을 표현할 줄 모른다는 말은 글쓰기를 단지 표현의 기술, 포장의 기술이라 여기는 데서 옵니다. 바로 이것이 글쓰기를 가로막는 장애물입니다. 진실은, 글쓰기는 생각을 문장으로 드러낸 것이지 문장으로 포장하는 것이 아닙니다. 생각이 어설프면 표현도 어설프기 마련이고 생각이 논리적이지 않으면 글도 논리적이지 못하며 생각 자체가 매혹적이지 않으면 어떤 쓰기 기술로도 멋진 글이 나올 리 없습니다. 이러한 진실을 나는 '생각 원판 불변의 법칙'이라 부릅니다. 사진을 보정하는 기술과 솜씨가 어마어마하게 발달했지만 눈빛이나 표정은 바꿀 수

1부 지식과 기술로 시작하는 돈이 되는 글쓰기

없듯 글쓰기에서도 생각이 미흡하면 어떤 쓰기 기술로도 원판이 바뀌는 기적은 기대하기 어렵습니다. 글을 잘 쓰지 못하는 이유를 표현 미숙으로 보는 한 어떤 이에게 어떤 도움을 받든, 글을 잘 쓰게 되는 일은 불가능합니다. 어떤 경우에도 기술은 거들뿐이거든요.

○ 글쓰기는 생각하기가 전부

글쟁이에게 가장 중요한 것은 쓰려고 생각한 것을 쓸거리로 만드는 것입니다. 쓸거리가 세워지면 그것을 문장으로 담아내는 것은 그야말로 일도 아닙니다. 써야겠다고 생각하고 그 생각을 쓸거리로 만들기, 이 과정은 생각하는 능력이 좌우합니다. 생각하는 힘은 글쓰기를 가능하게 하는 읽는 힘과 읽기로 완성되는 쓰는 힘을 연결합니다. 글을 잘 쓰기 위한 다섯 번째 법칙은 글쓰기의 중심축인 '생각하는 능력을 길러라'입니다.

수백억 연봉 받는 이가
글을 직접 쓰는 희한한 이유

세계 최고의 투자가이자 부자로도 손꼽히는 투자회사 버크셔 해서웨이의 워런 버핏 회장은 매년 주주들에게 편지를 씁니다. 버핏 회장이 초안을 쓰면 〈포춘〉 편집장 출신 캐롤 루미스가 글을 다듬어 완성합니다. 잘나가는 글로벌 인터넷 기업 아마존의 제프 베조스 회장도 역시 해마다 주주에게 보내는 편지를 손수 씁니다. 경영 일선을 떠난 마이크로소프트의 창업주 빌 게이츠도 블로그 글을 직접 쓰고, 스티브 잡스도 생전에 글만큼은 직접 썼다고 합니다. 여기까지 읽고 난 당신은 문득 궁금하지 않나요? 왜 이들처럼 바쁘고 이들처럼 천문학적인 연봉을 받는 이가 글쓰기 같은 골치 아픈 일을 직접 할까요? 억만금을 주고서라도 글 잘 쓰는 이를 채용해 대신 쓰게 하면 될 텐데, 왜 회장이 직접 글쓰기에 시간과 에너지를 할애하는 걸까요?

아무리 글을 잘 쓰는 사람이라 해도 남의 머릿속을 들여다볼 재간은 없습니다. 내가 무슨 생각을 하는가는 나만이 알 수 있습니다. 내가 무슨 이야기를 하고 싶은가는 자기 자신 외에 정확히 알 사람은 없습니다. 그래서 이렇게 대단한 사람들이 글을 쓸 때는 말하고 싶어 하는 생각을 정리하는 초고작업은 본인이 하고 이후 과정은 전문가가 맡아 한 편의 글을 완성하는 겁니다.

○ 고민하기 vs 생각하기

〈돈이되는글쓰기(www.돈이되는글쓰기.com)〉는 돈이 되는 글쓰기에 대한 지식과 정보를 차곡차곡 쟁여놓은 인터넷 카페입니다. 2004년부터 써 모은 2만여 편의 다양한 콘텐츠가 저장되어 있습니다. 이

곳에 가입하려면 두어 가지 질문에 답을 해야 하는데요. 글쓰기에 관해 어떤 문제나 고민이 있는가고 묻는 질문에 가장 많이 답하는 것이 있습니다.

글쓰기에 시간이 너무 오래 걸려요.
쓰려고 하면 너무 막막해요.
글 써야지 하면서 자꾸 딴짓을 해요.

표현은 제각각이지만 고민은 단 하나, 무엇을 써야 할지 모르겠다는 것입니다. 나의 처방은 이러합니다.

생각하세요, 고민하지 말고요.

독이 되는 글을 쓰는 사람들은 쓸거리로 만드는 생각작업은 하지 않고 그저 고민하느라 귀중한 시간과 에너지를 낭비합니다. 생각하는 것과 고민하는 것에 어떤 차이가 있을까요? 생각하는 것은 의도에 맞게 정보를 수집하고 연결하고 조립하여 의도한 결과를 내는 것을 말합니다. 고민하기는 이런 작업을 하지 않고 다만 끙끙댑니다. 고민만 하는지 생각하는 중인지를 어떻게 아느냐고요? 멀거니 앉아 있으면 고민하는 겁니다. 뭔가를 쓴다면 생각하는 것입니다. 메모를 하거나 워드파일을 열어 써보거나 화이트보드에 키워드를 써보거나…. 생각하는 일로 인정받는 이들은 모두 쓰면서 생각합니다.

고민만 하는 사람들은 생각하기와 쓰기를 별개의 과정으로 여깁니다. 생각하기를 마친 다음 써야 하는 것으로 압니다. 생각하는 사람들은 그 생각을 글로 쓰면서 무슨 말을 하고 싶은지, 무엇을 알고 있는지를 발견합니다. 생각하는 사람들은 글을 써보지 않으면 자신이 무엇을 쓸 수 있는지, 무엇을 알고 있는지 알지 못하기에 쓰면서 그런 것들을 확인합니다. 고민만 하는 사람들은 쓸거리가 이미 머릿속에 있고 이것을 글로 끄집어내는 것이라 여깁니다. 그래서 그들은 쓰지 못하고 계속 고민만 합니다.

돈이 되는 글쓰기를 부르는 생각 솔루션 3

민머리가 인상적인 세스 고딘은 세계적인 마케팅 구루로 인정받습니다. 그는 책을 내는 족족 베스트셀러가 되는 작가로도 유명합니다. 그가 알려주는 비결은 이것입니다.

아무리 짧아도 매일 써야 생각을 정리할 수 있다.

1부 지식과 기술로 시작하는 돈이 되는 글쓰기

돈이 되는 글을 잘 쓰는 사람들은 고민하지 않고 생각합니다. 그들은 다음과 같은 솔루션을 활용해 생각합니다.

○ 솔루션 1 일단 쓴다

《미움받을 용기》라는 책을 쓴 일본 작가 고가 후미타케도 같은 이야기를 합니다.

> 글쓰기는 생각하는 행위이기 때문에 글쓰기 기술을 몸에 익히면 생각하는 기술이 몸에 밴다. 일이나 인생에서 곤란한 사건에 부딪힐 때 아무리 머리를 끌어안고 생각해도 답은 나오지 않는다. 이럴 때 고민을 문장으로 쓰다 보면 의외로 해답을 발견하게 된다.

글쓰기라는 행위는 문장으로 이루어지고 문장을 쓴다는 것 자체가 이미 논리성에 기반하여 생각하는 것입니다. 그러니 쓰는 것만으로도 잘 생각할 수밖에 없습니다. 글쓰기가 어렵나요? 무엇을 쓸지 모르겠나요? 그렇다면 일단 쓰기 시작하세요. 그러면 알게 됩니다. 무엇을 쓰고 싶은지, 무엇을 생각하는지, 무슨 생각을 해야 하는지.

정리하면 글은 생각하기의 결과물이 아닙니다. 무엇에 대해 생각하는 자체가 글쓰기입니다. 뭔가를 쓰고 있다면 당신은 생각하는 것입니다. 쓰지 않는다면 생각하는 게 아닙니다. 생각하는 능력을 갖추면 돈이 되는 글을 쓸 줄 압니다.

◉ [솔루션 2] 틀에 맞춰 쓴다

대부분의 사람들이 '생각하는 것보다 차라리 죽는 것을 택할 것'이라고 합니다. 그만큼 생각하기가 어렵다는 얘기겠지요. 그러나 생각하기가 식은 죽 먹기만큼 쉬운 이들도 있습니다. 세계적인 컨설팅 회사의 컨설턴트들은 생각하는 일로 억대 연봉을 받는 고수입니다. 이들에게 생각하기가 그토록 쉬운 것은 미리 만들어둔 자기만의 프레임(틀)에 생각을 찍어내기 때문입니다.

한 임원이 아마존 프라임 회원이 일상적인 패키지 크기로 식료품 및 가정용 제품을 구매할 수 있는 온라인 상점에 대한 아이디어를 기획합니다. 회장에게 이 새로운 아이디어를 전달하여 사업승인을 받으려면 시간이 얼마나 걸릴까요? 제프 베조스 회장은 이 일을 단 몇 분 만에 해냅니다. 엄청난 비결의 주인공은 임원이 올린 보고서입니다. 아마존에서는 새로운 사업이나 프로젝트를 기획할 때 일반적인 기획문서가 아니라 보도자료부터 만들게 합니다. 보도자료는 홍보를 도와줄 언론사를 솔깃하게 만드는 내용이 빠짐없이 들어 있습니다. 보도자료 형식으로 문서를 만들면 경쟁력을 갖춘 아이디어의 전모를 다룰 수 있습니다. 그러니 바쁘디 바쁜 회장이 보도자료를 읽고 그 자리에서 승인할 수밖에요. 이처럼 틀에 맞춰 쓰면 잘 쓸 수 있습니다. 앞에서 다룬 오레오 공식은 돈이 되는 글쓰기를 가능하게 하는 프레임 싱킹입니다.

소보다 잘하려면 손을 사용하는 것이 중요합니다. 이것이 여러분을
소나 컴퓨터 조작원과 구별해줍니다.

ABC 방송국, IBM, UPS 등 내로라하는 글로벌 기업들의 '역사적
인' 로고를 만든 그래픽 디자이너 폴 랜드가 한 말입니다. 디자이너
를 '소'에 비유하는 것이 참 재밌죠?

소보다 잘 쓰려면 손을 사용하는 것이 중요합니다.

나도 이렇게 말해봅니다. 글을 잘 쓰고 싶으면 손으로 생각하세
요. 잘 생각하고 싶으면 손을 활용하세요. 글을 잘 쓰는 사람들은 끼
적이기에 능합니다. 그들은 핵심문구 몇 개로 핵심구절을 만들거나
한 줄의 문장으로 머릿속 생각을 뚝딱 끄집어냅니다. 끼적이기는 머
릿속을 정리하는 최고의 기술이자 좋은 생각을 만들어내는 생산도
구예요. 중구난방 떠올랐다 사라지는 생각의 조각들을 종이에 잡아
주기만 해도 생각이 잘 돌아갑니다.

생각을 만드는 단계라면 키보드가 아니라 당신의 손을 활용하여
끼적이세요. 손을 쓰면 뇌가 자극되어 좋은 생각이 더 많이 납니다.
머릿속 생각을 종이 위에 단어나 문장, 그림이나 차트로 옮기면 논

리의 약점이나 논리구조의 문제를 눈으로 보게 되고 그러면 해결도 빠릅니다. 구글의 전 수석 디자이너 제이크 냅도 이런 말을 합니다.

종이에 뭔가를 쓰고 있는 한 당신은 제대로 하고 있는 것이다.

아마존 혁신의 비결 : 서술형으로 생각하기

주 52시간 근무제가 본격 도입되면서 기업들이 제게 요청하는 강의 주제도 바뀌었습니다. 보고와 회의자료로 활용할 1페이지 문서 작성 노하우를 가르쳐달라고 콕 집어 요구하기도 합니다. 보고서 작성에 있어 중요한 것은 사고력으로 문제를 해결하는 것이지 파워포인트 디자인을 만들어내는 것이 아니라는 인식이 이러한 요청을 하게 만듭니다.

보고 내용을 문장으로 풀어쓰는 서술형 문서가 중요한 것은 어떤 일이든 인과관계를 분명히 할 수 있어서입니다. 서술형으로 작성하면 생각과 아이디어가 더없이 명확해집니다. 어떤 이슈에 대해 완전한 문장으로 이루어진 간결한 글을 읽고 나면 무엇을 어떻게 생각하고 행해야 할지가 명료해집니다. 오류는 줄고 통찰은 늘어납니다. 따라서 서술형 문서는 회의나 보고시간에 동석하지 않고도 누가 들

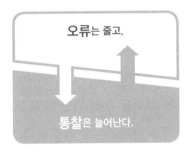

오류는 줄고,

통찰은 늘어난다.

여다보아도 따로 설명 없이 빠르게 이해가 가능합니다. 보고나 회의 시간이 짧아지면서 조직의 전반적인 생산성을 올려주는 기폭제로 기능합니다. 서술형 보고서의 이러한 장점을 잘 알기에 아마존은 파워포인트를 쓰지 않고 서술형 에세이로 보고자료를 만듭니다.

전화, 이메일, 메신저 등 줄여 말하기가 특징인 비대면 의사소통에 익숙해지면서 빠르고 명확한 의사전달을 목표로 하는 커뮤니케이션에 취약한 직장인들이 급증합니다. 이런 문제점도 서술형으로 생각하기를 습관 들이면 쉽게 해결됩니다. 90년대생 신입사원들이 속속 회사로 입성하면서 서술형 문서 작성은 더욱 요긴합니다. 이들은 단답형 대화에 익숙한 만큼 일리 있고 조리 있게 생각하고 표현하는 데 서툴러 문서 작성을 어려워합니다. 새내기들이 보고 성격에 맞게 내용을 구성하고 전달하는 기본 커뮤니케이션 능력을 기르려면 서술형 문서 작성 연습을 하는 것이 좋습니다. 물론 모든 기업이나 조직이 문서 작성의 기준으로 서술형을 취하지는 않습니다. 그렇더라도 서술형 문서를 작성하며 커뮤니케이션 능력을 키워놓으면, 서술형으로 작성한 내용에서 핵심을 따로 정리해 파워포인트에 담아내기란 일도 아닙니다. 서술형 문서를 개조식 보고서로 바꾸는 것은 서술형으로 작성한 내용에서 핵심을 추려 간단한 문구로 정리하는 과정을 거치게 되어 내용이 더욱 정제되는 효과를 냅니다.

○ 아마존처럼 서술형 문서 작성하는 법

조직 안팎에서 공유해야 하는 내용을 에세이, 즉 서술형 문서로 써낼 수 있다면 쉽고 빠르게 그러면서도 논리정연하게 메시지를 전달하는 커뮤니케이션 능력을 인정받게 됩니다. 서술형으로 글을 쓰면 논리정연하게 생각하는 습관이 듭니다. 이러한 소통 능력을 가졌다면 무슨 일을 하더라도 당신은 원하는 것을 다 가질 수 있습니다. 아마존처럼 쓰면서 생각하는, 서술형 문서 작성 방법을 안내합니다.

① 문서 작성의 배경 점검하기

TIP 포맷으로 누가 읽는지(Target), 무엇에 대한 내용인지(Idea), 제안 포인트는 무엇인지(Proposal & Promise)를 확인합니다.

② 핵심을 빠르게 전달하기

오레오하우스로 쓸거리를 만듭니다.

③ 에세이로 담아내기

에세이로 담아낼 때는 다음 사항에 유의해야 합니다. 먼저 문장 성분을 모두 갖춘, 오류가 없는 문장을 씁니다. 서술형 문서는 단락으로 구성합니다. 4~5단락으로 구성하되 단락마다 핵심문장을 드러내야 합니다. 1,500자 내외로 쓰세요. 분량이 제한되면 내용을 더욱 정제하게 되고 표현에 신중하게 됩니다. 결과적으로 독자에게 더 잘 전달됩니다.

④ 피드백 받아 수정하기

서술형 문서를 작성하면 아마존에서 임원회의 하듯 동료나 상사로부터 피드백을 받아봅니다. 서술형 문서를 일단 읽습니다. 전체 내용에 대해 또 각 페이지마다 질문을 받고 설명합니다. 질문이 나온 부분에 대해서는 보완하고 수정합니다.

● 바로가기 346쪽

제5장 돈이 되는 글쓰기 근육을 강화하는 매일 습관 7 중에서 <매일 습관 3. 생각 근육을 기르는 저널 쓰기 연습법>으로 돈이 되는 글쓰기를 위한 생각 근육을 기르세요.

잘 쓰려면
의식적으로 연습하라

지금까지 당신이 해온
글쓰기 공부는 다 틀렸다

아널드 새뮤얼슨은 한 잡지사에서 수습기자 생활을 하다가 노벨 문학상 수상작가 어니스트 헤밍웨이를 무작정 찾아갑니다. 그는 1년 가까이 헤밍웨이 옆에서 생활하며 그로부터 글쓰기 수업을 받았고, 이 1년의 시간은 《헤밍웨이의 작가 수업: 키웨스트와 아바나에서의 일년》이라는 책에 고스란히 옮겨 놓았습니다. 글쓰기에 대해 헤밍웨이가 했던 말 가운데 그가 가장 또렷하게 기억한 한마디는 이것입니다.

글 쓰는 법을 터득해야 한다네.

헤밍웨이쯤 되면 글쓰기 재능을 강조할 것 같은데, 그마저도 글 잘 쓰는 법을 배워 익혀야 한다고 말합니다. 러시아 작가 이반 투르게네프도 같은 생각입니다.

정말 이상하다, 작곡가는 화성과 음악 형태의 이론을 배우고, 화가는 색과 디자인에 관해 모르면 그림을 안 그리고, 건축은 기본적인 학력을 요구한다. 단지, 누군가가 글을 쓰기로 했을 때 아무것도 배울 필요가 없고 글씨를 쓸 줄 알면 작가가 될 수 있다고 믿는다.

○ 글 잘 쓰기, 노력으론 택도 없다

제프 콜빈은 미국 경제잡지 <포춘>의 편집장으로 위대한 사람들을 가까이서 접하고 그 비결을 찾아냈습니다.

재능은 위대함과 거의 관련이 없다. 위대해지는 데는 의도적인 훈련만이 필요하다.

그에 따르면 의도적 훈련은 명백한 목적을 가지고 하는 활동으로, 이 훈련을 통해 성취수준을 향상함은 물론 수행한 결과에 대해 피드백을 받아 개선하는 높은 수준의 연습을 반복합니다. 가령, 골프선수가 단순히 많은 공을 쳐서는 결과가 개선되지 않는데 이는 의도적 훈련이 아니기 때문이지요. 제프 콜빈이 말하는 골프선수에게 의미 있는 의도적 훈련이란 7번 아이언으로 300번씩 공을 치되 끊임없이 결과를 분석하고 필요한 조절을 해가면서 친 공이 핀을 중심으로 6미터 안에 떨어질 확률을 80퍼센트 이상으로 유지하는 것, 그리고 이를 매일 몇 시간씩 계속하는 것을 말합니다. 돈이 되는 글쓰기를 잘하려면 제프 콜빈이 말하는 의도적인 훈련을 해야 합니다.

나름대로 열심히 쓰고 있어요.

의기양양한 표정으로 이렇게 말하는 사람을 보면 아찔합니다. '나름대로'라는 말은 쓰고 싶은 대로 쓴다는 뜻일 테지요. 내키는 대로 쓰기만 해서는 독이 되는 글쓰기를 강화할 뿐입니다. 여기에 '1만 시간을 목표로 열심히 쓰고 있다'는 이를 만나면 눈앞이 캄캄합니다. 1만 시간 연습하면 누구라도 어떤 재능도 다 가질 수 있다는 말만 믿고 매일 독이 되는 글쓰기를 한다면 어떤 결과가 나올까요?

글쓰기는 누구나 할 수 있습니다. 그러나 핵심을 빠르게 전달하여 원하는 반응을 빠르게 얻어내는 돈이 되는 글쓰기는 아무나 할 수 없습니다. 돈이 되는 글을 쓰려면 내가 원하는 방향으로 독자가 행동하게 만드는 방법대로 연습해야 합니다.

헤밍웨이의 조언처럼 '돈이 되는 글 쓰는 법'을 한 번은 제대로 배우세요. 그런 다음 1만 시간이든 1천 시간이든 그 방법대로 의도적으

1부 지식과 기술로 시작하는 돈이 되는 글쓰기

로 연습하세요. 그래야 돈이 되는 글을 쓸 수 있습니다. 글을 잘 쓰기 위한 여섯 번째 법칙은 '잘 쓰려면 의식적으로 연습하라'입니다.

돈이 되는 글을
잘 쓰게 되는 유일한 연습법

90년대 초, 세계적 심리학자 안데르스 에릭슨 박사는 자기의 분야에서 최정상에 오른 사람들을 연구했습니다. 그들의 놀라운 성공 뒤에는 타고난 재능이 아니라 아주 오랜 기간의 노력이 있었다는 논지의 논문을 발표했습니다. 베스트셀러 작가 말콤 글래드웰이 《아웃라이어》라는 책에서 이 논문의 결과를 다루었습니다. 이때 등장한 말이 '1만 시간의 법칙'입니다. 에릭슨 박사의 연구 결과는 '어떤 성공이든 1만 시간을 투자하면 가능하다'라는 말로 변질되어 퍼져나갔고, 이를 보다 못한 에릭슨 박사는 "당신이 알고 있는 '1만 시간'은 방법이 틀렸다!"는 취지의 책을 냅니다. 이 책에서 에릭슨 박사는 재능을 갈고 닦는 데는 노력하는 시간이나 의욕의 정도가 아니라 연습하는 방법이 관건이라고 알려줍니다. 에릭슨 박사가 '의식적인 연습'이라 이름 붙인 이 방법은 확실한 목표와 피드백 메커니즘을 토대로 사소한 기술을 반복적으로 익혀가는 특별한 형태의 연습을 말합니다. 에릭슨 박사는 의식적으로 연습하려면 3F를 명심해야 한다고 구체적으로 알려줍니다.

- Focus(집중한다) : 테크닉을 세부기술로 쪼개 부분을 하나하나 집중적으로 연습한다.
- Feedback(피드백 받는다) : 집중적으로 연습한 결과를 점검받는다.
- Fix it(수정한다) : 피드백을 반영하여 연습에 변화를 준다.

에릭슨 박사가 말하는 의식적 연습론에 입각하여 돈이 되는 글쓰기 연습에 적합한 3F 방법을 만들었습니다. 이 방법을 적용하여 글을 쓰면 원하는 반응을 빠르게 끌어내는 돈이 되는 글쓰기가 가능해집니다. 이 방법대로 연습하면 돈이 되는 글쓰기 능력을 가질 수 있습니다.

• 돈이 되는 글쓰기의 의식적인 연습법 3F •

Focus(집중한다)	글을 쓰려는 의도에 맞게 메시지와 쓸거리를 만든다. 쓰는 내내 이 의도에 초점을 맞춘다.
Feedback(피드백 받는다)	메시지와 쓸거리 만들기가 제대로 되는지 점검하고 개선할 방향을 잡는다.
Fix it(수정한다)	점검 및 개선 방향대로 글을 수정하고 보완하여 완성한다.

◉ 돈이 되는 글쓰기, 의식적 연습 단계 1

Focus 글 쓰려는 목적과 의도에 맞춰 쓴다

- 글을 쓰려는 의도에 맞게 메시지와 쓸거리를 만든다.
- 쓰는 내내 이 의도에 초점을 맞춘다.

돈이 되는 글쓰기, 의식적 연습의 첫 단계는 글 쓰려는 의도에 맞게 메시지와 쓸거리를 만들고, 쓰는 내내 이 의도에 초점을 맞추는 것입니다. 이 단계가 제대로 되려면 그동안 길들여온 악습을 멈추는 것부터 해야 합니다. 의도했든 아니든 그동안 해온 글쓰기 방법에 익숙한 나머지 이 습관을 그대로 둔 채 바람직한 연습을 할 수는 없습니다. 나름 잘하고 있다는 착각의 토대 위에서 뭔가를 제대로 해보겠다는 일념으로 기를 쓰고 해봤자 의도한 결과가 나올 리 없습니다. 돈이 되는 글쓰기를 하고 싶다면 지금까지 당신이 공들여온 '막쓰기'를 멈추는 것부터 해야 합니다.

생각나는 대로 쓰기

내키는 대로 쓰기

쓰고 싶은 대로 쓰기

이렇게 막 쓰는 것을 나는 '옹알이'라 부릅니다. 말을 배우기 시작하면 아이는 더 이상 옹알이를 하지 않습니다. 그처럼 돈이 되는 글쓰기를 배우려면 독이 되는 글쓰기를 멈춰야 합니다.

○ 돈이 되는 글쓰기, 의식적 연습 단계 2
Feedback & Foword 피드백을 받는다

메시지와 쓸거리 만들기가 제대로 되는지 점검하고 개선할 방향을 잡는다.

일간신문에 칼럼을 연재하는 최재천 교수는 간결하고 정확하면서도 우아한 글을 쓰기로 유명합니다. 내가 그를 자주 언급하는 이유는 글쓰기와 관련 없는 전공을 했음에도 불구하고 글을 매우 잘 쓰는 과학자로 널리 알려진 데다, 제대로 글쓰기를 연습한 바람직한 사례이기 때문입니다. 최 교수는 글쓰기 재능을 갖춘 비결로 젊어 한때 피드백을 동반한 일대일 글쓰기 코칭을 받았던 경험을 꼽습니다. 미국 펜실베이니아 대학교에서 유학하던 시절 그는 글쓰기 수업을 들었고, 담당 교수에게 글쓰기 코칭을 받았습니다. 그가 받은

글쓰기 수업은 이랬습니다. 학생이 글을 써와 교수에게 읽어줍니다. 그러면 교수는 '글로 쓴 내용이 마음에 드느냐'고 묻고 학생은 '사실 이렇게 쓰고 싶었습니다'라고 답하곤 했지요. 교수와 학생은 서너 쪽 분량의 글을 한 문장씩 고치며 몇 시간을 보냅니다. 이렇게 1년 3개월가량이나 의식적으로 글쓰기를 연습했으니 그의 글이 좋아지지 않을 리 없습니다.

어떤 분야든 프로들에겐 코치가 있습니다. 언어장애가 심했던 조지 6세에게는 라이오넬 로그라는 치료사가 있었지요. 연설을 잘한 대통령으로 알려진 케네디 대통령에게는 테드 소렌슨이라는 스피치 코치가 있었습니다. 코치들이 하는 일은 피드백입니다. 다른 분야와 마찬가지로 돈이 되는 글을 쓰는 이들도 전문가에게 피드백 중심의 코칭을 받습니다. 글을 잘 쓰고 싶다면, 돈이 되는 글을 쓰고 싶다면 당신도 피드백을 동반하는 글쓰기 연습을 해야 합니다. 당신에게 글을 쓰게 하고 그 글을 피드백하고 고쳐 쓰게끔 지도하고 알려주는 코치를 일생에 한 번쯤은 만나야 합니다. 이런 방법으로 배우지 않으면 1천만 시간을 노력한다 해도 글을 잘 쓰게 되지 않습니다. 글쓰기는 일대일 지도가 아니면 어떤 방법으로도 나아지지 않기 때문입니다.

Fix it 고쳐 쓰기로 완성한다

점검 및 개선 방향대로 글을 수정하고 보완하여 완성한다.

나는 글쓰기 코치로 일하며 글쓰기를 생각조차 못해봤거나 '글쓰기'란 말만 들어도 기겁하는 사람들에게 글쓰기를 배워 책도 쓰라고 유혹합니다. 이렇게 할 수 있는 것은 글쓰기가 밥하기보다 빵굽기보다 쉽다는 것을 알기 때문입니다. 밥은 한 번 지으면 되든 질든 그냥 먹어야 합니다. 빵은 반죽상태, 발효시간, 오븐의 온도 등 제반조건에 따라 결과가 달라지고 그 결과를 돌이킬 수 없습니다. 그러나 글쓰기는 다릅니다. 쓰는 대로 만들어지고 고쳐 쓰면 점점 더 확연히 좋아집니다. 일단 쓰고, 쓴 것을 고치고 고치고 고치고 하면서 얼마든지 좋게 만들 수 있습니다. 돈이 되는 글을 쓰는 사람들은 글을 잘 쓰는 게 아니라 고쳐 쓰기를 하며 글의 수준을 최상으로 끌어올릴 줄 압니다.

세상에 나쁜 글은 없다,
못 쓴 글도 없다

글은 수정하면 무조건 좋아지는 거야. 수정했는데 이상해졌다면 그건 글쓰기 포기해야 해.

드라마에서 주인공인 작가가 한 말입니다. 정말로 그렇습니다. 글은 고치는 만큼 무조건 좋아집니다. 하버드 대학교 에미그 교수팀은 글을 잘 쓰는 사람들은 글쓰기 전 과정의 70퍼센트를 고쳐 쓰기에 할애한다고 합니다. 글을 잘 쓰는 사람들은 일단 쓰고, 고쳐 쓰기하며 완성도를 높여갑니다. 우선 시작하고 점점 더 낫게 개선합니다. 반면 글을 잘 쓰지 못하는 이들은 쓰기 전 70퍼센트의 과정을 쓰기 준비에 들입니다.

세상의 모든 글은 쓰레기다.

이 말을 한 사람은 헤밍웨이. 신문기자로 글쓰기를 배웠고 노벨문학상까지 거머쥔 작가가 자신이 쓴 글조차도 처음에는 '쓰레기'에 불과하다고 합니다. 그러면서 이 말도 잊지 않았죠.

글은 고쳐 쓰면서 좋아진다.

세상에 못 쓴 글은 없습니다. 몹쓸 글도 없습니다. 다만 고쳐 쓰기 전의 글만 있을 뿐입니다. 글을 잘 쓰는 사람 또한 없습니다. 잘 고쳐 쓸 줄 아는 사람만 있습니다. 글을 못 쓰는 사람도 없습니다. 글을 고쳐 쓰지 않은 사람이 있을 뿐입니다. 돈이 되는 글쓰기를 배우려면 이것부터 기억해야 합니다.

세상에 나쁜 글은 없다, 못 쓴 글도 없다. 고쳐 쓰면 좋아진다.

TV에 나와 그림을 그려 보이며 '참 쉽죠?' 하던 그림 선생님 밥 로스. 그가 이런 말을 했습니다.

그림 그리기에 실수 같은 것은 없다. 행복한 사고만 있을 뿐이다.

물감을 더하거나 하여 얼마든지 그림을 지우거나 바꿀 수 있고 원하는 대로 그려낼 수 있으니 그림을 잘 그리지 못한다는 말은 말이 안 된다고 말합니다. 글쓰기도 딱 이러합니다.

글쓰기에 잘못은 없다. 행복한 초안만 있을 뿐이다.

고쳐 쓸 게 많다는 것은 고쳐 쓰기 하며 배울 게 많다는 뜻입니다. 배울 게 많다는 것은 그 과정에서 글쓰기 실력이 부쩍 늘어날 것이란 기대가 크다는 것과도 같습니다.

원하는 몸매를 만들기 위해 초반에는 헬스클럽에서 개인 트레이닝을 받기도 합니다. 몸 상태를 점검하고 그에 맞춰 트레이닝 프로그램을 짜고 또 피드백 받으며 운동합니다. 이렇게 시작한 다음에는 적당히 먹고 스스로 운동하며 혼자서 연습합니다. 글쓰기도 그래야 합니다. 초반에는 3F 프로그램으로 배우고 지도받고 피드백으로 점검받으며 연습합니다. 이 과정을 통해 돈이 되는 글쓰기 감각과 안목을 기른 다음에는 혼자 연습하는 것이 좋습니다. 그래야 꾸준히 연습할 수 있습니다.

쓰레기를 쓰거나
30점짜리를 쓰거나

글쓰기가 힘든 것은 대부분 처음부터 잘 쓰려고 기를 쓰기 때문입니다. 일본의 정신의학과 의사이자 베스트셀러 작가인 가바사와 시온은 아예 30점 받기를 목표로 글을 씁니다. '처음 쓴 글은 30점만 받자.' 이 생각으로 초고를 쓴 다음, 고쳐 쓰면서 50점 만들고, 거듭 고쳐 쓰며 70점, 90점… 이렇게 수준을 높여가면 부담 없이 글을 쓸 수 있고 잘 쓰게 된다고 조언합니다. 나는 참으로 근사한 나비를 목표하며 쓰지만 내가 처음 내놓은 글은 애벌레처럼 흉측합니다. 아이디어라는 알에서 막 깨어난 애벌레에서 내가 의도한 아름다운 나비의 모습은 어디에도 없습니다. 애벌레가 고치를 만들고 그 속에서 나비가 되듯 초고를 고쳐 쓰고 고쳐 쓰고 또 고쳐 쓰다 보면 어느새 독자에게 내놓아도 좋을 나비가 됩니다. 나는 글쓰기란 반드시 이러한 변태의 과정을 거쳐야 한다고 강조합니다.

지금 막 쓴 글이 애벌레처럼 흉한가요? 쓰레기처럼 보잘 것 없나요? 30점도 안 될 것 같은가요? 걱정마세요. 고쳐 쓰기라는 비법이 있으니까요. 고쳐 쓰기로 얼마든지 잘 쓴 글로 변태시킬 수 있으니까요. 고쳐 쓰기할 때 유용한 몇 가지 팁을 알려드립니다.

① 출력한다

요즘엔 거의 컴퓨터로 글을 씁니다. 워드파일로 글을 쓰면 어찌나 근사해 보이는지요. 고쳐 쓰지 않아도 인쇄된 책자의 글처럼 멋있어 보입니다. 여기에 고쳐 쓰기의 어려움이 있답니다. 그래서 글밥 먹는 이들은 고쳐 쓰기를 할 때 반드시 출력합니다. 출력된 글을 접하면 글을 쓴 사람에서 읽는 사람으로 바뀌어 내가 쓴 글이지만 남의 글처럼 읽을 수 있거든요. 고쳐 쓰기는 내용을 잊어버릴 만큼의 시간을 둔 다음 시도하세요.

1부 지식과 기술로 시작하는 돈이 되는 글쓰기

② 소리 내 읽는다

밑줄을 그어가며 소리 내 읽습니다. 우리 글은 내용어(단어)보다 기능어(조사, 토씨)에 의해 말뜻이 달라집니다. 기능어는 내용어에 비해 눈에 잘 띄지 않아 눈으로 읽으면 놓치는 게 많아요. 한 줄 한 줄 소리 내 읽으면 어색하고 이상한 표현이 다 걸러집니다.

③ 피드백 받는다

글을 잘 쓰는 동료나 상사, 전문가의 피드백을 받으면 내 눈에는 잘 띄지 않는 논리상의 맹점이나 독자 입장에서 이해되지 않는 부분들에 대해 알아낼 수가 있습니다.

내가 가장 좋아하는 글쓰기 수업은 각자 에세이를 써와 소리 내 읽고 동료 독자의 의견을 듣는 피드백 수업입니다. 글쓰기 코치인 나의 전문적인 피드백으로 개선점을 찾아 수정하여 완성하기까지가 하나의 과정입니다. 처음 이 수업에 참여하는 사람들은 '빨간펜 선생님'을 떠올리며 한껏 긴장하지만 마칠 때쯤 되면 "글쓰기 수업이 너무 재밌어요" 하며 좋아합니다. 나는 피드백 수업을 할 때 빨간펜을 사용하지 않습니다. 고쳐 쓰기는 제대로 쓰지 못한, 잘못 쓴 글이 아니기 때문에 '잘못'의 상징인 빨간펜은 어울리지 않습니다. 실패한 글쓰기의 증거는 더더구나 아니기 때문에 파란색 펜이나 연필을 사용해 개선이 필요한 부분에 표시를 합니다. 파란색은 긍정을, 연필은 지우고 다시 쓸 수 있다는 상징이 강해 고쳐 쓰기로 얼마든지 좋아질 수 있다는 긍정적 암시를 합니다. 돈이 되는 글을 잘 쓰는 사람들은 이렇게 고쳐 쓰기를 합니다.

매혹적인 목표를
가져라

쓰면 읽히는
글쓰기의 달인 '글잘러' 되기

'일잘러'는 일을 잘하는 사람을 뜻하는 줄임말로, 이제 흔하게 쓰이는 말입니다. 그래서 나도 '글잘러'라는 줄임말을 만들었습니다. '돈이 되는 글을 잘 쓰는 사람'이란 뜻입니다. 글잘러가 되려면 그 원리와 법칙에 대해 알아야 하고 세부적인 용도에 맞는 기술과 노하우를 배우고 익혀야 합니다. 그런데 이 과정이 그리 녹록치는 않습니다. 다른 가치 있는 일들과 마찬가지로 적잖은 시간과 비용을 동반하는 '노력'을 요구합니다. 노력하는 일은 재미가 없습니다. 힘들고 재미없는 일은 계속하기 힘듭니다. 이럴 때 글잘러들에게만 허락되

돈이 되는 글쓰기 법칙 × 매혹적인 목표 = 글잘러

는 매혹적인 목표를 갖는 것이 좋습니다. 글을 잘 쓰겠다는 의욕이나 열정은 금세 지치고 동이 납니다. 반드시 글을 잘 쓰게 되는 매혹적인 목표 7가지를 소개합니다. 이 목표들은 당신의 직업인생에 반드시 필요한 것들이라 하나씩 혹은 순서대로 목표한다면 어느새 글잘러가 되어 있을 겁니다. 글을 잘 쓰기 위한 일곱 번째 법칙은 '매혹적인 목표를 가져라'입니다.

* 글을 잘 쓰게 되는 매혹적인 목표 7 *

필요한 사람
무엇을 하든
전략무기를 지닌

스마트워커
불황에도 회사가
놓아주지 않는

프리랜서
비정규직 시대의
블루칩

인플루언서
SNS, 유튜브에서
이름으로 영향을
미치는

글쓰기 불변의 법칙 7
매혹적인 목표를 가져라

공감형 엔지니어
인공지능이 울고 가는
이공계 핵심인재

출판 작가
돈이 되는 글쓰기로
먹고 사는

지식사업가
좋아하는 일, 잘하는
일로 평생 현역

돈이 되는 글쓰기에 능한
글잘러(글을 잘 쓰는 사람)

1부 지식과 기술로 시작하는 돈이 되는 글쓰기

요즘은 필요한 지식이나 정보를 검색으로 얻는 시대입니다. 음성 인식 기능을 활용하면 일일이 검색하지 않아도 필요한 것을 척척 찾아주기까지 합니다. 이런 시대에 기계에 대체되지 않고 인공지능에 치이지 않으려면 필요한 사람이 되어야 합니다. '필요한 사람'이란 기계나 검색으로 안 되는, 간단하게 답이 나오지 않는 문제를 분석하고 논리적으로 파고들어 추론하는 사고력과 다른 의견을 가진 사람들을 설득하여 원하는 반응을 끌어내는 의사소통 능력을 갖춘 사람을 말합니다. 나는 이러한 사고력과 의사소통 능력을 일하는 사람들의 '전략자산'이라 표현합니다. 돈이 되는 글을 쓸 줄 아는 글잘러는 이러한 전략자산을 갖춘 사람을 의미합니다. 무엇을 하며 살든 이러한 전략자산을 갖추고 전개할 수 있다면 어떤 일이 닥치든 어떤 시대가 열리든 필요한 사람으로 살아갈 수 있습니다. 최고의 전략자산을 갖춘 '필요한 사람'이 되기를 목표하세요. 그러면 글 잘 쓰기에 필요한 노력을 하기가 수월합니다.

○ **매혹 목표 2** 불황에도 회사가 절대 놓아주지 않는 스마트워커

요즘 이기적인 사람들이 잘나가지요? 회사가 아니라 자신의 커리어를 위해 자아실현을 위해 일하는 이기적인 직장인들이 결과적으로는 회사에 기여하는 바가 더 크다고 합니다. 기업이나 조직에서 마련한 글쓰기 강연에서 나 역시 당신 자신을 위해 보고서를 잘 써

야 한다고 역설합니다. 회사에서야 생산성 향상을 위해 직원들이 보고서를 더 잘 썼으면 하겠지만, 회사가 요구하는 문서 작성용 글쓰기 기술을 배우려 들지 말고 무슨 글이든 척척 잘 써내는 글잘러가 되기를 목표한다면, 회사에 머무는 동안에 회사로부터 인정받고 회사를 떠나서는 더 잘 먹히는 사람이 될 수 있다고 목소리를 높입니다.

돈이 되는 글쓰기 능력은 주 52시간 근무제가 정착되면서 더욱 중시되고 있습니다. '워라밸은 글쓰기 실력이 좌우한다'는 말까지 나오지요. 제시간에 퀄리티 높은 문서를 작성하여 의사결정을 돕는 직원이라면 어떤 불황이 와도 회사에서 절대 놓아주지 않을 겁니다. 이러한 스마트워커를 목표로 해보세요. 그러면 돈이 되는 글쓰기에 요구되는 노력들을 질리지 않고 하게 됩니다.

글 좀 잘 쓰고 싶었을 뿐인데

비정규직으로 일하는 사람들이 급증합니다. 자발적으로 퇴사, 퇴직을 했든, 정규직을 얻지 못해서든, 우버 같은 공유 모델 기업에 프리랜서로 묶여 있든 어떤 이유에서든 앞으로는 비정규직의 시대가 될 것이라 합니다. 성장이 멈춘 시대에 장기적 불황까지 덮치면서 기업이나 조직은 어쩔 수 없이 몸집을 줄여 빙하기를 대비합니다. 고용을 최소화하고 프리랜서로 인력을 충원하는 추세가 이미 시작되었고요. 비정규직 시대의 블루칩이라 할 수 있는 프리랜서로 거듭 나려면 돈이 되는 글쓰기 능력이 필수적으로 요구됩니다.

○ 매혹 목표 3 ─ 비정규직 시대의 블루칩, 프리랜서

회사 안이 전쟁터라면 회사 밖은 지옥이라지요? 회사 밖이 지옥인 것은 100퍼센트 실력제이기 때문입니다. 명함, 조직, 지위 등이 전혀 통하지 않습니다. 게다가 비정규직으로 먹고 살려면 실무를 셀프로 해야 합니다. 동료들이 해주던 일을, 부하직원이 담당하던 일을 손으로 직접 하거나 협업해야 합니다. 대부분은 글쓰기로 이루어지는 일이지요. 길어진 인생을 산다는 것은 비정규직으로 일하는 시간이 길어진다는 의미이기도 합니다. 회사 떠나 혼자 힘으로 먹고 살려면, 회사를 떠나기 전 반드시 돈이 되는 글쓰기 능력을 갖춰야 합니다. 비정규직으로 일하면서도 기죽지 않는 블루칩 프리랜서를 목표로 해보세요. 그러면 글쓰기를 배우고 연습하는 일에 박차를 가하게 됩니다.

○ 매혹 목표 4 ─ 자신의 이름으로 영향을 미치는 인플루언서, 유튜브 스타

비즈니스도 정치도 장사도 이제는 소셜미디어 영향력 안에 있습니다. 자본이 없어도 경력이나 경험이 없어도 소셜미디어 할 줄 알면 단숨에 영향력을 행사할 수 있습니다. 인플루언서가 많은 이들의 로망인 시대. 돈이 되는 글쓰기를 할 수 있다면 소셜미디어를 활용해 인플루언서가 될 수 있습니다. 당신의 생각으로 많은 이들에게 영향력을 미치는 삶을 그려보세요. 회사에서 집에서 잔소리하고 싶어 몸살 난 386세대라면 유튜버가 되세요. 당신의 잔소리도 유튜브 채널을 타면 조언이 되어 돈도 벌어줍니다. 인플루언서를 목표로 하세요. 유튜브 스타가 되기를 목표로 해보세요. 그러면 돈이 되는 글쓰기를 위한 노력이 즐거워집니다.

◦ **매혹 목표 5** 인공지능이 울고 가는 이공계 핵심인재, 공감형 엔지니어

디지털 기술 활용도가 높은 직업과 그렇지 않은 직업의 연봉 차이가 2배나 된다고 합니다. STEM(과학·기술·공학·수학)과 이공계열 종사자가 채용시장에서 상한가를 치고 있는 이유지요. 문과나 사회과학계열에서 이공계열로 진로를 바꾸는 이도 많습니다. 그런데 인공지능의 급습에 가장 많은 피해를 보는 쪽도 이공계열입니다. 외주화, 자동화, 로봇화, 디지털화의 공습에는 속수무책이지요. 돈이 되는 글쓰기는 독자의 공감을 끌어내 원하는 방향으로 움직이게 하는 능력인 만큼 돈이 되는 글쓰기 능력을 갖춘다면 인공지능으로부터 안전한 공감형 엔지니어가 될 수 있습니다. 창의적이면서도 공감 능력을 발휘하는 엔지니어야말로 인공지능 시대에도 가장 잘나가는 직업인이 될 겁니다. 공감형 엔지니어를 목표로 해보세요. 그러면 돈이 되는 글쓰기에 더 많은 노력을 경주합니다.

○ **매혹 목표 6** 잘하는 일 좋아하는 일로 평생 현역, 지식사업가

지금 그리고 앞으로의 사회는 인터넷을 중심으로 전개됩니다. 인터넷은 미디어이며 콘텐츠를 필요로 하지요. 인터넷을 통해 송출되는 콘텐츠를 지속적으로 생산할 수 있다면, 언제 퇴사하든 은퇴하든 평생 현역으로 사는데 아무런 문제가 없습니다. 돈이 되는 글쓰기가 가능하면 잘하는 일, 좋아하는 일을 지식콘텐츠로 만들 수 있고 투자자본 1원도 들이지 않고 지식사업가로 살 수 있습니다. 지식사업가를 목표로 해보세요. 그러면 그 핵심기술인 돈이 되는 글쓰기 능력을 갖추는 데 저절로 매진합니다.

○ **매혹 목표 7** 돈이 되는 글쓰기로 먹고 사는 출판 작가

실리콘밸리에서 가장 잘나가는 인재는 '작가'입니다. 작가적 소양을 갖춘 사람이 인기를 누리는 것은 명료하게 사고하고 원활하게 소통하며 공감하는 능력이 탁월하고 불필요한 것을 빼는 편집 능력도 뛰어나다고 입증되었기 때문입니다. 돈이 되는 글쓰기를 잘하고 싶다면 작가 되기를 목표로 해보세요. 소셜미디어 시대엔 작가 되기 너무도 쉽습니다. 글을 써서 돈을 벌 수 있다면 작가지요.

특히 출판 작가를 목표로 하세요. SNS를 통해 누구나 아무 글이나 쏟아내는 시대. 이럴 때일수록 종이책을 출간하면 더욱 돋보이기 마련입니다. 책이 출간되면 전국 유명 서점과 인터넷 서점을 통해 팔 수 있으니 전국구 스타가 되는 것도 시간문제랍니다. 내 이름으로

된 책을 갖는 일. 출판 작가가 되는 것은 영향력과 매력, 경쟁력까지 한꺼번에 챙기는 돈이 되는 글쓰기의 결정판이랍니다. 출판 작가를 목표로 한다면 돈이 되는 글쓰기 연습이 그리 힘들지만은 않겠죠?

제 **2** 장

독자를 유혹하고 조종하는
돈이 되는 글쓰기 특급기술 10

• 돈이 되는 글쓰기, 카시(KASH)의 법칙 •

—— 66 ——

돈이 되는 글쓰기는 독자로부터
원하는 반응을 끌어내 의도를 실현하는
세일즈 프레젠테이션의 핵심기술입니다.

—— 99 ——

무슨 일이든 사게 만드는
글쓰기의 마법

고객의 마음을 얻고 싶다면,
돈 쓰지 말고 글쓰기

검색창을 여는 순간, 인터넷 정보의 바다로 휩쓸려 버립니다. 눈에 띄는 현란한 문구와 이미지, 플래시에 속절없이 끌려다닙니다. 그러던 중 걸려든 문구 하나.

집에서도 호텔식 가운을

결혼한 많은 여자에게 집은 일터이기도 합니다. '일터를 호텔로 바꾼다? 가운 한 장으로?' 문구 한 줄에 저절로 여러 생각들이 꼬리를 물고 일어납니다. 샤워가운을 왜 사야 하는지, 설명을 휘릭 읽어가다 결정적 문구를 만납니다. '수건 여러 장보다 샤워가운 한 장으로' 또 생각이 일어납니다. '맞아, 그렇지. 가운 한 장이면 수건 사용을 줄일 수 있어! 그러면 빨랫거리가 줄겠지?' 결국 샤워가운을 사고 맙니다. 처음 마주친 단어 3개가 일군 결과입니다. 거의 순식간이지만 자주 일어나는 '사건'입니다. 샤워가운 판매자는 웹사이트에 콘텐츠를 써 올린 게 전부입니다. 매장을 차려놓지 않아도, 오지 않는 손님을 기다리며 하루 종일 매장을 지키지 않아도, 이 제품 저 제품 펼쳐 보이며 설명하고 권하지 않아도 웹사이트에서는 이렇게 저절로 팔립니다.

◉ 잘 파는 사람이 성공하는 시대, 팔아야 사는 사람들

요즘 우리는 무엇이든 팝니다. 팔아야 삽니다. 정치인은 국민에게 비전을 팔고 아나운서는 대중에게 신뢰를 팔고, 소설가는 이야기를 팔고 강사는 학생들에게 가능성을 팔고, 기업가는 소비자에게 만족을 팝니다. 세일즈 현장이 따로 없습니다. 디자이너도, 최고 상종가를 치는 기술자도, 직장인도 모두 문제해결 능력을 팝니다. 아이들조차 웃거나 우는 것으로 부모, 어른들의 마음을 움직여 원하는 것을 얻습니다. 말 한마디로 상대의 마음을 움직여 자신이 원하는 바를 이루려 한다면 그는 세일즈맨입니다. 우리 모두는 팔아야 사는, 세일즈맨들입니다. 성공해야 잘 파는 게 아니라 잘 파는 사람들이 성공합니다.

세계 최대 전자결제서비스 회사인 페이팔을 창업한 피터 틸은 실리콘밸리에서 손꼽히는 기업가입니다. 그는 링크드인, 유튜브, 테슬라, 스페이스엑스, 옐프, 야머, 팰런티어에 투자해 연쇄적인 성공을 기록합니다. 대체 이러한 성공의 비결은 무엇일까요? 성공은 여러 요인이 연쇄적으로 작용한 결과지만 그중에서도 '파는 힘'이 가장 중요하다고 피터 틸은 비결을 알려줍니다. '팔 줄 아는 힘' 없이는 어느 분야에서든 크게 성공하기 힘들다고 강조합니다. 피터 틸은 월스트리트에서 기술적 전문성을 발휘하는 애널리스트로 시작하는 새내기들도 결국엔 거래를 성사시키는 딜메이커가 되는 것이 성공이라고 설명하면서, 변호사나 대학 교수들 또한 스스로를 팔아 확실한 자기 분야를 만드는 이가 놀라운 성공을 거둔다고 알려줍니다. 페이팔이 알려주는 성공비결은 이 한마디로 정리됩니다.

당신의 커리어가 무엇이든 세일즈 능력이 슈퍼스타와 낙오자를 가른다.

피터 틸은 파는 힘이 중요하다고 강조하지만 나는 사게 만드는 힘이야말로 성공의 관건이라 주장합니다. 파는 기술은 곧 인공지능에 대체됩니다. 갈수록 똑똑해지는 로봇이 피자가게에 고용되어 피자를 팔게 되면, 단순판매직에 근무할 사람은 필요 없어집니다. 하지만 피자를 먹을 생각이 없는 사람을 설득하여 피자를 사게 만드는 일은 로봇이 할 수 없습니다. 파는 일은 기술에도 인공지능에도 언제나 대체 가능하지만, 사게 만드는 일은 소수의 능력 있는 사람만이 가능합니다. 물건이나 서비스뿐 아니라 직업을 구할 때도 업무에 임할 때도 자기 자신을 사게 만들어야 합니다. 경력 자체보다, 학위보다 중요한 것이 나를 원하게 하고 사게 만드는 힘입니다.

원하는 것을 얻는 사람들의 핵무기: 세일즈 프레젠테이션

실리콘밸리에서 투자금을 가장 많이 받아가는 곳은 어디일까요? 최고의 기술을 가진 신생기업? 놀랍게도 세일즈 프레젠테이션을 잘하는 기업이라 합니다. 세일즈 프레젠테이션은 자신의 의견을 설득력 있게 설명하여 원하는 반응을 끌어내는 일이지요. 원하는 반응을 끌어내는 일은 돈이 되는 글쓰기의 유일한 미션이기도 합니다. 돈이 되는 글쓰기는 독자로부터 원하는 반응을 끌어내 의도를 실현하는 세일즈 프레젠테이션의 핵심기술입니다.

사는 사람과 파는 사람이 온라인이라는 실핏줄로 촘촘하게 연결되어 있는 요즘엔 잘 만들고 잘 서비스하는 것만큼 사게 만드는 데 힘을 써야 합니다. 온라인은 글쓰기에 특화된 매체이고, 상대로부터 원하는 반응을 빠르게 얻어내는 돈이 되는 글쓰기 능력은 온라인에서 사게 만드는 핵무기입니다.

○ 유혹하고 제안하라, 그만 설득하고

파는 일은 설득하는 것입니다. 사는 사람들은 차고 넘치는 제품과 서비스 앞에서 저마다 정보로 무장하고 설득을 원천 차단합니다. 그만 설득하고 사게 만드세요. 당신이 파는 것에 대해 매력적으로 어필하고 유혹하세요. 당신이 가진 장점을 극대화시키고 단점조차 매력으로 보이게 만드는 기술. 상대에게 정확히 의사를 전달하고 상대를 화나거나 기분 나쁘지 않게 하면서도 내 의지대로 움직이게 하는 기술. 이것이 바로 상대를 유혹하여 내 것을 사게 만드는 기술입니다.

팔지 말고 쓰세요. 돈이 되는 글을 쓰세요. 설득하지 말고 영감 주는 글을 쓰세요. 제품이나 서비스를 팔려 하지 말고 그 제품이나 서비스로 무엇을 할 수 있는지 제안하세요. 그러면 당신의 고객은 스스로 수긍하고 납득하여 구매까지 알아서 다 합니다. 당신은 단지 쓰기만 하세요, 돈이 되는 글을 쓰세요.

이번 장에서는 독자의 돈과 시간과 관심을 얻고 나아가 독자의 마음을 얻는 일, 돈이 되는 글쓰기 능력을 발휘하여 당신이 원하는 것을 얻어내는 구체적인 기술을 소개합니다. 앞에서 다룬 돈이 되는 글쓰기 법칙에 이제부터 소개해드릴 상황별, 목적별, 경우별로 특화된 기술을 적용하면 쉽고 빠르고 근사하게 돈이 되는 글쓰기가 가능합니다. 팔지 않아도 사게 만드는 세일즈 프레젠테이션이 가능합니다.

능력보다 3배 더 인정받는
직장인 글쓰기

어째서 가전회사 발뮤다는
언어로 일할까

발뮤다는 집집마다 없는 듯 있기 마련인 토스터기, 선풍기, 가습기 같은 생활용품에 존재감을 부여한 브랜드로 유명합니다. 발뮤다 제품은 소형가전 분야의 애플이라 불리며 애플의 제품들처럼 비싸게 팔립니다. 업계로부터 '신화' 급으로 칭송받는 발뮤다의 혁신비결은 어디서 출발했을까요? 이 회사 테라오 겐 사장의 답입니다.

언어가 없으면 생각할 수 없으니 모든 발명품은 언어에서 비롯됩니다. 가전회사인데 직원들에게 제일 많이 하는 말이 '우리 일의 핵심은 언어다'입니다.

창조와 혁신은 생각하는 일이고, 언어 없이는 생각할 수 없으니 언어야말로 창조와 혁신의 비결이라는 설명입니다. 서술형 글쓰기로 생각을 유창하게 만들고 탄탄하게 구성하지 않으면 기술은 무용지물이라고 하던 아마존 제프 베조스 회장의 말이 저절로 떠오릅니다. 아마존과 발뮤다, 두 기업의 사례만 보더라도 하버드, 옥스퍼드, MIT 같은 세계적인 대학이 글쓰기 수업에 그토록 목을 매는 이유가 확실해집니다. 글로 써야만 잘 생각할 수 있으니까요. 혁신적인 아이디어를 만들고 구현하는 데 글쓰기만 한 확실한 도구도 없으니까요. 글쓰기로 창의적인 사고 능력이 개발되고 사고 능력이 개발되면 공부도 연구도 향상될 수밖에 없습니다.

○ 주 52시간 근무제: 글 잘 쓰는 직장인이 잘 먹힌다

직장인은 보고서를 쓰거나, 보고서를 쓰기 위해 일하거나, 보고서대로 일하거나, 합니다. 무슨 일을 하든 직장인의 업무, 그 중심은 문서 작성입니다. 직장인에게는 어느 한순간도 글쓰기가 중요하지 않은 적이 없었습니다. 그런데 주 52시간 근무제가 정착되면서 기업들은 새로운 혁신 목표 달성에 목을 매고, 따라서 치열하게 사고하고 치밀하게 설득하며 빠르고 당당하게 소통하는 능력이 더욱 요구됩니다. 그러니 글 잘 쓰는 직장인이 잘 먹힐 수밖에 없습니다.

글로비스는 1990년대 초 설립된 일본의 비즈니스 스쿨입니다. 이

곳의 교육과정에는 사고력을 단련하도록 가르치는 프로그램이 있습니다. 사고력 부족이 심각한 수준에 달하는 직장인이 많아 이들을 대상으로 하는 재교육인데, 많은 직장인들이 수강한다고 합니다. 그런데 직장인의 사고력이 부족한지 아닌지는 어떻게 알까요? 글로비스 측은 그들과 대화하거나 그들이 쓴 보고서를 보면 바로 알 수 있다고 합니다. 보고서 한 장이 당신의 업무 능력을 순간 인식하게 합니다. 당신이 쓴 글은 문서로든 SNS로든 게시판으로든 노출되는 순간 사고 능력, 소통 능력 등 당신의 역량을 고스란히 보여줍니다.

비즈니스 전투 능력의 상징
1페이지 보고서

미국의 뉴스 배포 회사인 비즈니스 와이어가 대기업 인사담당 간부 400명에게 물어보았습니다. 대학을 갓 졸업한 학생들이 일할 준비가 되어 있는가? 모두 '그렇지 않다!'고 대답했습니다. 여기서 말하는 일할 준비의 핵심은 문서 작성 능력입니다. 사정이 이러하니 기업들은 직원들이 1페이지 보고서를 척척 쓰게끔 글쓰기 교육에 상당한 비용을 치릅니다. 비즈니스 전장(戰場)에서 1페이지로 보고하는 능력은 구성원들이 갖춰야 할 전투력의 핵심이니까요. 1페이지 보고서를 제대로 쓰는 능력의 핵심은 그것을 읽거나 검토하는 사람을 자신이 원하는 방향으로 행동하게 만드는 것입니다.

　1페이지 보고서는 내용이 논리정연하면서 간결하고 무엇을 어떻게 해야 하는지에 대한 결론이 분명하게 드러나야 합니다. 1페이지 보고서를 제대로 쓸 줄 안다는 것은 상사가 빠르고 정확하게 의사결정 하도록 돕는 일이어서 1페이지 보고서 작성하기에 목숨 거는 기업이 많습니다. 낭비되는 업무시간을 최소화해야 하는 주 52시간 근무제에서 1페이지 보고서 작성 능력은 유능함의 상징입니다.

○ 글쓰기가 승진과 아웃을 가른다

　글쓰기 코치로 일해온 20년 가까운 시간 동안, 대기업이며 공공기관은 물론 군장교 교육기관에까지 보고서 작성 교육을 요청받아 진행했습니다. 그러다 보니 '정말 보고서 잘 쓰는 사람이 일도 잘할까?' 하는 궁금증이 생기더군요. 과연 그런지 현장에서 설문조사를 하고 결재라인에 있는 간부와 고위직 면담을 하며 알아보았습니다. 기업에서는 어떤 조직이든 의사결정과 실행, 평가에 이르는 업무의 전 과정이 문서 중심으로 전개되는 만큼 글 잘 쓰는 직원이 일도 잘한다는 명제가 틀림없이 들어맞았습니다. 공무원은 어떨까요? 강남구청 직원을 대상으로 글쓰기 수업을 하면서 간부급 공무원들에게 물어보았더니 이런 답변들이 나왔습니다.

1. 나도 바쁘다. 나의 시간을 낭비하지 않게 해달라. 보고서는 결론부터, 핵심만 간단히.
2. 본질을 정확히 파악한다면 핵심은 1페이지로 족하다.
3. 업무 능력이 떨어질수록 보고내용이 두서없다. 실력 있는 직원의 보고서는 쉽고 간단하다.

군장교들을 대상으로 글쓰기 수업을 하며 지휘관들에게도 물어보았습니다. 지휘관들은 필력 탁월한 참모가 승진의 제1 조건이라고 입을 모았습니다. 필력이 출중하여 자신의 상관을 승진시키는 데 기여하는 참모들이 상관을 이어 승진한다고 했습니다. 군에서조차 글을 잘 써야 승진에 유리하다는 결론입니다. 현장에서 일일이 점검하고 나니 '보고서 잘 쓰는 사람이 일도 잘한다'고 확신하게 되었습니다. 그리고 이제는 이렇게 단호하게 말합니다.

글쓰기가 승진과 아웃을 가른다.

이 문장은 미국 국가작문위원회가 대기업 인사담당자를 대상으로 기업활동과 글쓰기 관계를 조사하여 제출한 보고서의 제목이기도 합니다. 보고서를 잘 쓰는 이는 SNS도 연애편지도 잘 쓸 수 있습니다. 왜냐하면 보고서를 잘 쓴다는 것은 독자인 상대가 읽고 싶게 읽기 쉽게 쓰는 능력을 갖췄다는 증거이기 때문입니다.

돈이 되는 보고서 vs
독이 되는 보고서

글을 잘 쓰는 친구들은 단지 글을 잘 쓰는 게 아니에요. 보고서든 사내 게시판이든 이메일 브리핑이든 문제를 명확히 이해하고 해결하는 사고력이 뛰어나지 않으면 글을 잘 쓴다는 건 있을 수 없어요.

대부분의 직장인들은 '보고서를 잘 쓰고 싶다'며 글쓰기를 하나의 기술로 치부하지만 그들의 상사들은 보고서에서 그 직원의 능력을 감별합니다. 상사들은 부하직원이 쓴 보고서에서 이슈에 대한 이해력과 정보력, 분석력, 창의력과 설득력, 표현력과 전달력에 이르기까지 그의 비즈니스 사고력을 가늠합니다. 보고서 한 장으로 이 모든 것을 알아볼 수 있습니다. 따라서 보고서를 잘 쓰는 직원에게는 어떤 업무도 기대 이상의 성과를 거둘 수 있다는 믿음을 갖게 됩니다.

회사에서 승승장구하고 사회에서도 잘나가는 사람들은 하나같이 커뮤니케이션에 능숙합니다. 주어진 정보를 편집하여 의견을 만들고 전달하고 공유하여 의도한 바를 이루는 데 어려움이 없습니다. 보고와 연락과 상담인데요. 상사로부터 일 잘하는 사람으로 인정받고 동료에게 도움을 끌어내 일의 성과를 높이는 보고하기와 연락하기가 직장인에게 요구되는 커뮤니케이션의 핵심입니다.

돈이 되는 보고서	독이 되는 보고서
단순하고 강력하며, 메시지 전달력이 뛰어나다.	복잡다단, 중언부언 메시지 전달에 실패한다.
→ 생산성, 성과 향상	→ 의사소통을 반복하게 하여 생산성, 성과를 떨어뜨린다.
→ 보고자를 유능한 사람으로 인식하게 한다.	→ 보고자의 능력을 의심하게 한다.

커뮤니케이션 능력을 가늠하는, 직장인이 쓰는 보고서 유형은 딱 2가지입니다. 돈이 되거나 독이 되거나. 독이 되는 보고서가 위험한 것은 단지 보고서를 잘 못 쓰는 데 그치는 것이 아니라 당신을 무능한 사람으로 찍히게 만드는 것입니다. 중요한 일을 맡겨서는 안 되는 사람으로 보이게 한다는 치명적인 독소가 작용합니다. 당신이 쓴 보고서는 당신의 사고 역량과 소통 기술을 적나라하게 보여주는 포트폴리오이자 자기소개서나 다름없습니다. 당신이 쓴 보고서는 당신이 원하는 성공을 가져다주는 티켓이기도 하고 무능한 사람이라는 붉은 낙인이 되기도 합니다.

돈이 되는 보고서의 핵심: 임팩트! 팩트 말고

서브프라임 모기지 사태의 첫 방아쇠를 당긴 사건을 다룬 영화 〈마진 콜〉. 한 증권사가 위험자산을 남들보다 먼저 처분하는 하루 동안의 일을 그렸습니다. 다음은 그 영화의 한 장면입니다. 연봉 25억 원의 리스크 관리 담당 간부가 회장에게 두꺼운 자료를 내밀며 브리핑하려 합니다. 그러자 회장은 이렇게 반응합니다.

집어치우고 쉽게 설명해 봐. 어린애한테 하듯이 쉽게, 강아지도 좋고. 난 머리가 나빠서.

이렇게 말하는 회장의 연봉은 960억 원이나 됩니다. 회장은 자신이 상황을 예측하고 의사결정 하도록 자료를 쉽고 빠르게 설명하라고 요구합니다. 보고서든 제안서든 기획서든 직장인이 만드는 문서의 기능은 상사가 빠르고 정확하게 의사결정 하도록 돕는 것입니다. 연봉 960억 원 회장이 알고 싶어한 것처럼 핵심을 쉽고 빠르게 알려주어야 합니다.

○ PPT는 주 52시간 근무 시대 적폐 1호

주 52시간 근무제가 시행되면서 우리나라 기업들에도 파워포인트 금지령이 내려졌습니다. 업무효율을 높이는 일등공신으로 꼽히던 파워포인트가 업무효율에 지장을 초래하는, 스마트워크 시대에 청산해야 할 적폐 1호로 꼽혔습니다. 보고서 치장은 그만하고 본질에 집중하라는 명령이지요. 기업들은 '보고서는 한 페이지로 제한하고 핵심 위주로 간결 명료하게 작성하여 의사결정을 빠르게 유도하

라'며 구성원들을 재촉합니다.

1페이지 보고서로 불리는 '돈이 되는 보고서'는 상사가 알아야 할 요점 위주로 임팩트를 담아냅니다. 사실들을 분석하고 해석 및 재해석하여 의미를 파악하고 그 결과 상사가 무엇을 어떻게 하면 되는지를 일목요연하게 제시합니다. 반면 '독이 되는 보고서'는 사실을 나열하고 재구성하는 데 치중합니다. 문제의 배경이나 원인에만 집중할 뿐, 상사가 무엇을 어떻게 하면 되는지 알게 하는 데 실패합니다.

1페이지로 제한된 보고서 쓰기에서 절대 미션은 정확하게 빨리 결론에 도달하는 것입니다. 결론에 빠르게 도달하는 보고서에서 중요한 것은 팩트가 아닙니다. 팩트를 정교하게 다듬어 결론을 끌어내고 메시지로 만들어 공유해야 합니다. 보고서에는 이러한 임팩트를 담아야 합니다.

임팩트 강한 문서는 300시간을 들여 작성할 수도 있습니다. 하지만 상사가 30초 안에 의사결정 하게 해야 합니다. 문서를 읽는 독자인 상사가 읽고 싶어 하는 것은 딱 3가지.

무엇에 대한 이슈인가
무엇을 어쩌란 것인가
왜 그래야 하는가

임팩트 있는 보고서	팩트만 나열한 보고서
• 상사가 알아야 할 요점 위주 • 사실 분석, 해석, 재해석, 의미 파악 • 문제, 문제의 원인, 해결책까지 제시 　→ 결론이 분명한 **돈이 되는 보고서**	• 사실들의 나열, 재구성 • 무슨 일이 일어났는가 위주 • 문제의 배경, 원인에 집중 　→ 'so what?'을 부르는 **독이 되는 보고서**

이것을 논리정연하게 바로 알아보게끔 정리한 것이 문서의 핵심이며, 이 3가지는 글쓰기 기술이 아니라 상황판단력과 대안을 제시하는 능력이 좌우합니다. 이 3가지에 대한 내용이 빠르게 전달되지 않으면 상사는 읽는 내내 열이 끌어오릅니다. 열 받은 상사는 당신이 문서 작성에 서툴다는 것뿐만 아니라 당신의 능력 전부를 의심합니다. 문서를 다 읽기도 전에 같이 일하면 안 될, 무능한 사람으로 낙인찍고 맙니다. 이것이 독이 되는 보고서가 낳게 될 끔찍한 결과입니다. 쓸거리, 핵심을 만드는 오레오 공식으로 이러한 참사를 예방할 수 있습니다.

문서가 담아야 할 3가지, '무엇에 대한 이슈인가, 무엇을 어쩌란 것인가, 왜 그래야 하는가' 가운데 결론부터 앞세우면 오레오 공식에 딱 들어맞습니다. 오레오 공식으로 문서의 핵심을 정리하여 에세이 포맷에 담아내면, 상사는 묻지도 따지지도 않고 당신이 바라는 행동을 합니다.

임팩트 있는 보고서는 '힙(HIP)'합니다. 이 3가지 기준으로 문서를 점검하면 3초 만에 '예스!'를 받아낼 수 있습니다.

- Highlight : 핵심이 분명하게 드러나는가
- Impact : 목적에 충실한가
- Pithy : 간결한가

오레오 공식	돈이 되는 보고서
Opinion(의견 주장)	무엇에 대한 이슈인가? 무엇을 어쩌란 것인가?
Reason(이유와 근거)	왜 그래야 하는가?
Example(사례 들기)	근거가 무엇인가?
Offer(의견 강조, 제안)	그래서 무엇부터 하면 좋은가?

마케팅,
돈 쓰지 말고 글쓰기

농부의 돈벌이를
좌우하는 글쓰기

우리나라 대표 곡창지대 중 한 곳인 전북 김제. 이곳 농부들은 좀 더 바쁘답니다. 2주에 한 번씩 글쓰기 수업을 받기 때문이지요. 전라북도 농업기술원이 만든 〈e-비즈니스 농업인 글쓰기 심화과정〉은 농부들의 요청으로 만들어졌습니다. 요즘 농부들의 매출은 글쓰기 실력이 좌우한다고 해요. 최근엔 작물이 팔려나가는 경로가 인터넷 쇼핑몰, 오픈 마켓, 블로그 등 온라인 위주여서 농작물에 대한 정보와 이야기를 잘 풀어내야 잘 팔 수 있다고 합니다. 1차 산업의 대표선수인 농부들이 글쓰기를 배우다니, 글쓰기가 모든 일터를 장악한 증거입니다. 지금 같은 온라인 시대에 마케팅은 글쓰기를 빼놓고는 불가능합니다. 온라인에서 소통은 주로 쓰기와 읽기를 통해 이루어지니까요. 이 말은 돈이 되는 글쓰기가 가능하다면 마케팅과 판매에 따로 돈 한 푼 들이지 않아도 된다는 뜻입니다.

○ 마케팅에 왜 돈 쓰나요? 글 쓸 줄 아는데?

세스 고딘이라는 미국의 유명한 마케터가 있습니다. 그는 이렇게 말합니다.

'오늘날 마케터들의 가장 큰 실수는 주목을 끌기 위해 돈을 쓰는 것이 자신의 직업이라고 생각하는 것'이라고요. 그는 또 이렇게 말합니다. '섹스와 마찬가지로 마케팅에 돈을 쓰는 것은 바보들이나 하는 짓'이라고요.

잘 아시겠지만 영업이나 마케팅은 결국 말 한마디로 고객을 사로잡거나 말거나 합니다. 고객에게 잘 먹히는 한 줄, 한마디가 마케팅 전쟁의 승부수입니다. 그래서 요즘엔 말단 사원부터 사장님까지 회사와 브랜드의 대표선수가 되어 소셜미디어전에 참가하고 있지요. 이름만 들으면 알만한 대기업 총수들이 소셜미디어를 종횡무진 누비며 글을 쓰고 소통하는 것도 이 같은 맥락에서랍니다. 2002년부터 코칭 비즈니스를 혼자 해온 나 역시 판매와 마케팅을 위해 단 1원도 쓰지 않았습니다. 돈을 왜 쓰나요? 소셜미디어에 글 쓸 수 있는데요, 책 쓸 수 있는데요, 그러면 나와 결이 잘 맞는 고객이 알아서 찾아오는데요!

당신도 영업이나 판매, 마케팅에 돈 쓰지 말고 글 쓰세요. 소셜마케터가 따로 있나요? 소셜미디어에 글을 쓰고 그 글을 사이에 두고 고객과 소통하고 고객이 알아서 사게 만들면 소셜마케터지요. 누구에게나 무료로 열려 있는 카카오스토리나 페이스북, 블로그나 네이버 지식인에 글품을 팔아보세요. 당신이 파는 제품이나 서비스에 대해 조곤조곤 설명하고 고객이 궁금해하고 염려하는 것들에 대해 조목조목 안내해보세요. 고객과 한 줄 글로 소통하는 글품이 얼마나 신뢰받고 영업성과를 올려주는지 직접 경험해보세요.

○ 말 한마디 없이 잘 파는 법

히스이 고타로. 그는 영업부 소속이었습니다. 세일즈맨이라는 이름이 무색하게 물건을 팔러 나가 입도 못 떼고 돌아오기 일쑤였답니다. 어쩌다 들어주는 이를 만나 제품에 대해 설명하다 보면 상대가 꾸벅꾸벅 조는 일도 드물지 않았다고 합니다. 그랬던 그가 지금은 말 한마디 하지 않고도 무엇이든 척척 파는 일본 최고의 카피라이터입니다. 비결인즉, 말이 아니라 글을 써서 판 덕분입니다. 통신판매 잡지에 실린 글을 보고 그대로 흉내 내 쓰기 시작하면서 발품 팔지 않고도 말 한마디 하지 않고도 가장 잘 파는 사람이 되었습니다.

우리는 뭔가를 팔아야 하지만 팔기는 너무 힘들고 부담스럽습니다. 그렇다면 히스이 고타로처럼 말로 팔지 말고 쓰기로 팔아봐요.

팔지 않아도 팔리는 마케팅 글쓰기 기술을 발휘하면 사게 만들 수 있습니다. 사게 만드는 글쓰기, 그야말로 돈이 되는 글쓰기입니다.

소셜미디어 시대의 최첨단 병기 : 마케팅 글쓰기

온라인에서 구매하는 고객은 제품, 서비스에 대한 설명, 제안, 후기 등으로 구성된 정보만으로 삽니다. 이 고객의 구매여정은 검색으로 시작합니다. 맘껏 관련 정보를 셀프서비스합니다. 생활용품은 물론 반바지 하나에서 자동차까지, 여행에서 보험까지 생활서비스 상품도 정보만 보고 구매합니다. 고객이 알아서 사게 만드는 마케팅 글쓰기 노하우를 소개합니다.

○ 보상을 약속하라

고객은 딱 한 가지를 궁금해합니다.

내가 왜 당신의 것을 사야 하는데?

마케팅 글쓰기의 핵심은 고객이 궁금해하는 이 질문에 대해 거절할 수 없는 제안을 하는 것입니다. WIFM(What is in it for me?)이라고 하는 이 포인트는 고객이 지갑을 열어 당신의 것을 사게 만드는 구매 버튼입니다. 왜 당신의 것을 사야 하는지, 사게 되면 얻게 될 보상을 강조하세요.

내 것을 사면 ~~하게 될 것!

위와 같이 약속하세요. 자동으로 구매가 일어나게 하는 구매버튼 WIFM은 고객이 제품, 서비스를 통해 바라마지 않는 것이라야겠죠? 다른 이들에게는 없거나 다른 이들은 흉내 내기 힘든 것이라야 합니다.

고객을 매혹하는 마케팅 글쓰기 공식 : FAB 포맷

당신은 당신이 파는 것에 대해 자부심이 넘칩니다. 자부심은 대단한 문구로 독자에게 전해집니다.

넘버 1, 국내 최고의, 최첨단 장비, 세계적인 수준

하지만 이런 표현에 고객은 눈길도 주지 않습니다. 당신이 자부심을 갖든 말든 고객은 알 바 아닙니다. 고객이 알고 싶은 것은 WIFM 입니다. '왜 하필이면 내 것을 사야 하는 이유'에 대해 명확하게 그것도 솔깃하게 제시해야 합니다. 고객의 지갑을 열어주는 WIFM 구매 버튼을 만드는 FAB 공식을 소개합니다.

○ 고객의 지갑을 열어주는 FAB 공식

FAB 공식으로 고객을 매혹하여 내 것을 사게 만드는 WIFM 구매 버튼을 만듭니다. 이 공식은 당신이 파는 제품이나 서비스의 특성에서 장점, 혜택을 고객이 알고 싶어 하고 듣고 싶어 하는 것으로 바꿔 3단계에 걸쳐 설명합니다.

Feature 특성

제품이나 서비스의 속성과 특징을 간략하게 짚습니다.

예 이 책은 무슨 일을 하든 소원을 이루어주는 돈이 되는 글쓰기 초능력을 다룹니다.

• 마케팅 글쓰기의 기본 공식 •

FAB

Feature   **A**dvantage   **B**enefit
특성   장점   혜택

Advantage 장점

제품, 서비스의 속성과 특징이 주는 좋은 점을 이야기합니다.

⑩ 이 책은 돈이 되는 글쓰기 초능력을 기르는 데 요구되는 필수적인 부분을 지식, 기술, 태도, 습관 면에 걸쳐 총체적으로 가이드합니다.

Benefit 혜택

제품, 서비스를 통해 고객이 얻을 수 있는 이익을 어필합니다.

⑩ 이 책은 비싼 글쓰기 수업을 듣지 않아도 돈이 되는 글쓰기 능력을 가질 수 있고, 그 결과 원하는 것을 이루며 살 수 있도록 도와줍니다.

FAB 공식으로 제품이나 서비스를 설명하면 고객이 알아서 지갑을 엽니다. 고객의 이익에 초점을 맞추는 내용이라 고객이 궁금해하는 WIFM에 명확한 답을 주기 때문입니다.

Evidence 근거

고객이 믿을 만한 근거를 제시합니다. FAB 공식으로 정리한 제품, 서비스에 대한 설명에 객관적인 근거를 제시하면 고객은 빨리 납득합니다.

⑩ 이 책은 한국 대표 글쓰기 코치이자 베스트셀러 《150년 하버드

글쓰기 비법》저자인 송숙희 코치가 20년 가까이 수많은 리더, 직장인, 학생들의 글쓰기를 지도해온 경험을 토대로 돈이 되는 글쓰기에 대한 통찰과 노하우를 집대성한 것입니다.

잘 파는 사람들은 팔지 않고 해결책을 선물한다

돈이 되는 글쓰기로 마케팅을 대신하면 돈 쓰지 않고 고객의 무장을 해제할 수 있습니다. 대놓고 내 것을 사라며 강권하지 않거든요. 고객이 경험하고 있을 문제상황에 대해 그리고 해결하는 방안에 대해 조곤조곤 설명할 뿐입니다. 단지 설명했을 뿐인데, 해결책을 찾던 고객의 눈에 들고 마음에 들어 알아서 사주는 일이 일어납니다. 제품이나 서비스를 파는 것이 아니라 내 제품, 내 서비스가 고객의 어떤 문제를 어떻게 해결해주는가에 초점을 맞추는 매력적인 마케팅 방법인 '선물하기'를 소개합니다.

FAB 공식으로 당신의 제품, 서비스에 대한 거절할 수 없는 설명을 마련했다면 그 설명을 고객에게 선물로 전달할 차례입니다. 선물하기는 선물 받는 사람을 살피는 것으로 시작합니다. 다음 질문에 답할 수 있도록 당신의 고객을 살펴보세요.

내 고객의 어떤 문제에 내 제품, 서비스가 잘 먹힐까?
내 제품, 서비스가 약이라면 고객의 어떤 증상에 잘 들을까?

비타민 C는 몸에 좋다지만 머리 아픈 사람에게 권해봐야 통하지 않습니다. 머리 아픈 사람은 진통제를 찾습니다. 당신의 제품이나 서비스가 두통약이라면 머리 아파하는 사람을 찾아 해결책으로 제시해보세요. 마케팅 글쓰기는 고객의 문제를 해결하는 선물입니다.

◎ 문제를 알려주고 해결책을 선물하고

당신이 파는 제품이나 서비스가 어떤 경우에 요긴하게 쓰이는지를 보여주세요. 당신이 파는 것은 제품이나 서비스가 아니라 해결책을 제안하는 것이니 고객에게는 선물일 테지요. 선물을 뜻하는 영어 단어 PRESENT 포맷에 맞춰 제안해보세요. 고객의 지갑이 저절로 열립니다.

Problem 문제 제기하기

당신의 제품이나 서비스가 해결할 수 있는 문제 또는 설명해야 할 부분을 간단히 언급하세요. 이 문제는 당신의 고객이 절실히 해결하고 싶은 것이라야겠죠.

예 점심에 숯불로 구운 돼지갈비를 맛있게 먹었는데 바로 거래처 미팅이 있다면요?

Real problem 진짜 문제 강조하기

문제를 남겨두면 어떤 불편함이나 문제상황이 예상되나요? 고객에겐 끔찍한 결과로 남게 되겠지요.

예 옷에 밴 냄새 때문에 거래처 사무실에 들어갈 때 쭈빗거리겠죠? 사방이 막힌 회의실에 들어가려면 더욱 부담스럽겠지요?

Executive cause 실질적인 원인 어필하기

앞에서 언급한 문제를 해결하지 못할 경우 야기되는 진짜 큰 문제는 뭔가요?

예 이런 이유로 거래처 눈치를 보며 자신감 없는 태도로 미팅에 임하면 거래처에 제안하는 제휴 건에 대해 당당하게 설명할 수 없고 미팅 결과 또한 회사가 바라는 것을 얻어내기 쉽지 않을 겁니다.

Solution 해법 제안하기

문제에 대한 당신만의 해결책을 언급하세요. 당신의 제품, 서비스가 고객의 진짜 문제를 해결해줄 것이라 설명하세요.

⑩ 식사 후 바로 섬유탈취제 뿌리지오를 뿌려보세요. 식사하느라 옷에 밴 냄새를 순간 탈취해주고 은은한 허브향까지 나게 합니다.

Evidence 해법에 대한 근거 제시하기

당신이 제시한 해결책이 얼마나 믿을만한지 근거를 대거나 사례를 들려주세요.

⑩ 뿌리지오를 가장 많이 구입하는 곳은 식당들로 외국 기업이 많은 테헤란로 대형 음식점들은 섬유탈취제를 계산대에 두고 식사 후에 사용하도록 배려하고 있습니다.

Net Benefit 해법의 실제 이익 강조하기

당신이 제시하는 솔루션의 실질적인 이익은 무엇인가요? '왜 하필 당신 것이라야 하는가'입니다.

⑩ 뿌리지오는 천연 허브 성분 100퍼센트로 만들어 인체에 전혀 무해합니다. 허브향이 힐링효과를 보탭니다.

call To action 원하는 반응 요청하기

내 제품, 서비스를 구매하게끔 특정 행동을 요청하세요.

예 뿌리지오로 당신의 성공이 뿌리내립니다. 불맛 나는 식사를 한 다음에는 뿌리지오를 뿌리세요.

꽉 닫힌 지갑을 열게 만드는
매장 내 글쓰기

아무 생각 없이 매장에 갔다가 눈에 띈 광고문구 한 줄에 사지 않아도 될 물건을 사는 경우가 많습니다. 고객의 구매가 일어나는 현장에서 구매를 부추기는 이런 광고를 POP(구매시점광고)라고 하는데요. 판촉직원보다 가성비가 훨씬 뛰어납니다. 온라인 매장에서도 한 줄 배너광고가 POP 역할을 톡톡히 합니다. POP 문구는 두어 마디, 길어야 한 줄로 열일해야 합니다. '짧지만 강력하게!'가 기본이지요.

계란을 팔든(매장에서) 강의를 팔든(블로그에서) 흘깃 지나치는 고객의 눈길을 그 즉시 사로잡아 사게 만들고 클릭하게 만드는 POP 글쓰기 방법을 알려드립니다.

○ **SRT처럼 빠르게**

매장용 POP는 고속열차 SRT처럼 쾌속으로 고객을 사로잡아야 합니다.

`Stop` 발길을 멈춰 세운다

문제상황을 언급하여 고객의 시선을 멈추게 합니다.

`Read` 내용에 흥미를 갖고 읽게 만든다

문제상황에 대한 해결책으로 제품 및 서비스를 언급합니다.

`call To action` 사게 만든다

원하는 반응을 명확하게 요청합니다.

○ 핵심에 집중하기

토요일 오전은 예약이 안 됩니다.

핵심 위주의 짧은 문장이지만 SRT급으로 고객에게 전달되지 않습니다. 뇌가 싫어하는 부정문을 사용한 문장이기 때문입니다. 안된다, 못한다는 식의 부정적인 표현 대신 핵심에 집중하세요. 여기에 이유까지 포함하면 단번에 고객이 인식합니다.

토요일 오전은 예약이 안 됩니다.
▶▶ 예약하시려면 토요일 오후에 해주세요.
　　오전엔 연말까지 예약이 차 있어서요.

○ 생각하지 않게

뇌는 생각하기를 싫어합니다. 핵심이 되는 혜택을 서너 단어로 콕 집어 쓰면 순간인식이 됩니다.

바르는 즉시 좋아지는 별별화장품

➡ **쓱 바르면 싹, 별별화장품**

익일 배송됩니다.

➡ **오늘 사면 내일 배송**

○ 힙(HIP)한가 점검하기

POP를 쓴 다음 힙한지, 꼭 점검하세요. 핵심혜택이 분명하게 드러나는지(Highlight), 광고하는 목적에 충실한지(Impact), 간결한지(Pithy)를 체크합니다.

원하는 대로 쏙쏙,
나를 비싸게 파는 글쓰기 기술

왜 회사들은 작가를
채용하고 싶어 할까

증권회사에서 기자와 소설가를 뽑습니다. 이들은 애널리스트들의 보고서를 고객들이 읽기 편하게 수정하는 일을 합니다. 벤처기업들은 작가를 채용합니다. 벤처기업은 마케팅, 판매, 디자인, 프로그래밍 등 모든 분야에서 소비자와 공감하고 소통할 줄 아는 직원이 필요한데, 아예 작가를 채용하면 직원들에게 글쓰기를 가르치는 것보다 훨씬 수지맞는 일이기 때문입니다. 마케팅 직무군에서 작가는 대대적인 환영을 받습니다. 보도자료를 쓸 때 상품 소개글을 쓸 때 간결하면서도 정확하게 그러면서도 매혹적으로 어필하는 글을 써야 하기 때문입니다. 채용시장에서 자기소개서의 비중이 갈수록 커지는 이유가 바로 여기에 있습니다. 준비된 작가를 뽑을 수 없다면 최소한 작가적 소양을 갖췄다고 짐작되는 이를 선발해야 하는데, 자기소개서는 이러한 능력을 살피는 데 그만입니다.

0.1초, 마의 장벽부터 넘어야

광고회사에 지원해 입사에 성공한 한 친구가 쓴 자기소개서가 인터넷에 회자됩니다. 그가 쓴 첫 한 줄은 이러합니다.

대학 졸업할 때까지 사귀었던 남자 친구가 24명입니다.

고만고만한 자기소개서를 보다가 이런 문장을 만나면 채점관은 숨이 트일 것 같습니다. '뭐야?' 하고 자기소개서에 흥미가 생기겠지요. '누구지?' 하고 지원자에 대한 관심도 생겨납니다. 결국엔 만나보고 싶은 생각이 들 겁니다. 이어지는 면접에서 채점관은 '그 친구 어딨지?' 하며 우선 챙길 것입니다. 이미 그에게 마음이 기울었으니까요. 이력서나 자기소개서의 역할은 이것 하나입니다. '나를 만나보고 싶게 만들기.' 나아가 그 많은 지원자 가운데 하필이면 나를 뽑아야 하는 이유를 납득할 수 있게 만들기가 전부지요.

나를 아주 비싸게 파는 자기소개서 글쓰기

아직도 자기소개서에 '자기'가 아니라 누구의 아들딸이라는 '관계'부터 소개하는 이가 있다면서요? 이런 소개글을 접하면, 그 순간 채점관들은 그 단락을 후다닥 건너뛰고 맙니다. 뻔한 것을 읽느라 시간을 낭비할 필요가 없다고 생각합니다. 지원자에 대한 일말의 호기심도 생길 리 없습니다. 당신에게 우호적일 리가 없지요. 자기소개서에는 거두절미하고, 왜 당신을 뽑아야 하는지 거절할 수 없는 이유를 쓰세요. 그리고 이유를 뒷받침하는 근거를 제시하여 믿게 만드세요. 이런 내용의 자기소개서는 오레오 공식으로 충분합니다.

마케팅 글쓰기 기술에서 배운 FAB 공식을 활용하면 나를 비싸게 팔 수 있습니다. 내 역량을 FAB로 정리한 다음 오레오 공식으로 정리하고 에세이 포맷으로 담아내세요. 그러면 누가 봐도 명확하고 간결하면서 매력적인 자기소개서가 완성됩니다.

요즘 직장인들은 입사와 동시에 퇴사를 준비한다고 합니다. 자기소개서 쓸 일이 많겠네요. 좋아하는 일을 시작한다고요? 잘하는 일로 독립한다고요? 잘 쓴 자기소개서 한 장이 사업자금 수천만 원 몫을 합니다. FAB 공식에 기반한 자기소개서를 쓰세요. 당신이 지원하는 그 회사 그 자리에 당신이 최적이라고 어필하세요.

맘껏 자랑하라, 단 밉지 않게 : 자기소개서

자기소개서는 자기 자랑의 경연장입니다. 당신이 얼마나 적임자인가를 자랑해야 합니다. 하지만 밉지 않게 자랑해야 합니다. 자기소개서로 은근하게 자랑하기 기술을 공유합니다.

○ 가치를 수치화하기

기업의 언어는 숫자입니다. 얼마나 돈을 버는지 그를 위해 얼마나 비용을 들이고 또 남겼는지를 모두 숫자로 이야기합니다. 그렇다면 기업과 대화하는 당신의 언어도 숫자여야 합니다. 왜 당신을 뽑아야 하는지 이유와 근거를 숫자로 어필하면 기업이 더욱 신뢰합니다.

나는 베스트셀러 작가다. 잘 팔리는 책을 쓴다.

▶▶ 나는 《150년 하버드 글쓰기 비법》 책을 출간하여 네이버 베스트셀러에 뽑혔다. 이 책은 출간 한 달 만에 1만 부나 팔렸다.

베스트셀러 작가라고 주장했으면 근거를 밝혀야 합니다. 구체적인 성과를 숫자로 표현하면 '베스트셀러 작가'라는 용어를 빌리지 않아도 잘나가는 작가임을 어필할 수 있습니다.

성과를 숫자로 표현할 때는 가급적 눈에 더 띄는 표현을 씁니다. 예를 들어 비용을 2억 원 절감했는데 이 금액이 전년대비 35퍼센트라면, 2억 원 절감 대신 '35퍼센트 절감'이라고 표현하는 것입니다. 판매 아이디어를 개발하여 영업이익을 35억 원, 전년대비 7퍼센트 성장하는 데 기여했다면 이번엔 '영업이익 35억 원 증가'라고 표현하는 게 좋습니다. 같은 내용인데도 사람의 뇌는 큰 숫자에 더 빨리 반응하기 때문입니다.

○ 자랑거리를 임팩트로 포장하기

어떤 자랑할만한 일을 했는지 나열하는 것보다 그 일들이 가져온 의미와 가치를 이야기해야 임팩트 있습니다. 자랑거리를 임팩트로 바꾸려면 이런 표현이 좋습니다.

A라는 일을 함에 있어 B를 함으로써 C라는 결과를 이뤘다.

나는 결혼잡지 편집장으로 일할 때 광고수주에 기여하는 콘텐츠 기획에 탁월한 재능을 발휘했다.

▶▶ 나는 결혼잡지 편집장으로 재직하는 동안 **A**
결혼 시즌 특집호에 광고주의 브로슈어를 모은 박스를 별책부록으로 기획했다. **B**
이를 통해 광고료를 1억 원 추가 수주했다. **C**

○ 성과를 성공담으로 차곡차곡

　개별 성과를 성공스토리로 만들면 더 큰 호응을 얻습니다. 성공스토리는 소셜미디어 등에 공유하면 좋은 기회를 만들어내기도 합니다. 필요할 때 급작스럽게 이야기를 만들기는 쉽지 않으니 평소에 시간을 내 만들어두는 게 좋습니다. 성공스토리는 STAR 포맷으로 만들면 쉽습니다.

• 자기소개서 성공스토리 만들기 STAR 포맷 •

STAR

Situation 상황　**Task** 맡은 일　**Action** 행동　**Result** 결과

Situation 상황

나의 활약상이 요구된 상황을 설명합니다.

　예 제가 회원으로 있던 A대학교 영상영어 동아리는 최근 2년간 신입생이 총 4명밖에 들어오지 않아 침체에 빠져 있었습니다.

Task 맡은 일

어떤 활약을 했는지에 대해 설명합니다.

⑩ 저는 신임회장으로 뽑히면서 신입생을 최대한 많이 받아 동아리를 다시 활성화시키겠다는 목표를 세웠습니다.

Action 행동

구체적으로 어떤 노력을 했는지 보여줍니다.

⑩ 단순히 영어 동아리라는 점을 홍보해서는 침체에서 벗어날 수 없으리라 판단하고, 제가 만일 신입생이라면 이 동아리에 왜 들어오고 싶어 하겠는지를 생각해보았습니다. 표면적으로 저희 동아리는 영어를 공부하는 학술 동아리지만, 사실 위계질서를 요구하지 않아 매우 수평적인 분위기를 띠고 있다는 숨은 장점이 있습니다. 저는 위계질서가 걱정되어 동아리 가입을 망설이는 사람들이 이러한 점에 끌릴 것이라 생각하고, 이 점을 학생 커뮤니티 등을 통해 적극 홍보하였습니다.

Result 결과

활약과 노력으로 어떤 결과를 만들었는지 이야기합니다.

⑩ 덕분에 평균 1~2명의 신입생을 받았던 이전과는 달리 이번 학기에만 13명의 신입생이 입회하여 신임회장으로서 신입회원 수가 전년대비 600퍼센트 신장하는 성과를 이루었습니다.

0.1초에 반응하고,
8초에 먹히는 자기소개서 쓰기

내 고객이 될지도 모를 사람들이 많이 모인 곳에 가는 경우가 자주 있습니다. 앉은 자리에서 홍보할 수 있는 아주 좋은 기회입니다. 이때 어떻게 자기소개를 하느냐가 관건입니다. 딴청을 하던 사람들이 나에게 집중하게 만들어야 합니다.

저는 글쓰기 코치입니다.

이런 식으로는 예비 고객의 흥미를 끌 수 없습니다. '글쓰기' 하면 자동연상되는 '어렵다', '힘들다'만 끌어내기 쉽습니다.

요즘 글쓰기 많이 하시죠? 그런데 쓸 때마다 독이 되면 어쩌죠?

이렇게 자기소개를 하면, 딴청을 하던 사람들도 다 나를 쳐다봅니다. 그러면 본격적으로 나를 소개합니다.

저는 돈이 되는 글쓰기를 코칭합니다.

이렇게 자기소개를 하면 딴청을 하던 사람들도 집중하고 질문도

합니다. "돈이 되는 글을 쓰려면 어떻게 하면 됩니까?" "책쓰기도 알려줍니까?" "강의 좀 듣고 싶어요."

이런 반응을 끌어냈으니 나의 자기소개는 성공했습니다. 자기소개를 하는 이유가 단지 내 이름을 알려주고 싶어서인가요? 흥미와 관심을 불러일으켜 나를 기억하게 하려는 것 아닐까요? 그렇다면 그러한 목표를 달성하게끔 자기를 소개해야 합니다.

8초 만에 상대의 마음에 훅!을 날리는 자기소개 기술을 소개합니다. 8초는 사람이 뭔가에 집중하는 최장의 시간입니다. 이 짧은 시간에 상대의 흥미와 관심을 사로잡아야 합니다. 그래야 상대의 마음에 머릿속에 당신을 콕 박아 넣을 수 있습니다.

단계 1 나를 정의하는 한마디로 주목을 끈다
돈이 되는 글쓰기를 코칭하는 송숙희입니다.

단계 2 상대가 반하게끔 소개한다
보고서를 쓰든 SNS를 하든 이제 글쓰기는 생존에 꼭 필요합니다. 기왕이면 원하는 반응을 빠르게 끌어내는 돈이 되는 글을 쓰세요.

단계 3 원하는 반응을 요청한다

당신의 소원을 이루어주는 돈이 되는 글쓰기를 하세요. 포털사이트에서 〈돈이되는글쓰기〉를 검색하면 저의 도움을 받을 수 있습니다.

3단계를 거친 자기소개서를 풀어쓰면 유튜브나 이메일 쓰기 등 어디에든 재활용 가능합니다.

안녕하세요? 돈이 되는 글쓰기를 코칭하는 송숙희입니다. 보고서를 쓰든 SNS를 하든 이제 글쓰기는 생존에 꼭 필요합니다. 기왕이면 원하는 반응을 빠르게 끌어내는 돈이 되는 글을 쓰세요. 당신의 소원을 이루어주는 돈이 되는 글쓰기를 하세요. 포털사이트에서 〈돈이되는글쓰기〉를 검색하면 저의 도움을 받을 수 있습니다.

세계 최고의 취업서비스
링크드인이 알려주는 자기소개서 잘 쓰기

좋아하는 표현은 제각각이지만 싫어하는 표현은 거의 같습니다. 자기소개의 글을 쓸 때, 좋아하는 표현을 고르느라 애쓰는 것보다 싫어하는 표현을 피하는 것이 훨씬 중요합니다. 링크드인은 비즈니스 관련 사람과 사람, 사람과 일자리를 연결해주는 서비스를 합니다. 이용자들이 이곳에 올린 자기소개서만 해도 2억여 건이 넘습니다. 링크드인은 자기소개서를 분석하여 누구나 다 싫어하는 단어를 뽑아냈습니다.

혁신적인/ 책임감 있는/ 문제해결 능력을 가진/ 분석적인/ 창조적인/ 조직적인/ 효과적인/ 의욕적인/ 폭넓은 경험/ 실적

이런 단어들이 자주 등장하는 자기소개글은 허세적이라는 인상을 줍니다.

○ 인공지능 면접관이 싫어하는 자기소개서

요즘 대기업 인사팀 최고의 직원은 '인공지능'이랍니다. 인공지능이 자기소개서 하나를 보는 데 걸리는 시간은 평균 3초. 신입사원 자기소개서 1만 장을 보려면 인사팀 직원 10명이 하루 8시간씩 7일간 매달려야 했는데 인공지능은 8시간이면 해치웁니다. 이런 이유로 국내 주요기업들이 인공지능을 도입하여 서류심사를 하고 면접 전형에도 'AI 면접관'을 활용합니다. 인공지능 면접은 지원자가 자주 쓰는 단어와 각종 테스트를 통해 지원자의 가치관과 특징, 장단점, 적합한 직군까지 파악해냅니다. 그렇다면 이제는 인공지능이 좋아하는 단어와 표현으로 이력서, 자기소개서를 쓸 수 있어야 합니다. 배운 대

로 실행하는 인공지능 면접관에게 오케이를 받으려면 자기소개서와 이력서에 다음 요건을 충족하는 문장을 쓰는 것이 좋습니다.

1. 주어, 서술어, 목적어를 갖춘 완성문 쓰기
2. 메시지를 명료하게 표현하기
3. 해당 기업이나 기관이 좋아하는 키워드를 포함하여 쓰기

○ 차고 넘치는 지원자, 이런 사람은 절대 안 뽑는다

이력서, 자기소개서 한 통을 처리하는 데 드는 시간이 평균 3초라면 첫눈에 예스, 노가 구분된다고 봐야 합니다. 그러나 '노(NO)'를 받는 자기소개서는 0.3초 만에도 결정됩니다. 차고 넘치는 자기소개서, 이력서들 가운데 우선 '노'를 받는, 절대 피해야 할 상황을 소개합니다.

① 맞춤법이 틀릴 때

오탈자나 비문(非文), 잘못된 표현은 이상하게 눈에 먼저 띕니다. 맞춤법이 틀리면 내용이 어떠하든 신뢰받기 어렵습니다.

② 첫 문장부터 인터넷에서 베낀 것일 때

베낀 문장은 금방 티가 납니다. 문장 간에 연결이 자연스럽지 못하고 느닷없기 때문입니다.

③ 핵심은 없고 설명은 긴 경우

여러 줄에 걸쳐 쓴 내용은 많지만 읽어보면 정작 건질 것은 별로 없는 이력서나 자기소개서는 보는 이를 지루하게 만들고 능력을 의심하게 만듭니다.

④ 거기다 회사 이름, 사람 이름을 잘못 쓰면

이런 실수를 생각보다 많이 합니다. 더 설명할 필요조차 없습니다.

디지털 시대 최고의 소통 도구
이메일 쓰기

디지털 시대 소통은
이메일로 통한다

실리콘밸리의 스타 기업가인 그는 소통할 때 이메일만 이용했습니다. 밤낮없이 이메일을 보내거나 받았고, 회신도 10분 안에 보내기로 유명했답니다. 그러던 그가 언제부턴가는 이메일을 보내도 응답하지 않더랍니다. 나중에 보니 그가 암진단을 받은 무렵이었다고 하는데요. 그는 바로 애플의 창업자 스티브 잡스입니다. 카카오톡 같은 메신저 서비스가 일과 일상의 소통을 담당하지만 이메일은 비즈니스 소통에 있어 여전히 중요한 도구입니다. 중요한 소통일수록 이메일을 이용하니까요. 오죽하면 이렇게 말하는 전문가가 다 있습니다.

이메일은 영원할 것이다. 난 이를 소프트웨어의 바퀴벌레라 부르고 싶다. 그것이 마음에 안 드는 부분이 있더라도, 그것의 대안을 찾기 어렵기 때문이다.

우리나라 디지털 소통의 절대강자인 카카오톡에서 이메일 서비스를 개시했습니다. 이것만으로도 이메일이 절대 사라지지 않는 바퀴벌레임을 알 수 있습니다. 이메일은 논리적이고 명확한 소통을 가능하게 합니다. 이런 이유로 기업 안팎에서 사용하는 협업 도구 중 이메일 사용비율이 여전히 가장 높습니다. 혼자 일하는 나는 일과 관련된 소통은 무조건 이메일로 합니다. 이메일은 소통 내용을 저장하고 재확인하는 데 탁월하기 때문입니다. 이메일을 받아두는 편지함은 검색도 정리도 불러내기도 참으로 쉽습니다.

○ 이메일은 오디션

인터넷 신발 판매업체 자포스는 전 직원을 대상으로 이메일 쓰기 교육을 합니다. 고객에 맞춰 또 상담원의 개성에 맞춰 이메일을 쓰도록 교육하는데, 개별고객과 깊은 유대감을 만드는 것이 소통의 핵심이라고 자포스는 믿기 때문입니다. '용건만 간단히!' '매뉴얼대로 쓰기!'와 같은 일반적인 교육과는 전혀 다른 차원이지요. 물론 용건에 집중하고 메시지를 정확히 전달하는 방법도 당연히 교육합니다. 문장을 완벽하게 쓰는 글쓰기 수업까지 곁들입니다.

이메일 쓰기에 대해 배워본 적 없는 우리는 이메일이 오디션 도구라는 것을 모릅니다. 이메일을 받으면 모르는 사람이 보냈더라도 그 사람에 대한 모든 것이 단번에 파악됩니다. 명민한 사람인지, 믿을 만한 사람인지, 유능한 사람인지, 어떤 발상, 어떤 사고를 하는지, 그래서 주목할 만한 사람인지, 아니면 더 알 필요가 없는 사람인지 이메일만 보고도 가늠할 수 있습니다.

◦ 핵심만 간단히 이메일 쓰기: SENT 포맷

비즈니스 커뮤니케이션에 있어 이메일은 여전히 중요한 도구이자 필수적인 수단입니다. 특히 외부와 협력하여 비즈니스를 추진하는 경우 이메일 글쓰기는 비즈니스의 성과를 좌우합니다. 이메일 오디션에 거뜬히 통과하면서 커뮤니케이션 역량을 인정받는 이메일 잘 쓰는 방법, 돈이 되는 이메일 쓰기 노하우를 살펴봅니다.

이메일은 소통 도구인 만큼 용건 처리에 집중해야 합니다. 안부를 묻거나 자기소개를 하느라 핵심적인 용건이 뒤로 밀리는 것만큼 최악은 없습니다. 최소한의 안부를 묻는 한편 핵심만 간단히 쓰게 돕는 SENT 프레임을 활용하면 간결하고 명료한, 누락 없고 낭비 없는 이메일 쓰기가 가능합니다.

Small talk 간단한 인사

핵심만 간단명료하게! 이메일 쓰기의 기본 원칙이지만 다짜고짜

SENT

Small talk   **E**xecuter   **N**ecessary call **T**o action
간단한 인사   소개의 글   용건 어필   원하는 반응 요청

본론에 들어가면 상대가 언짢아할 수도 있습니다. 간단하게 인사부터 합니다.

Executer 소개의 글

메일을 쓰는 사람과 메일을 쓰게 된 이유를 간단히 소개합니다.

Necessary 용건 어필

메일을 보내는 용건을 어필합니다. 오레오 공식을 활용해 정리하면 간단합니다.

call To action 원하는 반응 요청

용건과 관련하여 구체적이고 직접적으로 요청사항을 언급합니다. 무엇을 언제까지 어떤 방식으로 피드백하기를 바라는지 원하는 바를 분명히 요청함으로써 상대가 빠르게 피드백할 수 있게 합니다.

이메일을 쓸 때 인사와 소개글에 이어 오레오 공식으로 정리한 내용을 곁들이면 SENT 포맷을 따로 기억할 필요도 없습니다.

한 번도 배우지 못한
이메일 더 잘 쓰기 팁

편지는 답장을 받아야 맛입니다. 이메일도 원하는 회신을 받아야 이메일 소통이 완성됩니다. 이메일 쓰기 1:1:1 룰을 적용하면 회신을 빠르게 받을 수 있습니다.

1통의 이메일에
1가지 주제와 요청사항
1명의 수신자에게

연구에 따르면 이메일을 한 명의 수신자에게 보냈을 때 답장받을 확률은 95퍼센트나 되지만 10명의 수신자에게 한꺼번에 보낼 경우는 5퍼센트에 불과합니다. 단체로 받은 이메일에는 받은 사람이 회신에 대한 책임을 그리 크게 느끼지 않기 때문이라고 합니다.

○ 이메일 답장의 기술

새 창을 열어 쓰기보다 답장 버튼을 눌러 쓰는 것이 소통의 연속성을 유지하기 좋습니다. 많은 메일이 오가는 경우 논의의 흐름을 보기 어려워 답장 버튼을 활용하면 해당 메일에 대한 모든 논의 내용을 묶어서 볼 수 있기 때문입니다. 단, 이 경우 답장 제목을 바꾸지 않는 것이 보기에 좋습니다. 답해야 할 내용이 여러 가지일 경우, 하나하나 답을 하는 것이 좋습니다. 내용별로 색상을 달리하여 답을 쓰면 상대가 읽기 편할뿐더러 누락 없이 답을 할 수 있습니다.

메신저나 문자메시지로 바로바로 하는 소통에 익숙해져 있는 요즘 사람들은 이메일 회신이 늦어지면 성의가 없다며 오해를 합니다. 업무용으로 이메일을 사용할 경우 자주 확인하여 회신 골든타임을 놓치지 않도록 합니다. 이메일 회신 골든타임은 사내 30분, 사외 24시간 이내라 합니다. 이보다 더 시간이 필요할 때는 메일을 수신했음과 시간이 걸리는 이유, 회신 예정일을 적어서 일단 회신한 다음 24시간 이내에 회신하고 회신 예정일 안에 제대로 된 회신을 하는 것이 좋습니다.

돈, 명성, 영향력을 단숨에,
인플루언서로 스타되는 SNS 글쓰기

온라인상에서 존재감을
발휘하는 글쓰기

글쓰기 수업에 참석하는 사람들 대부분의 로망이자 목표는 이것입니다.

인플루언서가 되고 싶어요.

인플루언서, 말 한마디로 대중을 움직이는 영향력 있는 사람을 가리킵니다. 정보 민주화가 이루어진 요즘은 영향력이 권력입니다. 일부 사람들만 행사하던 권력이 이제는 누구나 가능합니다. 이 시대의 권력은 명성과 영향력에서 나오니까요. 사람도 일도 데이터도 사물도, 모든 것이 인터넷으로 연결되는 요즘 같은 초연결 시대엔 당신이 쓴 글 한 편 한 편이 권력입니다. SNS를 통해 세상 많은 이들이 당신의 글을 읽습니다. 그런 까닭에 초연결 시대에 최고 권력자는 의도한 대로 핵심을 빠르게 전달하여 원하는 반응을 빠르게 끌어내는 돈이 되는 글을 쓸 줄 아는 사람입니다. 돈이 되는 글쓰기는 당신을 최단 경로로 세상을 움직이는 인플루언서로 만들어줍니다. 돈이 되는 글을 쓰면 당신을 알아보는 사람이 많아지고 당신을 아는 사람이 많으면 그 덕분에 많은 것을 할 수 있습니다.

ㅇ 어떤 글을 써야 영향을 미칠 수 있을까

인터넷에는 미포머, 인포머, 마이포머 이렇게 딱 세 부류의 사람만 존재한답니다.

미포머 me+informer

자기 자신에 대한 정보만 올리는 사람, 팔을 뻗어 찍은 자기 모습을 올리는 것이 취미인 사람, 어디서 무엇을 하는지 시시콜콜 중계하여 그의 근황과 일정까지 모르려야 모를 수 없게 하는 사람, 이게 자랑이야? 어처구니없게 만드는 사람.

인포머 informer

유용한 정보를 지속적으로 올리는 사람, 그런데 이미 널리 알려진 것들이라 허탈하게 만드는 사람. 본인의 관심을 끄는 이런 저런 내

1부 지식과 기술로 시작하는 돈이 되는 글쓰기

용을 모두 올려놓아 핵심은 보이지 않게 하는 사람. 뭐 하는 사람인지 통 알 수 없게 하는 사람.

마이포머 my+informer

다른 데선 볼 수 없는 정보를 올리는 사람, 경험하고 배우고 행한 것을 정보화하여 공개하는 사람. 어떤 특정한 문제를 해결하는 데 도움이 되는 그만의 노하우나 기술, 팁을 공유하는 사람. 문제가 생겼을 때 부탁하고 싶고 도움받고 싶은 사람.

1퍼센트의 마이포머만이 새로운 콘텐츠를 적극적으로 생성하는 반면 9퍼센트는 그 콘텐츠를 경험한 것을 공유하고 90퍼센트는 단지 콘텐츠를 들여다보기만 하거나 자신의 정보를 올리는 데만 치중한다고 합니다. 이 관점에서 보면 인터넷에 정보를 올리는 단 1퍼센트만이 돈이 되는 글쓰기를 하고 있다는 계산이기도 합니다. 당신은 어느 쪽인가요?

인터넷에서 권력을 쌓으려면 영향을 미칠만한 글을 써야 합니다. 쓰고 싶은 대로 쓰고 싶은 것을 쓰고 싶은 만큼 쓰는 것으로는 영향력을 행사할 수 없습니다. 독자가 읽고 싶어 하는 것을 그가 좋아하는 방식으로 읽게 만들어야 독자의 돈과 시간과 관심을 얻어낼 수 있고, 마침내 그에게서 의도한 반응을 끌어낼 수 있습니다. 이런 류의 글을 쓰는 이가 마이포머입니다. 마이포머는 돈이 되는 글쓰기 능력을 계발하여 콘텐츠를 만듭니다. 기술의 발달로 콘텐츠를 담아 나르는 미디어 콘테이너가 급증하면서 콘텐츠를 가진 자가 왕인 세상입니다. 사람들은 스마트폰에서 눈을 떼지 않고, 스마트폰에는 읽을거리, 볼거리가 차고 넘칩니다. 그들의 흥미를 자극하고 읽게 만드는 콘텐츠라야 독자의 돈과 시간, 관심을 투자받을 수 있습니다.

1. 유용하고 실용적인 정보가 담긴 콘텐츠
2. 새로운 뉴스나 지식을 알려주는 콘텐츠
3. 즐거움과 기쁨 등 정서적 공감을 주는 콘텐츠
4. 어떤 생각이나 가치관, 철학에 동조하게 하는 콘텐츠
5. 당신이 아니면 쓸 수 없는, 독자에게 아주 요긴한 콘텐츠

● 네이버가 추천하고, 구글이 탐내는 '좋아요' 콘텐츠 만들기

포털사이트 네이버에서 '인플루언서 검색'을 서비스합니다. 유튜브나 인스타그램과 같은 소셜미디어에서 인기를 끄는 인플루언서와 그가 만든 콘텐츠도 찾아주는 서비스입니다. 네이버 측은 '좋은 정보'를 가진 인플루언서라면 얼마든지 찾아줄 것이라며, 누구나 입맛에 맞는 콘텐츠를 접하게 될 것이라고 기대를 부추깁니다. 당신이 '좋아요' 콘텐츠를 만들기만 하면 이제 네이버뿐 아니라 구글, 유튜브, 페이스북 같은 플랫폼들이 앞장서서 당신과 당신의 콘텐츠를 필

요로 하는 소비자를 연결시켜 줍니다.

○ 자랑을 정보로 만들기

솔직히, 자랑하고 싶어 SNS에 포스팅합니다. 그런데 자랑만 해서는 먹히지 않습니다. 오히려 '관종'이라는 비난만 받습니다. 다행히 자랑을 한껏 하면서도 마이포머가 되는 방법이 있습니다. 자랑하고 싶어 하는 그것을 누군가에게는 요긴할 정보로 바꿔보세요. 그러면 당신의 평범한 일상도 '좋아요' 콘텐츠로 클릭됩니다.

가령, 당신은 KTX로 행정도시 세종정부종합청사를 다녀왔고, 이를 놓칠세라 매 순간순간 포스팅합니다. 서울역에서 KTX 타는 순간부터 열차 안 풍경은 물론, 세종정부종합청사에 다다르도록 중계방송합니다. 당신에게는 귀한 경험, 별난 여정일는지 몰라도 다른 사람에게는 그저 평범하고 흔한 일상 스케치입니다. 전국에서 KTX로 세종정부종합청사에 오가는 사람은 오송역을 이용하는데, 하루에만도 오송역을 이용하는 사람이 2만 명이나 되기 때문이지요. 그래도 이 경험을 자랑하고 싶다면, 정보콘텐츠로 바꾸세요. 우선 주제를 'KTX로 세종정부종합청사 다녀오다'에서 '전국에서 세종정부종합청사 가장 빠르게 가는 법'으로 바꿉니다. 구체적인 내용으로는

1. 서울에서든 부산, 목포에서 출발하든 모두 오송역에 내린다.

2. 오송역 7번 출구로 나오면 청사행 세종시 BRT 버스 승강장이 있다.

3. 청사행 버스를 타고 15분 만에 청사 정류장에 내린다.

이렇게 하나하나의 경험을 정보로 바꿉니다. 실제로 처음 가는 사람에게 오송역에서 내려 세종정부종합청사 가는 길은 쉽지 않습니다. 이렇게 차근차근 경험을 정보로 풀고, 정보에 맞춰 사진까지 찍어 올리면 당신의 포스팅은 세종정부종합청사 가려는 사람들에게 공유됩니다. 이렇게 하면 당신은 자랑할 것을 자랑하고 독자는 자랑이 아니라 정보를 얻습니다.

'식기세척기 샀어, 짜잔!' 하는 식의 자랑은 '식기세척기로 남편에게 설거지시키는 법'과 같은 콘텐츠로 바꾸세요. '우리 아이 성적이 올랐어요' 같은 자랑은 '인터넷 게임에 빠진 아이를 공부에 빠지게 하는 법'과 같이 정보로 변환하세요. 이렇게 하면 당신은 공유할만한 콘텐츠를 만드는 사람으로 주목받습니다. 그 내용이 출력해 냉장고에 붙여두고 싶을 만큼 요긴하다면 더 널리 공유되겠지요? 그러면 당신을 즐겨찾기 한 사람들의 숫자가 갈수록 늘어날 것이고 그 숫자가 많아지면 당신도 저절로 인플루언서가 됩니다.

소셜미디어를 장악하는
콘텐츠 글쓰기

런던 대학교 스리 스리니바산 교수는 영향력을 발휘하는 데 필요한 기술이 따로 있다고 알려줍니다. 하나하나 살펴보면 돈이 되는 글쓰기 능력을 이르고 있습니다.

1. 적합한 내용의 콘텐츠를 적합한 타이밍에 적합한 방법으로 발신하는 기술
2. 웹상에서 자신의 목소리를 내 정보를 발신하고 참여하는 기술
3. 자신의 전문분야에서 좋은 콘텐츠를 찾아내 다른 사람에게도 나눠줄 수 있는 기술
4. 다수의 팬들과 어울려 커뮤니티를 운영할 수 있는 기술
5. 동료나 전문가 등 콘텐츠를 좋아해주는 팬들과 협력하는 기술

자랑하고 싶은 그러나 평범하기 그지없는 일상을 매력적인 정보로 만들어내는 데는 돈이 되는 글쓰기 능력이 필요합니다. 콘텐츠 주제가 정해지면 돈이 되는 글쓰기 핵심도구인 오레오 공식으로 쓸거리를 만들고 에세이 포맷에 담아 포스팅합니다.

이때 당신이 의도한 대로 독자의 반응을 빠르게 끌어내도록 콘텐츠 글쓰기 팁을 소개합니다.

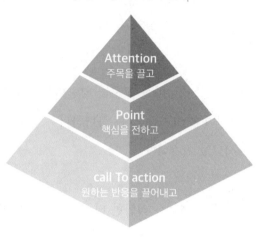

• 콘텐츠 글쓰기 APT 포맷 •

Attention
주목을 끌고

Point
핵심을 전하고

call To action
원하는 반응을 끌어내고

○ 이야기 들려주기

단순히 정보를 나열하는 것보다 누군가의 이야기에 실어 정보를 제공하면 더 잘 먹힙니다. 따로 이야기를 만드느라 궁리할 필요도 없습니다. 오레오 공식으로 정리한 쓸거리를 에세이 포맷에 담아낼 때, 사례는 도입부에 배열하세요. 그 순간 독자는 이야기에 빠져듭니다.

○ 이야기 문장 쓰기

이야기의 핵심은 궁금하게 만드는 것입니다. 이야기 사이사이 뒷이야기가 더 궁금해지도록 이야기 문장을 넣으세요.

우리는 이 책을 쓰기 1년 전에 웹사이트 <더 미니멀리스트>를 시작했다. 그 이후로 우리 인생은 거의 모든 것이 변했다. 1년 전에는 웹 사이트를 만드는 방법은커녕 HTML의 철자도 몰랐다.

이 예시 글에서 '그 이후로 우리 인생은 거의 모든 것이 변했다' 한 줄이 이야기 문장입니다. 뒷이야기를 궁금하게 만듭니다.

이번 프로젝트와 관련하여 기획재정부의 의견을 듣기 위해 세종정부종합청사로 출장간다. 서울역에서 8시에 출발하는 부산행 KTX를 탔다. 오송역에 내려 청사로 가는 길이 의외로 복잡했다.

이런 식으로 나열한 내용에 이야기 문장을 넣어봅니다.

이번 프로젝트와 관련하여 기획재정부의 의견을 듣기 위해 세종정부종합청사로 출장간다. 서울역에서 8시에 출발하는 부산행 KTX를 탔다. 열차가 출발하나 싶었는데 그새 오송역에 도착했다. 오송역에 내릴 때만 해도 서울에서 오송역까지 걸린 시간보다 오송역에서 내려 청사까지 가는데 시간이 훨씬 더 걸릴 줄은 몰랐다.

이야기가 담긴 문장을 추가하니 호기심을 자극하고 궁금증을 일게 하여 다음 내용이 기대됩니다. 소설이나 영화, 드라마 대사를 유심이 읽고 들으면 이야기 문장을 자주 발견합니다.

○ 숫자가 있는 제목 만들기

블로그 등 SNS 제목에 숫자를 포함하여 쓰면 더 잘 읽힙니다. 특히 홀수 숫자를 쓰면 짝수 숫자보다 20퍼센트나 더 클릭됩니다.

○ 순간 인식되게

웹페이지를 읽는데 들이는 평균시간 4.4초, 한 편의 글에서 독자가 읽는 평균 분량은 28퍼센트. 온라인 마케팅 회사들이 알려주는 소셜 고객의 콘텐츠 이용 패턴입니다. 4.4초에 읽히는 글이라면 그 분량은 25자 내외입니다. 그렇다면 도입부를 25자 내외의 짧은 문장으로 써야 한다는 셈이네요. 읽지 않고 '보는' 소셜 고객들에게는 이처럼 짧은 글이 훨씬 잘 먹힙니다. 1,500자 내외의 에세이를 쓸 때도 단락별로 제목을 달면 더 잘 읽힙니다. 키워드를 제목-본문-태그에 한 번 이상 입력하면 주제를 인식시키기에 좋습니다. 이 방법은 검색에도 유리합니다.

유튜브, 책쓰기, 강연, SNS…, 똑똑한 콘텐츠 만들기

시세차익은 물론 보유하는 동안에도 안정적인 임대수익을 가져오는 '똑똑한 집 한 채', 이것이 요즘 부동산 투자의 흐름이라면서요? 콘텐츠에도 이런 똑똑한 전략이 있습니다. 하나의 콘텐츠를 책으로, 강연으로, 유튜브로, SNS로 다양하게 공급하는 OSMU(One Source Multi Use) 방식을 말합니다. 똑똑한 콘텐츠를 가진 사람은 SNS에 올려 퍼뜨리고 책을 내고 강연하고 유튜브 방송까지 합니다. 부동산 투자하는 이들이 똑똑한 집 한 채 마련에 심혈을 기울이듯, 똑똑한 콘텐츠 하나 공들여 만들어두면 두고두고 써먹고 재활용까지 가능합니다.

○ 똑똑한 콘텐츠 만드는 법

똑똑한 콘텐츠는 SNS로 시작하든, 책쓰기부터 하든 또 강연을 먼저 하든, 일단 시작하면 순환고리를 완성합니다. 문제는 돈이 되는 콘텐츠를 만들어야 한다는 것인데요. 잘 쓰면서 독자에게 영향력을 발휘하는, 끝까지 살아남아 독자나 이용자에게 전달되는 콘텐츠인가 아닌가는 써봐야 압니다. 다음과 같은 순서로 하면 똑똑한 콘텐츠를 생산할 수 있습니다.

1단계 쓰고 싶은 주제 정하기

쓰고 싶은 주제를 팁(TIP)으로 정리합니다.

- Target : 독자 타깃
- Idea : 아이디어
- Proposal & Promise : 제안과 약속

누구에게 전달할 어떤 내용의 콘텐츠인지, 이 콘텐츠는 무엇을 어떻게 하라는 제안이며 어떤 기대효과가 있는지를 정리합니다.

2 단계 21일간 그 주제에 대해 매일 쓰기

매일 일정한 시간에 SNS나 워드파일 혹은 노트에 1,500자 내외의 저널을 씁니다.

3 단계 21일 쓰기 점검하기

21일 후 다음 항목에 걸쳐 스스로 점검합니다.

1. 쓰면 쓸수록 할 말이 많은가
2. 내 것 같은가
3. 욕심 나는가

이 3가지에 '그렇다'라는 결론이 나면 콘텐츠 주제 찾기에 성공한 것입니다. 이 주제로 본격적인 콘텐츠 생산에 돌입합니다. 만약 21일 동안 쓰기에 실패했다면 새로운 주제를 선정하여 다시 21일 계속 쓰기에 돌입합니다. 이렇게 반복하여 21일 쓰기를 하다 보면 당신에게 맞춤한 주제를 발견하게 됩니다.

이름 석 자만으로 지금부터 영원히,
책이 되는 글쓰기

겨우 투잡?
세븐잡도 거뜬한 책테크

결혼은 포기해도 돈은 벌어야 해! 이런 마인드로 재테크에 몰두하는 이들이 부쩍 많아졌습니다. 이름하여 '혼테크족', 결혼+재테크에서 파생된 말입니다. 그럼 '책테크족'이라는 말도 들어보셨나요? 내가 진행하는 〈송숙희책쓰기수업〉에서 자주 사용하는 말로써, 책을 쓰고 책에 쓴 내용으로 강의를 하고, 워크숍을 하고 코칭이나 컨설팅을 하며 돈을 버는 방식의 재테크를 이릅니다. 책을 쓴 덕분에 나는 39살에 회사를 떠나 혼자 일하면서도 탄탄한 입지를 구축했습니다. 그러니 나에게 있어 책쓰기는 부동산 투자보다 주식 투자보다 실속 있는 재테크입니다.

◌ 죽을 때까지 돈벌기엔 책테크

유튜브, TED, 세바시…. 채널을 열면 강연들이 쏟아집니다. 누구에게든 공짜로 제공되는 이런 강연을 챙겨듣고 어떤 사람은 지적 호기심을 충족합니다. 그런데 어떤 사람은 '나는 이렇게 들었노라'며 강연에서 들은 내용에 의견을 곁들여 책을 냅니다. 누구는 힘들어도 책을 쓰고 누구는 슬퍼도 책으로 쓰고 누구는 좋아도 책으로 쓰고 누구는 돈 벌어도 책 쓰고 누구는 돈 잃어도 책 쓰고 누구는 입사해도 책으로 기념하고 누구는 퇴사해도 책으로 위로하고, 책테크의 달인이 됩니다.

노후대책을 위해 투잡 하는 직장인이 급증한다지요? 책쓰기는 세븐잡, 즉 7가지가 넘는 다양한 일을 보장합니다. 책을 내면 작가로, 강사로, 유튜버로, 코치로, 컨설턴트로, 상담사로 해당 분야 최고 전문가 등으로 변신이 가능하니까요. 직장에 다니는 동안 책을 내고 부업으로 7가지 일을 병행하다가 퇴사하고 본업으로 바꾸면 회사 그만두고도 얼마든지 혼자 벌어먹고 살 수 있는 직장인 최고의 노후보장 보험입니다.

◌ 돈이 되는 글쓰기 최고의 투자는 책테크

살면서 누구나 겪는 뻔한 경험이 누구에게는 책의 소재입니다. 같은 경험에 누구는 돈을 들이지만 누구는 돈이 되는 책을 씁니다. 대체 이런 차이는 어떻게 생기는 걸까요? 이 차이는 돈이 되는 글쓰기 능력이 불러옵니다. 돈이 되는 글쓰기를 할 줄 알면 SNS에 매일 조금이라도 쓸 수 있고, 이렇게 써 모은 글이 책이 되고 그 글들이 강사로 만들고 전문가로 불리게 하고 평생 현역의 길을 열어줍니다. 이 것이 책테크의 묘미입니다. 살면서 이미 어떤 식으로든 많은 것을 충분히 경험한 당신. 이제 그것으로 책을 쓰세요. 돈이 되는 글쓰기 능력이면 책이 되는 글쓰기는 따로 배울 필요가 없습니다.

잠자는 동안에도 '입금되는' 책쓰기 재테크

잠자는 동안 돈이 들어오는 방법을 찾지 못하면 죽을 때까지 일해야 할 것이다.

읽기만 해도 짜릿하거나 저릿하거나 하지요? 세계 최고의 부자이 자 투자자인 워런 버핏 회장의 말입니다. 워런 버핏 회장은 주식에 투자를 '잘'하면 잠자는 동안에도 돈을 벌 수 있다고 하는데요. 주식 투자만 해도 밑천이 필요하고 전문가급 투자기법을 익혀야 수익을 낼 수 있습니다. 부동산 투자도 일단은 엄청난 목돈을 가져야 가능 하고요. 그런데 책테크는 다릅니다. 투자금 1원 없이도 책을 낼 수 있고, 일단 책을 내면 잠자는 동안에도 돈이 들어오는 자동화 수익이 가능합니다.

돈이 되는 글쓰기 능력을 갖춘 당신이라면 원고만 쓰세요. 그러면 출판사에서 전문가를 총출동시켜 당신의 책을 상품으로 만듭니다. 다음엔 서점들이 일제히 나서서 돈 들이고 품을 팔아 당신의 책을 팝니다. 원고를 써서 출판사에 넘긴 다음, 이제 당신이 할 일은 내 통장에 쌓이는 인세를 확인하는 것뿐입니다. 당신이 잠을 자든 골프를 치든, 여행을 가든 친구를 만나든 출판사에서는 팔린 책에 대한 권당 인세를 꼬박꼬박 당신의 계좌에 넣어줍니다. 어디 이뿐인가요. 더욱 놀라운 일은 책을 내면 여기저기서 강연에 교육에 코칭, 컨설팅 같은 요청이 쇄도합니다.

제가 배우처럼 잘생긴 것도 아니고, 코미디언처럼 말발이 좋지도 않죠. '사람들이 왜 나를 찾을까?'를 생각해보면 '책 내용이 궁금해서' 같아요.

방송인 조승연 님은 이렇게 말하며, 책을 썼기 때문에 강연 가면 할 말이 있고, 책을 읽고 감동받은 사람들이 실제 목소리를 들어보고 싶어 강연의 기회가 만들어진다고 증언합니다.

이미 책으로 쓴 내용이 있으니(그 책은 저자가 쓰고 출판사가 만들었으니

어디다 내놔도 손색없고요) 강의하고, 교육하고, 코칭에서 컨설팅까지 하니까 어려울 것도 없습니다.

○ 유튜브 스타들이 책을 왜 낼까

요즘 나오는 책들 가운데 유튜브 스타들의 것이 많습니다. 대세인 유튜브 채널에서 이미 스타인데 왜 책을 내는 것일까요? 신뢰도와 전문성을 높이기 위해서입니다. 독자 입장에서 영상으로만 접하던 이들이 낸 책을 보면 영상과는 다른, 보다 전문적인 이미지를 발견하게 되니까요. 이는 이미 대중성을 갖춘 유명인들이 책까지 내는 이유이기도 합니다. 당신은 유튜버인가요? 그렇다면 유튜브에 들인 내공을 책에 담아 출간해보세요. 당신의 사회적 지위가 더욱 탄탄해집니다. 독자의 손에서 만져지는 당신의 책은 손을 맞잡고 이야기하는 듯한 교감효과를 발휘하여 당신의 팬덤이 더욱 확고해집니다.

○ 책 쓸 수 있다면 명함이 없어도

퇴직한 한 언론인이 '명함 없는 시절을 8개월 정도 지냈는데, 명함없는 게 정말 괴롭더라'고 토로하는 이야기를 들었습니다. 평생을 출입처에서 '갑'의 지위로 보내다가 명함도 없는 무소속 '을'의 위치로 전락하며 얻은 박탈감에 많이 초라해진다는 말에 절로 수긍되었습니다. 나는 미팅에서 명함을 잘 사용하지 않습니다. 이미 상대는 검색을 통해 나에 대한 탐색을 마친 상태라 명함을 내밀며 통성명을 하고 자기소개를 하는 어색한 순간이 필요 없습니다. 더러 나를 소개할 필요가 있을 때는 명함 대신 책을 내밉니다. 내가 누구인지 말 한마디 하지 않아도 됩니다.

내가 진행하는 책쓰기 코칭에는 대기업 임원, 고위직 공무원, 고 관장교들이 함께합니다. 조직에서 최고의 지위를 누리다 퇴직하면 뭘하지? 하는 생각이 책쓰기에 도전하게 만들었다고 합니다. 나는 고위직에도 올라보지 못했지만 작가로, 강사로, 코치로 정년 없는 현역을 만끽하고 있습니다. 20권 넘는 내 책들이 내가 죽는 날까지 인세를 꼬박꼬박 입금시켜주니 연금이나 다름없습니다. 이 인세는 사후에 상속되어 70년 동안 아이의 통장으로 입금됩니다. 이 모든 것이 책을 쓴 덕분입니다.

당신도 책을 쓰세요. 엄두가 안 난다고요? 서점에 나와 있는 그 모든 책들을 따라 쓰기 하세요. 당신은 아이디어만 준비하면 됩니다. 원고만 쓰면 출판사에서 말쑥하게 다듬어 상품으로 만들어주니 그리 주눅들 것 없습니다. 첫 책을 내고 나면 다음 책은 한결 쉽습니다. 그러면 다음 책도 다다음 책도 자동으로 쓰게 됩니다.

책을 자주 내는 사람들의 비결:
조립주택처럼 뚝딱!

돈이 되는 글쓰기의 핵심은 논리성에 있습니다. 논리성을 갖춘 글은 누가 읽어도 말이 되고 의도한 독자의 반응을 끌어내기 수월합니다. 무슨 글이든 오레오 공식으로 쓸거리를 만들고 1,500자 에세이에 담아내면 논리적으로 설득하고 정서적으로 납득하는 글, 즉 돈이 되는 글쓰기가 가능하다고 앞서 차근차근 설명했습니다. 이 말은 1,500자 에세이를 쓸 줄 알면 책 한 권 쓰기도 어렵지 않다는 결론에 다다릅니다.

한 권의 책도 오레오 공식 하나면 충분합니다. 독자가 설렐만한 메시지 하나를 주장하고 – 이유와 근거를 대 증명하고 – 다양한 예시

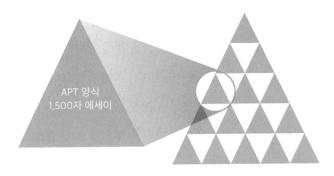

• 에세이 40편으로 책 한 권 뚝딱 •

APT 양식
1,500자 에세이

와 사례로써 설득하고-주장대로 따르게끔 방법을 제안하는 것이 책 한 권의 내용이니까요. 한 권의 책은 여러 편의 세부적인 내용 한 편 당 1,500자 에세이면 충분합니다. 요즘 책들은 그리 두껍지 않고 한 권의 책을 내는 데는 1,500자 에세이 40편이면 됩니다. 책에 담아낼 하나의 주제를 40여 편의 세부주제로 나눠 한 편씩 에세이로 쓰고 이 에세이들을 연결하면 조립식 주택처럼 책 한 권이 뚝딱 만들어집 니다.

최단경로로 안내하는
책쓰기 GPS

내비게이션 덕분에 초행길 운전하기가 참 편합니다. 내비게이션 의 길안내는 위성항법시스템 GPS라는 기술이 있어 가능하지요. 내 비게이션을 켜면 GPS가 위성에서 보내는 신호를 수신해 차량의 현 재 위치를 감안하여 목적지까지 최적의 경로를 안내합니다. 나는 책 쓰기 코칭을 할 때 책쓰기 GPS 시스템을 활용합니다. 저자마다 목적 과 의도에 꼭 맞는 책을 쓰도록 지도하기 위해서입니다. 책쓰기 내비 게이션에 활용되는 GPS는 책쓰기로 이루고 싶은 목표를 확인하는 단 계(Goal), 예비 저자의 책쓰기 준비상황을 분석하는 단계(Starting point), 이를 바탕으로 경로를 설정하는 단계(Path) 순으로 가동됩니다.

• 돈이 되는 책쓰기 GPS •

1단계 Goal
책쓰기 목표 확인

3단계 Path
목표에 맞는 경로 설정

2단계 Starting point
예비 저자의 준비상황 분석

책쓰기 GPS는 목표에 제한을 두지 않습니다. 경로 설정 단계에서 목표에 맞게 책쓰기를 준비하고 시도하게끔 상세한 로드맵을 제시하기 때문입니다. 그러나 '목표 확인 → 준비상황 분석 → 쓰기 경로 설정'이라는 순서는 반드시 고수합니다. 그래야 원하는 목적지에 정확히 다다르는 빠르고 편한 최적의 경로를 만들 수 있습니다.

각각의 단계에서 예비 저자의 의도와 준비사항을 꼼꼼하게 파악하여 다음 단계를 안내합니다.

○ **단계 1** 책쓰기로 이루고 싶은 목표 확인하기

취미활동, 먹고살기, 전문가 인증받기, 이 3가지가 책으로 이룰 수 있는 대표적인 목표들입니다. 어떤 것을 목표하든 상관없지만 어느 하나를 분명히 목표해야 경로 설정이 가능합니다. 한 권의 책으로 여러 가지를 목표하면 어느 하나도 이루지 못하니까요. 또한 쓰

려는 책이 상품인지 기념품인지 분명히 해야 합니다. 상품이라면 돈 받고 팔만한 내용을 써야 하고, 공짜로 증정하는 기념품이라면 자전적 내용, 쓰고 싶은 내용 위주로 쓰더라도 상관없습니다.

○ **단계 2** 예비 저자의 준비상황 분석하기

책을 출간하여 이루려는 목표를 위해 어느 정도 준비했는가를 분석하고 점검합니다. 무슨 내용으로 책을 쓰려 하는지, 자료수집 등 준비는 어느 정도 했는지, 돈을 받고 파는 책을 쓰려 한다면 해당 주제에 대해 얼마나 전문성을 갖췄는지, 그런 책을 쓰기 위해 어떤 노력을 했는지 등을 파악합니다.

○ **단계 3** 책쓰기 목표에 맞는 경로 설정하기

앞 단계에서 파악한 것을 토대로 경로를 설정합니다. 전문가 책쓰기 코스, 자전적 자기계발서 쓰기 코스, 자전적 책쓰기 코스 중 하나의 경로를 택하게 됩니다.

반드시 잘 팔리는 책을 쓰는 차별화 공식

투자의 황제 워런 버핏이 주식을 사는 회사는 '해자(垓子)'를 가지고 있습니다. 해자란 적의 침입을 막기 위해 성 밖을 둘러 파서 만든 못을 말하는데요. 누구도 넘볼 수 없는 경쟁력을 의미합니다. 책쓰기야말로 차고 넘치는 전문가들 사이에서 존재감과 경쟁력을 어필하는 해자입니다. 만일 동종업계에서 활약하는 이들 가운데 아직 책을 낸 사람이 없다면, 당신이 맨 먼저 책을 낸다면 당신은 추종을 불허하게 됩니다. 그런데 책이 해자가 되려면 그저 책을 내기보다 잘 팔리는 책을 출간해야 합니다. 내용이 형편없어, 그나마 없느니보다는 낫다고 평가받는 책이라면 차라리 없는 게 나을 수도 있습니다. 누구의 관심도 끌지 못하는 책이라면 당신의 무능을 입증하게 될 테니까요.

○ 잘 팔리는 책을 내면 겪는 일들

나는 아직 유튜버가 아닙니다. 페이스북이며 인스타그램 등 SNS에도 소극적입니다. 주로 책을 쓰고 블로그 포스팅을 할 뿐입니다. 그런데 유튜브가 히트할수록 새로운 SNS 채널이 등장할수록 내 책이, 강연이, 코칭이 잘 팔리는 이변을 겪습니다. 배경은 이러합니다. 유튜브 또는 SNS를 하고 싶지만 자기 콘텐츠가 없는 이들은 흔히 책 소개 콘텐츠를 만들어 올립니다. 이런 책이 이래서 좋으니 한 번 읽어보세요, 하는 내용은 만만하고 만들기도 쉽잖아요? 이렇게 제 책들이 다뤄집니다. 각자 한 번씩이지만 수많은 유튜버가 다뤄주니 내책은 수없이 노출됩니다. 책이 여기저기서 자주 소개되니 더 잘 팔리는 것은 당연지사입니다. 유튜버가 소개하는 내용이라 봐야 어차피 단편적일 테고 구독자 입장에선 감질나겠죠? 그래서 책을 사서 읽는 것입니다. 이렇게 되면 콘텐츠를 만들어 올린 유튜버는 낭패입니다. 돈과 시간과 에너지를 들여 만든 콘텐츠로 남 좋은 일만 시키는 셈이니까요. 남의 콘텐츠를 소개하고 요약하고 전달하는 일은 작정하고 손해 보는 일입니다. 이런 식이라면 시간이 흘러도 당신의 이름값은 쌓이지 않습니다. 이러한 낭패는 나만의 콘텐츠가 없어서입니다. 책을 쓸 때도 마찬가지입니다. 당신이 만든 당신만의 오리지널 콘텐츠로 써야 책테크가 가능합니다.

○ 자랑 말고 기여하기

출판사들은 책쓰기 코치인 나에게 이런 하소연을 많이 합니다.

내용 없는 책이 너무 많다.
허울만 좋고 펼쳐보면 동어반복밖에 없다.
세상에 좋다는 것만 죄 긁어모아 책을 쓰더라.

그러면서 출판사들은 '특정한 문제를 직접 겪고 해결한 경험을 정리하여 같은 문제를 겪는 독자에게 해법으로 제시하는' 저자 좀 소개해달라며 요청합니다. 독자들은 책을 산다기보다 독자 자신이 해결하지 못한 문제를 해결하거나 충족되지 못한 욕망이 해소되길 바라며 책을 삽니다. 책 속에 담긴 해결책을 삽니다. 해결책을 다룬 책이라야 책테크가 가능합니다. 그러니 책에 당신의 자랑을 쏟아내는 일은 그만하고 독자들이 알고 싶어 하는 당신만의 문제해결 노하우를 담으세요.

◦ 비법을 싹 다 공개하기

돈을 잘 버는 맛집들은 그들만의 비법을 갖고 있습니다. 당신의 책에도 당신만의 비법이 담겨야 합니다. 가령, 다이어트에 대해 썼다면 당신이 성공한 다이어트 비법을 아낌없이 공개하세요. 에두르지 말고 단도직입적으로 그 비법을 싹 다 전수하세요. 세상에 비밀은 없다지요? 언젠가 드러날 비법이라면 기왕이면 당신에게서 듣게 하세요.

◦ 남이 하지 못하는 이야기하기

뻔하고 흔한 아이디어로는 책테크 가능한 책을 쓰지 못합니다. 출판사도 독자도 인터넷 검색만으로 충분한 이미 흔한 주제에는 흥미조차 갖지 않습니다. 어떤 주제든 다 책으로 쓸 수 있지만 남이 하지 않은 이야기, 남이 할 수 없는 이야기를 해야 합니다. 그래야 당신이 그 콘텐츠의 원조가 될 수 있습니다. 원조 콘텐츠는 세상에 없던 것이 아니라 기존의 것에 나만의 독특함을 곱해 만들 수 있습니다.

• 돈이 되는 콘텐츠 차별화 공식 •

나만의 관점
↓
f(x)=📖

↑
기존 콘텐츠   차별적인 콘텐츠

○ 메시지로 무장하기

기존의 것에 나만의 독특한 관점을 더해 만든 새로운 콘텐츠에 이름을 붙여주세요. 그러면 세상에 둘도 없는 나만의 원조 콘텐츠가 탄생합니다. 원조 콘텐츠가 의미하는 바를 정리하여 한 줄의 메시지도 만드세요.

이렇게 궁리한 내용을 오레오 공식에 담아 의미 있게 만들고 에세이 포맷에 담아내면 누가 봐도 일리 있고 조리 있는, 흥미진진한 콘텐츠가 탄생합니다. 콘텐츠를 하나하나 엮어내면 당신의 책이 완성됩니다.

작가들도 인정한다,
책을 쉽게 쓰는 이런 방법

책쓰기가 어려운 것은 그저 책을 쓰는 것이 아니라 돈을 내고 사서 읽는 책을 써야 하기 때문입니다. 독자가 사서 읽기를 마다하지 않는 책을 쓰려면 당신이 잘 아는 분야의 것이어야 합니다. 그냥 잘 아는 정도가 아니라 열광하고 빠져드는 주제라야 합니다. 저자를 열광하게 만드는 주제라야 그 주제에 대해 글로 쓰고 책으로 출판하는 일의 어려움을 감당할 수 있습니다. 쓰고 싶고 쓰게 되는 쓸거리를 가졌다면 책을 써내는 일은 그리 어렵지 않습니다. 그러나 아직 쓸거리가 없다면 책으로 쓰기는 문제조차 되지 않습니다.

○ 나는 어떤 책을 쓸 수 있을까

인생은 요리와 같다. 좋아하는 게 뭔지 알려면 일단 맛을 봐야 안다.

《연금술사》의 작가 파울로 코엘료의 말입니다. 이 말을 빗대 나는 이렇게 말합니다.

잘 팔리는 책을 쓰기란 요리와 같다. 무엇을 잘 쓸 수 있는지 알려면 써봐야 안다.

그렇습니다. 써보기 전에는 그 내용에 대해 얼마나 잘 아는지 알 수 없습니다. 해당 분야에서 오래 일했다고 하여, 그 분야에서 알아주는 자격을 얻었다고 하여 잘 쓸 수 있는 것도 아닙니다. 어떤 주제에 대해 잘 모른다고 하여 잘 쓰지 못한다는 규칙도 없습니다. 쓰다 보니 흥미가 동하여 배워가며 쓰다 보니 잘 쓰게 되었다는 저자도 많습니다. 결론은 어떤 주제든 일단 정한 다음 그 주제에 대해 매일 한 편씩 글을 쓰는 것으로 사전 감정을 해봐야 합니다. 잘 팔리는 책을 쓰게 될 나만의 주제를 정하는 방법을 소개합니다.

① 주제 리스트를 만든다

이런 주제로 책을 쓰고 싶다는 생각을 끌어내 '~하기'로 주제 리스트를 만듭니다. 10분가량 시간을 정해놓고 쓰거나 30가지를 씁니다. 주제 리스트를 만드는 동안에는 쓴 것을 돌아보지 않습니다. 반복되는 항목이 있어도 지우지 않고 계속 씁니다.

② 좋아하는 일 10가지를 써본다

좋아하는 일, 재미있는 일, 자주 하는 일, 시간과 에너지를 쏟아붓는 일, 돈을 들이부은 일, 틈틈이 하는 일, 나도 모르게 하는 일, 주위에서 잘한다고 알아주는 일, 몇 시간 이야기해도 질리지 않는 일에 대해 각각 10가지씩 써봅니다.

③ 리스트를 분석한다

①과 ②에서 나열한 것들을 살펴보면 반복되는 주제가 발견됩니다. 반복되는 주제 가운데 가장 많은 3가지를 임시 주제로 선택하여

각 주제에 대해 각각 21일 동안 글을 씁니다.

○ 매일 쓰기로 점검하기

임시로 정한 주제에 대해 매일 한 편씩의 글을 씁니다. 한 번에 하나씩 세부주제를 정하여 1,500자 내외로 씁니다. 이렇게 쓴 글을 SNS에 올려 그 반응에 따른 가능성을 점칠 수도 있습니다. 21일 동안 매일 글을 쓰면서 중요하게 짚어야 할 것은 글을 쓰는 동안의 감정이 어떠한지를 놓치지 않고 지켜보는 것입니다. 주제에 대한 흥미와 관심이 깊어지는지, 그 주제를 글로 쓰는 것이 점점 좋아지는지, 매일 매일 억지로 쓰는지, 계속 하고 싶은지 그만 하고 싶은지를 간파합니다. 전반적으로 '좋다', '해보고 싶다'는 느낌이나 생각이 들면 임시 주제를 나의 주제로 선택합니다. 전반적으로 내키지 않는 느낌이면 골라 놓은 다른 주제로 21일 쓰기를 다시 시작합니다.

매일 쓰기로 책쓰기 주제를 발견하는 것은 당신만의 인생 테마를 만들어가는 길이기도 합니다. 대부분의 경우 길이 있어 파고들었다기보다, 파고들다 보니 길이 생기거든요. 당신에게 꼭 맞는 주제라면 그 주제에 대해 점점 궁금해지고 알고 싶어지고 공부하게 만듭니다. 파고들게 만듭니다.

　나만의 주제가 정해지면 그 주제로 블로그 포스팅을 합니다. 한 번에 하나씩 주제를 세분하여 씁니다. 오레오 공식으로 쓸거리를 만들고 에세이 포맷에 담아내면 잘 읽히는 블로그 콘텐츠가 생성됩니다. 책 출간을 염두에 두고 블로그에 글을 쓸 때는 텍스트로만 씁니다. 이미지나 사진을 올리거나 웹페이지를 링크하는 대신 오직 문장으로만 주제를 소화합니다. 이렇게 써 올리다 보면 책 한 권 분량의 콘텐츠가 모입니다. 어렵지 않게 책 원고를 쓰고 그 과정에서 예비 독자와 교감도 하고, 책 콘텐츠를 찾아다니는 출판사의 눈에 띄어 하루아침에 저자로 데뷔하는 행운을 누리기도 합니다. 돈이 되는 글쓰기 능력을 갖춘 이후에는 책 한 권 쓰기도 이렇게 수월합니다. 돈이 되는 글쓰기로 누구보다 남다른 책을 쓸 수 있다면 당신이 어디에 있든 당신의 고객은 당신을 찾아낼 것입니다.

유튜브, 강연, 인터넷 강의도
두렵지 않은 대본 글쓰기

유튜브, 세바시, TED 등 말의 전성시대,
왜 여전히 글 잘 쓰는 사람이 잘 통할까

유튜브, 세상을 바꾸는 시간 15분, TED, 토크콘서트 같은 미디어
가 대유행입니다. 대중들은 읽기를 싫어하고 긴 글 읽기는 더욱 싫
어합니다. 이런 현상은 앞으로도 계속되거나 더 심해질 것입니다.
그런데 이 와중에 글쓰기를 가르치는 비즈니스가 더 잘 된다면 이해
되나요?

잘나가는 영상 콘텐츠들도 기획이 필요하고 대본을 만들어야 합
니다. 이 단계에서 글 잘 쓰는 능력이 요구됩니다. 말로 하는 콘텐츠
도 잘 읽히는 글처럼 핵심을 빠르게 전달하여 원하는 반응을 빠르게
얻어내는 것이 목적이어서 이에 필요한 논리적 사고를 하려면 글쓰
기가 필수입니다. 기획의도에 맞게 콘텐츠를 구성하고 대본을 쓰는

앞 단계가 완성되면 영상을 찍고 편집하여 송출하는 단계는 기술의 차이에 불과합니다. 어떤 콘텐츠에 실어 나르든 생각을 만들고 정리하고 생성하고 구체화하고 명료화하는 과정은 글쓰기로만 가능합니다. 카드뉴스든 영상이든 강연이든 글쓰기로 만든 1차 콘텐츠 없이는 잘 먹히는 콘텐츠를 만들 수 없습니다. 돈이 되는 글쓰기로 구현하는 1차 콘텐츠, 즉 텍스트 콘텐츠를 만드는 능력은 요컨대 어떤 콘텐츠에든 반드시 요구됩니다.

○ 말로만 하는 일인 줄 알았다

명절 연휴, 한 라디오 방송에서 대통령과 전화 인터뷰를 합니다. 이 장면은 TV를 통해 방송되었는데요. 전화 인터뷰를 하는 대통령이 대본을 보고 읽는 모습을 보여줍니다. 듣기만 하는 라디오 청취자들은 대통령이 말하는 줄 알았겠지만, 실은 이렇게 미리 글로 써서 준비한 대본을 읽었던 것입니다.

말로 만드는 콘텐츠는 미리 준비한 대본을 읽거나 대본을 모니터로 보여주는 프롬프트라는 도구를 활용하여 준비한 말을 읽습니다. 유튜브 영상을 만들 때도 글로 써서 준비한 읽기를 해야 합니다. 의도한 메시지가 제대로 전달되게 하려면 글로 쓴 대본이 있어야 합니다. 대본 없이도 말을 잘하는 사람은 많지 않습니다. 더구나 아무 말이나 잘하는 게 아니라, 의도한 대로 의미 있는 말을 하려면 사전에 대본을 준비해야 합니다.

유튜브 채널을 운영하고 싶지만 '말을 잘 못해 꺼려진다'는 분이 많으신데요. 대본을 글로 쓰기부터 시도하세요. 하려는 말을 대본으로 쓰고 대본을 읽기만 하면 되니까요. 대본을 만드는 글쓰기 노하우를 알고 나면 유튜브 제작 그리 어렵지는 않습니다.

내가 대본을 처음 쓴 것은 방송국 리포터로 일할 때입니다. 한 라디오 프로그램에 전문 리포터로 일하며 매일 한 가지씩 취재한 내용을 방송했습니다. 그때 알았습니다. 방송은 어떤 경우에도 대본을 필요로 한다는 것을요. 이때 습득한 대본 글쓰기 노하우는 〈SERICEO〉와 같은 온라인 강의 콘텐츠, 교보문고 〈북모닝CEO〉 같은 인터뷰 콘텐츠 대본을 써야 할 때 큰 도움이 되었습니다.

방송 대본? 도대체 뭘 쓴다는 거냐? 상황만 주면 출연자가 알아서 하는 거 아니냐, 대본이라는 걸 정말 만들긴 하냐?

이런 질문을 자주 받는다는, TV 버라이어티 프로그램만으로 10여 년 일한 방송작가는 그럴 때마다 이렇게 답을 한다고 합니다.

대사까지 저희가 다 쓰거든요. 이런 상황에서는 이런 말을 하게 하고, 자막은 뭐라고 올려야겠다고 미리 생각하지 않고는 작업을 할 수가 없습니다.

말을 잘하는 것은 준비한 글을 얼마만큼 제대로 읽느냐에 달려 있다. 모든 말하기는 여기에서부터 출발한다. 무작정 말을 잘하게 해주는 방법이란 애당초 없다. 말을 잘하려면 제대로 읽어야 한다.

성우 박형욱 님과 김석환 님이 알려주는 말 잘하는 비법입니다. '준비한 글'을 제대로 '읽기'만 하면 '말을 잘한다'고 하니 유튜버로 데뷔하는 것도 쉽게 여겨지지 않나요? 요약하면, 돈이 되는 글쓰기 능력을 갖게 된다면 유튜브도 틀림없이 잘한다는 것입니다.

쉿! 구글이 알려주는 유튜브로 성공한 사람들의 비결

유튜브는 구글에서 서비스합니다. 검색 서비스 분야 세계 1인자답게 구글은 유튜브 플랫폼에서 어떤 콘텐츠가 돈이 되는지 아주 잘 압니다. 구글이 소개한 유튜버 성공의 비결은 이러한 분석과 검토의 결과물입니다. 구글은 초보 유튜버들이 숙지하고 실행해야 할 성공의 원칙을 이렇게 알려줍니다.

찾아오게 하라, 자주 찾게 하라, 오래 머물게 하라.

정년퇴직을 앞두고 억대 유튜버가 되겠다며 장비를 사들인 지인의 하소연입니다.

하루 종일 매달려 유튜브 올렸는데 파리만 날려.

피드백을 부탁받고 콘텐츠를 들여다보니 파리 날릴 만합니다. 파리 날리는 유튜브 채널은 한마디로 답답합니다. 정답만 이야기하니까요. 이래야 한다, 저래야 한다, 여기서 듣고 저기서 본 것들을 긁어모아 방송합니다. 그렇게 하기까지도 만만찮은 일이겠으나 구독자에게는 그리 반갑지 않습니다. 여기서 보고 저기서 들은, 다 아는 내용들이니까요. 얼마나 답답(畓畓)한지요. 한 달 만에 구독자 100만 명을 확보한, 파리조차 구독하는 백종원 셰프 채널은 답답하지 않습니다.

요리할 때, 이래서 힘들죠? 그러면 이렇게 해보세요. 이렇다고요? 그건 이렇게 하면 되쥬!

백 셰프는 구독자가 궁금해하는 것을 알려줍니다. 노하우도 팁도 거리낌 없이 공개합니다. 전혀 답답하지 않습니다. 백 셰프처럼 유튜브 스타가 되는 비결은 간단합니다. 백 셰프처럼 팁을 주는 사람,

티퍼(tipper)가 되세요. 파리도 구독하게 만드는, 구독자와 광고와 협찬이 쇄도하는 유튜버가 될 수 있습니다. 앞에서 제안한 대로 당신이 원조인 콘텐츠로 티퍼가 되세요. 그래야 유튜버 채널에 들인 돈과 시간과 에너지 투자를 회수할 수 있으니까요. 참, 다른 사람의 노하우와 팁을 가져와 소개하는 중개사 역할은 하지 말라는 것입니다. 시간들여 공들여 다른 사람을 홍보해주는 일이 되고 마니까요.

성공하기 위해 셰익스피어가 될 필요는 없다. 그러나 정보를 주겠다는 진심어린 욕구가 필요하다.

워런 버핏 회장이 한 말입니다. 유튜브 스타가 되기 위해 모두 백셰프가 아니어도 좋습니다. 구독자에게 유익한 정보를 제공하려는 진심이면 충분합니다. 그리고 이 진심은 돈이 되는 글쓰기 능력으로 얼마든지 가능합니다.

검색 잘 되는 유튜브 비결, 채널 설명 잘 쓰려면

유튜브는 이제 최고의 검색엔진입니다. 궁금한 게 있으면 검색엔진을 제치고 유튜브에서 검색합니다. 당신이 만든 영상 콘텐츠가 검색 잘 되게 하려면 채널을 설명하는 글을 잘 써야 합니다. 유튜브 측에서도 최고의 유튜브 마케팅은 매혹적인 유튜브 채널 설명이라고 알려줍니다. 유튜브를 하는 데도 돈이 되는 글쓰기 능력이 절실한 이유이기도 합니다.

○ 채널 설명 쓰기

유튜브 채널 설명은 채널의 '정보' 페이지에서 보여지는 두세 줄 문장입니다. 이 문장만으로 구독자가 해당 채널의 영상을 기꺼이 구독하게 만들어야 합니다. 잘 쓴 유튜브 채널 설명은 검색엔진에서 예비 구독자의 눈에 띄게 하고 구독하게 만들며 조회수, 구독시간을 향상시키는 데 기여합니다. 유튜브 측이 채널을 추천할 때 참고하는 동영상의 순위를 정하는 데도 큰 도움이 됩니다. 검색엔진에 잘 통하는 채널 설명은 키워드를 어떻게 사용하여 글을 쓰느냐가 좌우합니다.

○ 검색 잘 되는 키워드 사용하기

유튜브는 채널의 정보 페이지에 두드러진 키워드가 있을 때 노출을 잘해줍니다. 또 키워드를 반복적으로 사용해야 검색엔진이 당신의 채널이 이 키워드와 관련 있음을 인식하여 노출해줍니다. 구독자가 콘텐츠를 검색할 때 가장 먼저 보는 채널과 동영상 설명 첫 줄에도 키워드를 넣습니다. 채널 설명 글을 쓸 때 당신을 상징하는 검색어를 포함해 쓰세요. 콘텐츠를 정확하게 설명하는 1~2개의 키워드를 선택하여 사용하되 키워드는 예비 구독자의 머릿속을 들여다 본 듯 자연스럽게 만들어야 눈에 빨리 띄고 노출이 잘 됩니다. 가령 'SNS에서 글 잘 쓰는 비결'보다는 '스펙을 만드는 SNS 글쓰기'라고 할 때 검색이 더 잘 됩니다. 'SNS에서 글 잘 쓰는 비결'이란 표현에서 는 눈에 걸리는 단어가 하나도 없지만, 후자의 문구에서 '스펙'이라 는 키워드는 검색하는 이가 많기 때문입니다.

○ **최고의 키워드: 채널 타이틀**

채널 타이틀이야말로 최고의 키워드입니다. 한두 문장으로 세 단 어를 넘지 않게 타이틀을 만들어보세요. 이때 당신의 이름을 포함하 면 누구도 흉내 내지 못할 타이틀이 됩니다. 스타들의 타이틀 공식 을 따라 볼까요?

OOO(채널 운용자 이름)의 ㅁㅁㅁㅁ(키워드)

이 공식으로 만들어져 인기를 끄는 타이틀을 소개합니다.

박막례 할머니 Korea Grandma
법륜스님의 희망세상만들기
백종원의 요리비책
송숙희의 돈이되는글쓰기

구독자가 100배 늘어나는
유튜브 대본 글쓰기

주로 스마트폰으로 보고 듣기 마련인 말로 된 콘텐츠는 한마디 한마디 구독자의 귀에 척 붙게 말해야 합니다. 대본을 쓸 때도 이 점에 유의해야 합니다. 대본은 무슨 내용이든 오프닝-본론-클로징, 3단계로 구성하면 짜임새 있게 핵심을 전달하여 원하는 반응을 빠르게 끌어낼 수 있습니다. 돈이 되는 글쓰기 기술은 이번에도 예외 없이 발휘됩니다. 오레오 공식으로 내용을 만들고 APT 포맷으로 담아내면 맛있는 영상 콘텐츠를 만들 수 있습니다.

○ 오프닝은 피치로 시작하라

오프닝에서 구독자를 사로잡지 못하면 끝장입니다. 구독자를 단숨에 사로잡는 오프닝은 피치로 시작하는 것이 좋습니다. 영상이 시작되고 단 5초 안에 주의를 끌어야 합니다. 무슨 내용을 왜 다루는지 한두 문장으로 언급하고 시작합니다. 시사적인 이슈는 단숨에 주목을 끌기에는 좋지만, 고등어처럼 시간이 지나면 바로 흥미의 신선도가 떨어지니 활용하지 않는 것이 좋습니다.

도입부에서 콘텐츠를 끝까지 구독할 경우 받게 될 이득, 즉 기대효과를 어필하면 구독자를 영상이 끝날 때까지 잡아둘 수 있습니다. 다만, 도입부에서 말한 것과 실제 콘텐츠 간에 차이가 크거나 과장이 심하면 구독자가 속았다는 생각이 들 수 있으니 제목-기대효과-핵심내용이 일치하도록 제작해야 합니다.

○ **구독으로 이끄는 클로징**

　본론은 핵심내용을 다룹니다. 오레오 공식으로 정리하면 수월하게 본론을 만들 수 있습니다. 이어 클로징에서는 본론에서 다룬 핵심내용을 한두 문장으로 정리한 다음, 구독자에게 원하는 반응을 요청합니다. 내용에 대해 더 자세히 알고 싶은 사람을 위해서는 SNS나 홈페이지에서 관련 자료를 바로 연결하고, 개별적으로 문의하고 싶은 사람을 위해 이메일 주소 등을 표기합니다. 콘텐츠를 만든 당신에 대해 궁금해할 사람을 위해서는 블로그나 소셜미디어 프로필을 연결합니다.

입에 착, 귀에 척 붙는 대본 글쓰기 방법 7

　제대로 쓰인 글은 읽을 때 거침이 없습니다. 눈이 아니라 말로 읽는 대본을 쓸 때 가장 유의해야 할 것은 입에 착 붙게 쓰는 것입니다. 그러면 구독자의 귀에 척 붙습니다. 대본을 쓴 다음 소리 내어 읽으면, 다른 사람들이 봐주지 않아도 어디를 고쳐 써야 하는지 바로 압니다. 한 호흡에 읽히지 않거나 더듬게 되는 부분은 반드시 고쳐 써야 합니다. 내용이 애매하거나 문장이 복잡하거나 표현이 엉켰다는 징후니까요.

○ 방법 1 한 번에 알아듣게

대본은 한 번에 한마디씩 써야 합니다. 그래야 시청자의 귀에 쏙박힙니다. 한마디에는 하나의 의미만 전달하되 핵심부터 먼저 씁니다. 한 번에 알아듣게 만드는 최고의 비결은 대사를 짧게 쓰는 것입니다. 대사가 길면 무조건 문장을 나누세요.

한 번에 알아듣게 만드는 최고의 비결은 대사를 짧게 쓰는 것이니 대사가 길면 무조건 문장을 나누세요.

▶▶ 한 번에 알아듣게 만드는 최고의 비결은 대사를 짧게 쓰는 것입니다. 대사가 길면 무조건 문장을 나누세요.

○ 방법 2 빠르게 확실하게

20자 이내로 3초 안에 말해야 한 호흡에 전달되는 한마디입니다. 문장이 이보다 길어질 경우, 읽기 불편하고 구독자는 듣기 불편합니다. 앞에 들은 내용을 잊어버리니 뒤의 내용에 관심이 이어질 리 없습니다. 한마디를 20자 이내에 전달하려면 군더더기 없이 문장을 정리해야 합니다.

시청자가 쉽게 찾을 수 있도록 동영상 설명에 연결하세요.

▶▶ 시청자가 쉽게 찾도록 동영상에 연결하세요.

○ 방법 3 발음하기 좋게

발음하기 어려우면 대본을 읽는데 부담이 되고, 메시지가 제대로 전달되지 않습니다. 그러면 듣는 사람의 집중력이 떨어지고 내용이 산만하고 지루하다는 느낌을 줍니다. 발음이 어려운 문장은 단어를 바꿔 쉽게 만듭니다.

행정관과 비서관이 차례로 들어왔다.

'행정관과'를 소리 내어 읽어보세요. 혀가 꼬입니다.

행정관, 비서관이 차례로 들어왔다.

위와 같이 고치면 말하기도 듣기도 편해집니다.

○ 방법 4 듣기 쉽게

유튜브는 보고 듣는 콘텐츠지만 영상에 집중하기보다 다른 일을 하며 듣기만 하는 경우가 많습니다. 듣기만 할 때, 잘못 들었거나 내용을 이해하기 어려워도 돌이킬 수 없습니다. 한 번에 알아듣기 쉽게 써야 합니다. 주어와 서술어를 가까이 붙이면 무슨 내용인지 잘 들립니다.

직장인들이 회사에서 유능한 인재로 인정받으려면 글을 잘 써야 합니다.

▶▶ 회사에서 유능한 인재로 인정받으려면 직장인들이 글을 잘 써야 합니다.

평이한 단어를 써야 알아듣기 쉽습니다. 예를 들어, 초연결 시대엔 휴가를 떠나도 일로부터 자유롭지 못하다는 의미로 이런 표현을 쓴다고 합니다.

전투모드 휴가 증후군

귀로 듣기만 해서는 무슨 말인지조차 알아듣기 힘듭니다. 굳이 군사용어를 쓰고 싶다면 이렇게라도 쉽게 풀어 써야 합니다.

휴가에도 스마트폰으로 완전무장한 직장인들

○ **방법 5** 오해할만한 단어는 피하기

당신이 전달하려는 의미에 적확한 단어를 찾으세요.

이런 표현을 접하면 대부분의 사람들은 '정확한'을 '적확한'으로 잘 못 쓴 게 아니냐고 합니다. 여기서 '적확한'이란 적절하고 확실하다 는 뜻입니다. 맥락에 맞게 쓰인 단어지요. 이 단어를 듣기만 하면 '정 확한'을 잘못 쓴 것으로 오해할 여지가 다분합니다. 이럴 땐 단어를 풀어쓰거나 다른 단어로 바꿔 쓰는 것이 좋습니다.

▸▸ 당신이 전달하려는 의미에 맞는 적절하고 확실한 단어를 찾으세요.

▸▸ 당신이 전달하려는 의미에 적당한 단어를 찾으세요.

○ 방법 6 수식어 대신 강한 서술어를

한 호흡에 한마디씩 전달하는 대사에 수식어가 남용되면 의미전 달이 어렵습니다. 내용을 강조하고 싶으면 수식어를 넣기보다 동작 을 나타내는 서술어를 쓰면 강한 인상을 남길 수 있습니다.

돈이 되는 글쓰기에는 유능한 인재로 인정받는 기대효과가 있습니다.

▸▸ 돈이 되는 글쓰기는 유능한 인재로 인정받는 효과를 기대할 수 있습니다.

○ 방법 7 리허설 & 모니터링

대본은 반드시 실제 상황처럼 리허설하면서 모니터링해야 합니 다. 그래야 현장에서 대본을 잘 읽을 수 있습니다. 스마트폰으로 녹 화, 녹음하여 주위의 모니터링을 받아 개선하면 금상첨화입니다.

화난 고객도 팬으로!
고객서비스 글쓰기

게임회사에서 왜
글쓰기 수업을 받을까

넥슨은 우리나라를 대표하는 게임서비스 회사입니다. 넥슨의 요청으로 글쓰기 워크숍을 진행한 적이 있습니다. 다른 기업들처럼 기획이나 마케팅, 영업 파트가 아니라 고객들이 제기하는 불편과 불만 등의 문제를 해결하는 서비스센터 직원을 대상으로 온라인에서 고객들과 더 잘 소통하도록 돕기 위해 글쓰기를 교육했습니다.

'콜센터'라는 이름 그대로, 전화 중심으로 이루어지던 고객서비스 업무가 홈페이지나 소셜미디어 기반으로 바뀌었습니다. 이제 고객서비스 업무는 해당 직원들이 글을 얼마나 잘 쓰는가에 달렸습니다. 글로벌 기업들은 오래전부터 이들 직원들에 대한 글쓰기 교육을 해왔습니다. 이메일로 소통하는 고객들의 만족을 극대화하기 위해 직원 모두를 대상으로 이메일 쓰기 교육을 하는 자포스(164쪽 참조)처럼 말입니다.

○ 왜 고객들은 전화가 아니라 글쓰기로 항의할까

한때 SNS로 직접 목소리를 내고 고객과 소통하는 회장님들이 아주 많았습니다. 지금 대부분의 회장님들은 SNS 계정을 닫았습니다. 이유는 '회장님'을 팔로우하는 이가 느는 만큼, 기업이나 제품, 서비스에 대한 불만을 회장에게 직접 토로하는 경우가 급증하면서 회장님의 1인 미디어가 고객불만 창구로 바뀌었기 때문입니다. 소셜미디어와 스마트폰에 익숙한 소셜 고객은 콜센터나 홈페이지에 자신들의 목소리를 접수하는 대신 SNS에 쏟아냅니다. 이 방법이 쉽고 빠르고 편하니까요. 고객서비스 전담부서에서 매뉴얼에 따른 전형적인 답변만 하는데 불만을 품은 소비자들과 챗봇이 대응하는 시스템에 만족하지 못하는 고객이 급증하면서 해당 기업의 임직원들이 운영하는 SNS로 몰려가는 일이 자연스러운 현상이 되었습니다. 이런 상황을 타개하기 위해 기업들은 고객상담 창구를 온라인 상담으로 일원화하는 추세입니다. 고객상담 부서나 영업 마케팅 부서를 중심으로 고객에게 응대하는 글쓰기 기술이 앞으로 더욱 더 요구될 수밖에 없습니다. 따라서 고객의 문의나 불만, 제안, 요청에 응대하는 '서비스 글쓰기 기술'은 소셜미디어 시대 기업들에게 있어 선택의 여지 없는 생존의 문제로 부각되었습니다.

　　　　　　　　1부 지식과 기술로 시작하는 돈이 되는 글쓰기

고객을 응대하는 서비스 글쓰기는 불만에 찬 고객으로 인한 손해를 줄이고 예방한다는 차원에서 실질적인 돈이 되는 글쓰기입니다. 돈이 되는 글쓰기 능력이면 화난 고객을 팬으로 만드는 마법을 부릴 수 있습니다.

고객과 대화할 때는
배구처럼, 탁구 말고

IBM은 1~2년 사이에 고객서비스 대응의 85퍼센트를 인간의 개입 없이 기술이 대체할 것이라 예측합니다. 그러면 고객응대 과정에서 사람들의 실수로 인한 손해를 줄여주고, 응대상의 감정적인 문제들로 인한 고객불만을 최소화하는 등의 특장점을 기대해도 좋다고 합니다. 하지만 고객상담에 특화된 로봇이 할 수 없는 일도 있습니다. 화가 많이 난 고객을 응대하는 일에서만큼은 여전히 사람의 몫이라 합니다. SNS로, 홈페이지로, 이메일로 화가 잔뜩 난 고객이 불만을 토로하면 어떻게 댓글, 답메일을 써야 할까요? 어떻게 해야 로봇이 하지 못하는 이 엄청난 일을 할 수 있을까요?

탁구처럼 하지 말고 배구처럼 해야 한다.

이렇게 간결하게 그 비결을 알려주는 이는 커뮤니케이션 전문가 윌리엄 반스 교수입니다. 고객의 불만을 날아오는 탁구공 쳐내듯 해서는 문제가 커지기만 할 뿐이라고 경고합니다. 배구 하듯 고객불만이라는 공을 적절히 받아내고 해결책을 담아 토스하는 것이 중요하다고 강조합니다. 이 말을 나는 이렇게 바꿔봅니다.

응답하세요, 대답 말고요.

◦ 응답하라, 반응 말고

고객과 대화할 때 첫 번째 원칙은 고객이 원하는 것에 최대한 빨리 응답하는 것입니다. 고객의 질문이나 불만에 단답형으로 대답만 하면 문제해결 과정이 필요 이상으로 길어지고 이 과정에서 고객은 더욱 화가 납니다. 고객이 듣고 싶어 하는 답변은 고객의 질문에 드러나지 않은 궁금증까지 고려하여 완전한 정보를 전하는 것입니다.

어때? 보고서는 잘 되고 있나?

보고서를 작성하는 직장인에게는 상사가 고객입니다. 상사가 이렇게 물을 때는 보고서 품질이나 납기에 문제가 있을지 모른다는 것을 간파해서입니다. 이렇게 묻는 고객에게는 이런 유형의 반응이 따릅니다.

대답 ① 예, 하고 있습니다.

대답 ② 좀 힘들지만 해보겠습니다.

대답 ①과 대답 ②처럼 답하면 상사 입장에서는 원하는 답을 듣기 위해 여러 번 더 물어야 합니다. 혹은 대화를 계속할 의사가 없는 것으로 비치기도 하고요. 고객인 상사가 알고 싶어 한 것은 혹시라도 당초 계획과 달리 보고서가 늦어지거나 보고서 내용에 문제가 있으면 어떻게 할 것인가 입니다.

대답 ③ 생각보다 좀 힘들지만 잘 마무리 하려 애쓰는 중입니다. 지난번에 가르쳐주신 대로 목차를 정해 하나씩 쓰고 있습니다. 다음 주 화요일까지 초안을 보내드리겠습니다. 보시고 피드백해주시면 수정하여 계획한 3월 말일까지 보고서를 완성하겠습니다.

대답 ③처럼 응답하면 고객인 상사의 의중을 파악하여 염려와 기대까지 반영한 응답이 가능합니다.

불만에 찬 고객이 질문을 하면 질문 자체보다 고객이 궁극적으로 듣고 싶은 답을 해야 합니다. 고객이 알고 싶어 하고 듣고 싶어 하는 말이 아니라 답변자가 준비한, 하고 싶은 말만 하면 동문서답으로 들려 고객은 무시당하는 기분을 느낍니다. 고객의 불만이 증폭되어 일이 커질 수 있습니다. 탁구가 아니라 배구처럼, 고객의 질문에 제대로 응대하는 3단계 글쓰기를 소개합니다. 고객의 질문에 "예, 아니오, 몰라요, 알겠어요." 이렇게 답하는 것은 응대하는 게 아닙니다. 고객의 질문에 응답할 때는 3R 포맷을 활용하세요.

3R 포맷으로 응답하기

Respond 응답하는 내용 쓰기

고객의 질문을 언급하며 답을 씁니다. 예를 들어, '돈이 되는 글을 쓰려면 연습을 많이 해야겠죠?' 하고 물어온 고객이 있다고 가정합니다. 3R 포맷대로 먼저 응답합니다.

돈이 되는 글을 쓰려면 연습하는 데 시간이 좀 걸립니다. 의식하지 않아도 잘 쓰게 되려면 규칙을 이해하고 습관이 될 때까지 연습을

• 고객만족을 극대화하는 고객응답 3R 포맷 •

R R R

Respond   **R**eason   **R**epeat
응답하는   그렇게 생각하는   질문을 반복하여
내용 쓰기   이유 쓰기   답변 마무리

해야 하기 때문입니다.

Reason 그렇게 생각하는 이유 쓰기

왜 그렇게 생각하는지 이유와 근거를 제시합니다. 전문성 연구로 유명한 미국의 앤더슨 에릭슨 교수에 따르면 피아노나 골프나 마찬가지로 글쓰기 기술을 향상하려면 의식 있는 훈련을 해야 합니다. 독자가 돈을 지불할만한 글을 쓰는 규칙을 이해하고 그 규칙대로 쓰고 쓴 것을 피드백 받는 등 일련의 프로그램을 연습해야 하기 때문입니다.

Repeat 질문을 반복하여 답변 마무리

질문을 다시 언급하며 답변을 마무리 합니다. 돈이 되는 글을 쓰고 싶다면 그 규칙을 먼저 이해하고 쓰기-피드백 받기-고쳐 쓰기의 과정대로 연습하면 잘 쓰게 됩니다.

고객의 항의와 불만을 '좋아요'로 바꿔주는 역전의 기술

가을이 깊어가던 무렵 새벽에 KTX 첫 열차를 탄 적이 있습니다. 열차가 출발하자 좋지 않은 냄새가 나기에 승무원에게 말했습니다.

승무원은 알아보고 답을 주겠다고 합니다. 잠시 후 차내 방송으로 답변이 들립니다. 아마도 여러 고객이 같은 질문을 했는가 봅니다.

난방가동으로 인하여 객실 내에서 약간의 좋지 않은 냄새가 날 수 있음을 알려드립니다.

답변에는 듣고 싶어 한 어떤 내용도 없습니다. 무슨 냄새인지, 혹시 안전에 문제가 있지는 않은지, 언제쯤 냄새가 사라질 것인지 등 궁금증은 깊어지기만 했습니다. 승무원에게 재차 묻자 "갑자기 날이 추어져 올 들어 처음 난방을 하는 바람에 냄새가 나는 것"이라고 답합니다.

온라인 기업들이 요청한 고객응대 글쓰기 수업을 하러 현장에 가면 상품이나 서비스, 프로세스에 불만 있는 고객들을 진정시키기가 제일 어려운 일이라고 합니다. 당신 또한 회사의 홈페이지나 SNS에 부서업무와 관련된 항의나 불만의 글이 올라오는 바람에 당황한 적이 있을 겁니다. 고객업무를 전담하는 부서가 아니더라도 일을 하다 보면 회사 안팎의 고객들의 불평이나 불만을 다독여야 하는 일을 자주 겪습니다. 이럴 때는 무조건 회피하거나 무마하려 들지 마시고 '공감 – 안심 – 이해'의 포맷으로 응답하세요. 고객의 불만이 저절로 잦아듭니다.

공감	고객이 느꼈을 기분에 최대한 공감한다.
안심	다른 이도 혹은 당신도 유사한 경험을 한다며 안심시킨다.
이해	고객이 새로운 발견이나 생각을 하도록 이해시킨다.

KTX에서 나던 냄새에 불만을 가진 고객들에게, 승무원이 이렇게 답변하면 좋았을 것입니다.

공감	그러시죠? 안 좋은 냄새가 나서 걱정되시죠?
안심	저도 뭐가 잘못돼서 그런가, 하고 느꼈습니다.
이해	00에게 문의해봤더니 갑자기 날이 추워져 난방을 가동시키는 바람에 나는 냄새라 합니다. 자동차도 그렇지 않나요? 환기작업을 2배로 하고 있어 곧 신선해질 테니 걱정마세요.

온 마음으로 사과하기,
라테처럼

고객의 불만이 간단한 설명이나 해명으로 해결되는 수준이 아닌 경우, 제대로 사과해야 합니다. 사과할 때 가장 중요한 것은 변명을 섞지 않는 것입니다. 사과에만 집중한 글은 불을 끄는 소화기 역할을 하지만 변명이 섞인 사과는 더 큰 화를 부르는 불쏘시개가 됩니

SORRY

Sensing	**Optimize**	**Regret**	**Respond**	**thank You**
문제상황 감지	잘못 인정하기	반성과 사과	개선 약속	사과 기회에 대한 감사 인사

다. 스타벅스에서 직원들을 대상으로 교육하는 사과하기 프레임을 응용하면 화난 고객의 마음을 달랠 수 있습니다. 스타벅스 매장 직원들은 불만을 제기하는 손님에게 라테처럼 영양가 있고 거품이 풍성하여 보기에도 좋은, 그런 사과를 하라는 뜻에서 라테(LATTE)라는 프레임을 교육받습니다. 이를 본받아 돈이 되는 글쓰기 기술의 일환으로 라테처럼 잘 먹히는 사과문 프레임을 만들었습니다. 온 마음으로 사과하는 글을 쓰면 혹은 댓글을 쓰면 몇 줄 만으로도 화난 고객을 팬으로 만드는, 위기가 기회로 전환되는 기적을 경험합니다.

- Sensing : 문제가 된 상황을 정확히 감지합니다.
- Optimize : 잘못된 상황을 인정하고 최대한 상대의 입장을 헤아립니다.
- Regret : 정중히 반성하고 사과의 말을 전합니다.
- Respond : 다시는 이러한 일이 일어나지 않을 것이라는 개선

을 약속합니다.

- thank You : 만회할 수 있는 기회를 주었음에 감사의 말을 전합니다.

90년대생 고객을 사로잡는 설명의 기술

엄마, 이걸 왜 해야 하는지부터 알려주세요.

제 아들에게 자주 듣는 말입니다. 90년대생 아들은 뭐든 그냥 하는 법이 없습니다. 궁금증이 해소될 때까지 묻고 또 묻습니다. 아들과 씨름하다 보면 요즘 팀장님들이 직원들에게 미주알고주알 설명하는 것이 추가업무가 되어버렸다는 하소연이 떠오릅니다. '하나를 가르쳐주면 열을 알아야 하지 않겠느냐!'고 반문하는 당신이라면 밀레니얼 세대와 일하기 힘들 겁니다. 90년대생들은 충분히 이해하고 납득한 다음 일하기를 좋아합니다. 그래야 일을 빨리 잘할 수 있다고 믿기 때문입니다. 이 말은, 90년대생들이 일을 잘하게 만들려면 무슨 일을 왜 하는지, 어떻게 하면 되고, 언제까지 하면 되는가를 명료하게 설명하면 된다는 뜻이기도 합니다. 그러면 90년대생은 그 일을 잘하기 위해 자발적으로 갖은 애를 씁니다.

이제 리더라면 설명을 잘하는 기술도 배워야 합니다. 공무원들도 설명 잘하기 기술을 배웁니다. 돈이 되는 글쓰기의 기본 법칙인 오레오 공식으로 설명의 뼈대부터 만들면 어렵지 않게 설명할 수 있습니다.

안녕하세요? 00보험입니다. 박○○ 님의 허리통원치료 30회 한도로 180일 6개월 면책기간 발생하시어 2019년 10월 31일자부터 허리통원치료 보험료를 받을 수 없습니다. 2020년 4월 28일 통원치료부터 재보상 가능하십니다. 문의사항은 연락주세요.

이 내용은 보험상품 약관을 일일이 기억하지 못하는 가입자에게는 어렵고 복잡합니다. 오레오 공식으로 재구성해봅니다. 결론부터 빠르게 전달하고, 가입자인 고객이 알기를 원하는 바를 명료하게 전달합니다.

안녕하세요? 00보험입니다. 박○○ 님은 2019년 10월 31일자부터 허리통원치료비 보상을 받을 수 없습니다.(결론) 가입시 약관(30회, 6개월 한도)에 의한 것입니다.(이유 근거) 2020년 4월 28일 통원치료부터 보상을 받을 수 있습니다.(사례) 문의사항은 연락주세요.(의견 및 요청)

○ 한 번에 완벽하게 설명하는 피스톨 기법

당신이 또는 당신의 회사를 대표하여 어떤 문제상황에 대해 설명해야 하는 일이 생기면, 총을 쏘듯 간결하게 또 확실하게 해보세요. 예일대 윌리엄 반스 교수에게 배운 설명의 기술 피스톨(PISTOL) 포맷을 소개합니다. 피스톨 포맷은 본질적인 정보를 일목요연하게 정리하고 필요한 요소가 누락되지 않도록 하는 설명의 포맷입니다. 문제점 지적하기(Problem) – 중요성 언급하기(Importance) – 해결책 제시하기(Solution) – 시간 특정하기(Timeline) – 책임자 특정하기(Ownership) – 문제해결 장소 특정하기(Location) 순서로 설명하면 더 묻지도 더 따지지도 않는, 명쾌한 설명이 됩니다. 이 과정을 이니셜로 연결하면 피스톨이 됩니다. 순서는 상관없습니다. 문맥상 없어도 되는 요소라면 생략해도 좋습니다.

 한 학생이 '글쓰기 피드백 수업을 신청하려는데 꼭 피드백을 받아야 합니까?'라고 질문합니다.

대답 ① 글 잘 쓰는 사람들은 다 그렇게 해요.

대답 ② 생각해보세요. 잘 쓰는지 못 쓰는지 누가 봐줘야 하지 않겠어요?

이렇게 답하면 내용을 잘 알지 못하는 상대는 궁금증을 해결하지 못하는 것은 물론 답변자인 송 코치가 단지 장삿속으로 자신에게 피드백 수업을 받으라고 권하는 것으로 오해할 수도 있습니다. 정보가 충분하지 않으니까요. 그렇다면 피스톨 포맷으로 설명해볼까요?

내가 쓴 글이 의도한 대로 쓰였는지 점검해봐야 합니다.(문제점 지적하기, Problem) 점검은 글쓴이 스스로가 하기 힘들어요. 잘 읽히는 글에 대한 안목과 감각을 갖추지 못했기 때문입니다.(문제의 중요성 언급하기, Importance) 그래서 피드백은 문제상황에 대한 해결책 제시는 물론 원인파악, 문제 예방책까지 알려줄 수 있는 전문가의 피드백을 받아야 합니다.(해결책 제시하기, Solution) 저는 잡지, 출판 쪽 일을 하며 그러한 피드백 능력을 갖춘 글쓰기 코치입니다.(책임자 특정하기, Ownership) 피드백을 받으시려면 에세이를 쓰고 그것을 저에게 이메일로 보내주세요. 48시간 안에(시간 특정하기, Timeline) 이메일(문제해결 장소 특정하기, Location)로 회신드립니다.

이렇게 설명하면 본질적인 정보를 일목요연하게 정리하고 상대가 확인하고 싶고 궁금해하는 것을 빠뜨리지 않는 완벽한 설명이 됩니다.

한 번 읽고 평생 써먹는
책값 하는 글쓰기

한 번 읽고
평생 내 것으로 써먹는 책읽기

철학자 니체는 원래 읽기만 하는 이였습니다. 그러다 눈병이 나 책 읽기가 불편해지자 쓰기에 힘을 쏟았고, 그 결과 철학적 사유를 완성하는 행운을 누리게 되었다고 합니다. 이처럼 쓰기는 읽기에서 시작하고 읽기는 쓰기로 완성되며, 생각하기라는 견고한 축이 읽기와 쓰기를 연결합니다. 요컨대 쓰는 힘은 읽는 힘에 달렸고 읽는 힘은 쓰는 힘에 달렸습니다.

글쓰기, 책쓰기 수업에서 의외로 많이 듣는 하소연이 읽기에 대한 것입니다.

읽고 돌아서면 다 까먹는다, 좋은 방법이 없을까?

많이 읽기는 하는데 써먹지는 못하는 것 같다.

내용을 잘 이해하려면 어떻게 읽어야 하나?

책을 읽고 단지 재미나 감동을 느끼려 했다면 책을 읽기만 해도 그만입니다. 그러나 책을 읽고 정보와 지식을 얻으려 했다면 또 남다르게 생각하는 방법을 배우려 했다면, 특히 특정한 문제를 해결하기 위해 잘 읽지도 않는 책을 사서 끙끙대고 읽는다면 그 목표를 달성하는 방법을 동원해야 합니다. 그렇지 않다면 책읽기는 밑 빠진 독에 물 붓는 일이 되고 맙니다. 그런 낭비가 없지요. 돈이 되는 글쓰기 능력을 활용하면 일과 삶에 도움 되는 독서가 가능합니다.

책을 잘 읽는 사람들은 읽는 대로 일이 되고 읽은 대로 돈이 되게 합니다. 책을 잘 읽는 사람들은 의식적으로 읽습니다. 그들의 읽기에는 책을 고르기부터 읽기, 읽고 난 후의 활동까지 포함됩니다. 책을 잘 읽는 사람들은 읽은 내용을 이해하고 내 것으로 만들기 위해 의식적인 연습을 합니다. 그들의 읽기 비결은 읽은 내용을 정리하는 글쓰기입니다.

○ 공들여 책읽기, 돈이 되는 글쓰기로

해마다 새 책이 6만 종이나 출간됩니다. 인터넷에서도 엄청난 읽을거리들이 매 순간 쏟아집니다. 새로운 것을 받아들이기도 벅차지만 지식의 유효기간도 날로 짧아집니다. 이런 현실에서 지적으로 도

태될지 모른다는 초조감이 요약본을 읽게 만들고, 하루 1권씩 1천 권 읽기 프로젝트에 돈을 내게 합니다. 책이든 자료든, 읽으려 한 이유와 목적이 단지 읽는 것만으로 가능하다면 얼마나 좋을까요? 그저 읽었을 뿐인데, 필요할 때 바로바로 써먹을 수 있다면 얼마나 편할까요?

단지 읽는 것만으로는 읽기에 들인 돈과 시간과 관심을 회수할 수 없습니다. 하버드 대학교 심리학과 대니얼 샥터 교수의 조언대로 '공을 들여 읽어야' 재대로 읽을 수 있습니다.

새로운 정보를 읽고 해석하고 쓰고 요약하고 주석 달고 말하고 듣고 회상하는 등의 여러 가지 방법으로 그 정보를 사용하면 잘 기억된다. 정보를 가지고 많은 일을 해보고 다각도로 뇌에 자극을 줄 때 잘 기억된다.

잘 기억된다는 것은 필요할 때 꺼내 쓸 수 있는 상태를 말합니다. 읽는 대로 일이 되고 돈이 되는, 책이나 자료, 인터넷 정보들을 공들여 읽고 내 것으로 만드는 비법을 소개합니다.

책값 드는? 책값 뽑는!
책읽기 1.3.7 규칙

책이나 정보를 읽는 것은 정보를 받아들이는 작업, 즉 입력 행위입니다. 입력된 정보자료는 생각하고 편집하는 가공작업 끝에 말하기, 쓰기, 행동하기 등으로 출력됩니다. 문서 작성, 소통, 거래처 상담, 회의, 영업, 발표, 이메일 쓰기에 이르기까지 회사나 사회생활에서 업무상 요구되는 일들은 모두 출력 행위입니다. 업무상 능력을 인정받는 것도 실수나 잘못으로 능력이 깎이는 것도 모두 출력하는 과정에서 일어납니다. 평소 출력하는 연습을 해야 필요할 때 의도한 대로 출력이 가능합니다. 출력 작업 없이 책을 읽기만 해서는 오히려 책을 읽는 성과를 낼 수 없습니다. 책값 하는 책 읽기란 출력을 연습하는 방법이자 돈이 되는 출력을 습관 들이는 방법입니다.

책 읽기에는 비용이 발생합니다. 책값 말고도 돈이나 다름없는 시간과 에너지를 들여야 하고 따라서 기회비용이 발생합니다. 이 모든 비용을 회수하고도 남는, 책값 하는 책 읽기 규칙은 이러합니다.

1종류의 책이나 자료를 읽은 다음 7일 안에 3가지 방법으로 활용한다.

3가지 방법이란 읽은 것에 대해 말하고-쓰고-행하는 출력 행위를 말합니다. '7일 안에'라는 조건은 기억이 유실되지 않고 보존되는 유효기간입니다. 1.3.7 규칙은 읽은 것을 말하고 쓰고 행함으로써 읽으며 받아들인 지식과 정보를 활용하기 좋은 형태로 기억하게 돕습니다. 또 필요할 때 빨리 떠오르게 하여 활용하기 좋게 합니다.

① 말하며 기억하기

읽은 내용에 대해 말하다 보면 더 선명하게 기억합니다. 내용을 얼마나 잘 이해했는지 아닌지를 스스로 파악하게 합니다.

② 쓰면서 기억하기

읽은 것을 글로 쓰는 작업은 책의 내용을 보다 깊이 있게 이해하도록 돕습니다. 책을 읽으며 메모하고 밑줄 그은 것을 옮겨 쓰면 정보를 능동적으로 취합하게 되고 이 과정에서 많은 생각을 만들어냅니다. 자기만의 아이디어로 만들어내는 행운이 이 단계에서 일어납니다.

③ 읽은 대로 행하기

책에 쓰여 있는 것을 하나라도 실천해야 책값을 뽑을 수 있습니다. 특히 실용서나 경제경영서는 책에서 다룬 사소한 한 가지라도 직접 하면서 내 것으로 만들어야 합니다. 행함이 없는 읽기는 읽기가 아닙니다.

o 쓰면서 읽기: 한 권 읽고 천 권 읽은 효과

읽은 내용을 쓰면서 정리하면 한 권을 읽어도 천 권 읽은 효과를, 한 번 읽어도 천 번 읽은 효과를 냅니다. 읽은 것을 쓰면서 정리하면 한 권의 책을 3번에 걸쳐 읽게 됩니다.

① 처음 읽기

밑줄을 긋고 책 모서리를 접고 여백에 메모하며 책을 읽습니다. 새로 알게 된 지식, 저자만의 흥미로운 사고방식, 책에서 얻게 된 행동지침들을 구분하여 밑줄을 그으면 정리할 때 유용합니다. 이 과정에서 떠오르는 생각이 있으면 여백에 메모하거나 포스트잇에 가둬 둡니다.

② 두 번째 읽기

밑줄 치거나 메모한 내용을 옮겨 씁니다. 이때 각각의 내용을 '제목과 설명' 단위로 정리하면 필요할 때 빨리 떠올릴 수 있고 활용하기 좋습니다. '제목과 설명' 단위로 읽은 내용을 정리할 때는 반드시 손으로 쓰거나 타이핑합니다. 긁어 붙이기만 하면 기억에 하나도 남지 않을뿐더러 쓰면서 정리하기 효과가 전혀 없습니다. 각 내용마다 내가 생각한 것을 곁들이면 읽은 것을 온전히 내 것으로 만들 수 있습니다.

1부 지식과 기술로 시작하는 돈이 되는 글쓰기

③ 세 번째 읽기

앞서 2번의 읽기를 하며 얻은 생각을 SNS로 공유합니다. 밑줄 친 내용을 중심으로 SNS 콘텐츠를 만들어보세요. 책을 읽다 얻은 한 구절을 SNS에 공유하는 것은 쉽고 흔한 방법이지만 읽은 것을 내 것으로 만드는 결정적인 기술입니다.

이런 책을 읽었다. 그중에 이런 구절이 좋았다.
읽다 보니 이런 생각, 느낌, 감정이 들었다.
이 구절을 통해 이런 것을 알게 됐다, 발견했다.

이런 순서로 글을 쓰면 많은 이들이 퍼 나르는 콘텐츠가 완성됩니다. 책의 주제와 작가, 책을 읽는 동안 떠올린 생각, 느낌, 감정 등을 반추하며 성찰하고 이를 글로 쓰면서 내면화 하는 이 작업이야말로 무슨 책을 읽든 책값 이상을 얻게 합니다.

• 책값 하는 밑줄 한 줄로 SNS 콘텐츠 만들기 포맷 •

- **1단계** : 이런 책을 읽었다. 그중에 이런 구절이 좋았다.
- **2단계** : 읽다 보니 이런 생각, 느낌, 감정이 들었다.
- **3단계** : 이 구절을 통해 이런 것을 알게 됐다, 발견했다.

읽는 족족 돈이 되는
리뷰의 기술

소문난 광고쟁이인 박웅현 님은 책을 읽고 쓴 에세이《책은 도끼다》덕분에 유명인사가 되었습니다. 책을 읽고 쓰는 리뷰 에세이는 읽은 책을 100퍼센트 내 것으로 만드는 효과 외에 박웅현 님처럼 책을 내고 유명인사가 되는 길도 열어줍니다. 책을 읽고 쓰는 글은 독후감, 서평, 리뷰 등 다양한 이름으로 불립니다. 독후감은 책에 대한 의견, 느낌을 주관적으로 풀어낸 개인적인 감상문을 말합니다. 서평은 문학의 한 장르인 비평문의 일종으로 책에 대한 개인적인 감상을 객관적으로 서술한 글입니다. 리뷰는 서평보다 가볍고 독후감보다 진중한 에세이를 말합니다. 읽는 족족 돈이 되는 글쓰기의 방법으로 리뷰 에세이 쓰기를 소개합니다.

책을 읽고 리뷰 에세이 쓰기를 하면 읽은 내용이 장기기억으로 저장됩니다. 장기기억 속에 저장된 '읽은 것'들은 깊은 사고를 하게 돕고 잘 읽히는 글을 쓸 때 꺼내 쓰기 좋습니다. 리뷰 에세이를 쓰려면 책의 내용을 정확히 읽어내고 비판할 수 있는 읽기 능력을 갖춰야 합니다. 리뷰 에세이만 잘 써도 저자로 강사로 데뷔하는 일이 벌어지는 것은 바로 이러한 능력을 인정받았다는 의미입니다. 리뷰 에세이를 잘 쓰려면 먼저 기본적인 질문을 합니다.

1. 무엇을 다루는 내용인가? 그중에서도 특히 자세히 다루는 내용은 무엇인가?

2. 책에서 다룬 내용에 대한 당신의 의견은 무엇인가?

3. 이 책이 읽을만하다면 그 이유는 무엇인가?

이 질문들에 대한 답을 쓰면 리뷰 에세이가 탄생합니다. 질문을 나누면 답을 쓰기도 수월합니다. 책을 읽고 다음의 질문에 답해보세요. 항목별로 답을 쓴 다음 오레오 공식으로 정리하고 에세이에 담아내면 리뷰 에세이가 완성됩니다.

1. 읽은 책에 대한 정보를 알려주세요.
▶▶ 제목, 저자, 출판사와 같은 기본 정보를 정리하세요.

2. 이 책을 읽게 된 계기가 무엇인가요?
▶▶ 시중에 나와 있는 책은 참 많습니다. 그중에서 하필 이 책을 골라 읽은 이유나 계기, 사연을 정리하세요.

3. 이 책을 읽고 나서 어떤 생각을 했나요?
▶▶ 평소의 생각이나 느낌에 어떤 변화가 있나요?

4. 왜 그런 생각이 들던가요?

5. 책 내용 가운데 특히 좋았던 내용은 무엇인가요?

6. 이 글을 읽고 딱 하나 바로 실천하겠다면 무엇인가요?

7. 밑줄을 치며 읽은 내용을 옮겨 보세요.

8. 이 책을 추천한다면 누구에게 어떤 이유로 추천하고 싶나요?

○ 리뷰 에세이로 북로거에 도전하기

요즘엔 책 자체보다 책에 관해 쓴 이야기가 인기 있습니다. 공자 말씀 자체보다 공자의 말씀을 자기 식으로 재해석하는 주관적 맥락의 콘텐츠가 더 잘 팔립니다. 리뷰 에세이는 소셜미디어 콘텐츠로도 제격입니다. 소셜미디어에 리뷰 에세이를 자주 쓰면 북로거(bookloger/book+bloger)로 인정받습니다. 북로거로서 쓰는 리뷰 에세이는 출판사로부터 출간제안을 받아냅니다. 책 읽고 리뷰 에세이 한 편 썼을 뿐인데, 신데렐라처럼 저자가 되는 길이 열립니다.

책을 읽기만 하고 자기 생각을 만들어 표현할 줄 모르면 남의 지문 가득한 그리고 모호하고 몽롱한 글만 쓰게 됩니다. 여기에 암기력까지 좋다면 자기도 모르게 암기된 내용이 남의 것인 줄도 모르고 내 글로 만들어지지요. 리뷰 에세이를 쓸 때는 책 속 저자의 생각과 그것에 대한 내 생각을 엄격하게 구분해 리뷰 에세이를 쓴 다음 동료나 전문가에 보여주는 것이 좋습니다. 책 내용을 잘못 읽었거나 다르게 이해하지는 않았는지, 책 속 생각을 내 생각인 것처럼 쓴 부분은 없는지, 책 속 표현을 마치 내 것인 양 쓰지는 않았는지 의견과 피드백을 받으면 어디에 내놓아도 부족함 없는 리뷰 에세이를 완성할 수 있습니다.

· 제 **3** 장 ·

돈이 되는 글쓰기
스타일링 5

· 돈이 되는 글쓰기, 카시(KASH)의 법칙 ·

K
지식
Knowledge

A
태도
Attitude

S
기술
Skill

H
습관
Habit

"

독자가 읽게 만드는 글을 쓰는 것은
제대로 먹히는 한 줄을 쓰는 것이고
이는 글 한 편 전부를 거는 승부입니다.

"

시즐하라

스타일이 필요해,
돈이 되는 글쓰기엔

　100살을 맞은 김형석 선생님의 글은 물이 흐르는 듯 유려합니다. 소설가 김훈 님의 소설은 피트니스로 다져진 군살 하나 없는 몸매를 떠올리게 합니다. 과학자 정재승 님의 글은 재기발랄합니다. 이런 식으로 글마다 글 쓰는 이의 개성이 드러나는데, 이를 두고 문체 또는 스타일이라 합니다. 말을 하는 버릇이나 본새를 말투라고 하지요. 그렇다면 문체-스타일은 글을 쓰는 버릇이나 본새, 즉 글투라 할만합니다. 말투처럼 글투도 사람에 따라 제각각이고 글 쓰는 이의 개성으로 드러나게 됩니다.

◦ 돈이 되는 글쓰기 스타일 황금률

앞의 1, 2장에서 배운 법칙과 기술대로 글을 쓰면 핵심을 빠르게 전하는 돈이 되는 글쓰기가 가능합니다. 여기에 맵시를 더하는 약간의 기법을 더하면 전달력이 10배는 더 좋아집니다. 독자의 반응을 더욱 빠르게 얻어낼 수 있습니다. 이 과정에서 글쓴이만의 개성이 드러나기도 하지요. 이러한 기법을 스타일링이라 합니다. 독자로 하여금 빠르게 반응하게 만드는 문장 만들기, 단어를 고르고 사용하는 방식, 자료들을 활용하는 기술, 한눈에 읽히게 만드는 편집기술 등 일련의 노력들이 스타일링의 축을 이룹니다. 돈이 되는 글쓰기 스타일링은 오레오 공식으로 쓸거리를 만들어 에세이 포맷에 담은 다음 고쳐 쓰고 다듬는 단계에서 이루어집니다. 돈이 되는 글쓰기 스타일링의 황금률을 소개합니다.

- Sizzle : 읽고 싶게 자극하기
- Thrive : 살아있는 문장 쓰기
- Yearn : 단어 하나로 백 마디하기
- Lego : 레고처럼 자료 조립하기
- Edit : 편집으로 가독성 높이기

읽게 만드는 글쓰기,
시즐하라

만일 서점 판매대에 있는 책들에 제목이 없다면, 책을 읽고 싶은 마음이 생길까요? 헤드라인 한 줄 없이 본문기사로 가득 찬 신문이라면 들여다보고 싶은 마음이 생길까요? '돈이 되는 글쓰기' 스타일링 첫 번째 기법은 '시즐하라'입니다. '시즐'이란 프라이팬에 고기를 구울 때 나는 지글지글 고기 익는 소리를 뜻하는 말로, 광고분야에서 소비자의 구매욕구를 자극하기 위해 동원하는 표현기법입니다. 글쓰기에서 시즐하기란 독자에게 단번에 먹히는 포인트를 잡아내 이를 단숨에 꽉 꽂히게 만드는 기술을 말합니다. 한눈에 쏙! 보고 싶고 읽고 싶게 만드는 비결이지요.

눈 돌리는 곳마다 정보가 쏟아지면, 독자는 반사적으로 흥미를 끄는 것에만 반응합니다. 무슨 일이 있어도 일단은 독자의 눈길을 끌어야 관심을 얻을 수 있고 그런 다음에라야 독자의 마음속도 머릿속도 차지할 수 있습니다. 산만하고 분주하기 일쑤인 독자의 흥미를 자극하려면 단번에 단숨에 눈길을 사로잡아야 합니다. 시즐해야 합니다.

잘 읽히지 않는 글을 쓰는 사람들은 엄청나게 많은 분량의 글을 두서없이 씁니다. 아니 쏟아냅니다. 이런 글은 단숨에 독자의 흥미

쏟아붓기 vs 시즐하기

굳이 알고 싶지 않은
굳이 읽지 않아도 되는 내용들을
시시콜콜하게
들이붓는 투머치토커

상대가 알고 싶어 하는 것을
상대가 꼭 알아야 하는 것을
흥미진진하게
콕 집어 전달하는 글잘러

를 사로잡기는커녕 멘붕으로 몰아넣습니다. 블로그, 페이스북 같은 소셜플랫폼에서는 더욱 더합니다. 요즘 독자들은 소셜미디어에서 길어야 96초 머뭅니다. 2분이 채 안 되는 시간이면 1,500자 읽기도 빠듯합니다. 우리는, 길게 말해도 박수받는 박찬호 선수가 아닙니다. 제발 길게 쓰지 마세요. 시즐하세요.

○ 시즐은 과속방지턱

보고서를 쓰든, 자기소개서를 쓰든, 이메일을 쓰든, SNS에 포스팅하든, 잠시 잠깐도 진득하게 집중하지 못하는 요즘 독자들에게는 첫 한 줄이 전부입니다. 첫 한 줄로 독자를 매혹하지 못하면 그것으로 끝입니다. 시즐하기는 숱한 자극과 충동에 반응하느라 정신없는 독자를 멈춰 세우는 일입니다. '앗 뭐지?' 하고, 하던 일을 멈추고 주목하게 만들기, 이것이 시즐하기입니다. 독자가 읽게 만드는 글을 쓰는 것은 제대로 먹히는 한 줄을 쓰는 것이고 이는 글 한 편 전부를 거는 승부입니다.

0.1초, 단숨에 꽂히는
시즐기술

0.1초. 눈길 한 번 보내는데 드는 시간. 독자의 마음에 강하게 어필하는 한 줄도 0.1초 동안 이루어져야 합니다. 0.1초의 기회를 잡지 못하면 기회는 없습니다. 제목이든 첫 문장이든 단 0.1초 만에 독자의 눈길을 사로잡아 읽게 만들어야 합니다.

○ 짧게! 짧게! 짧게!

한눈에 한 번에 들어오게 문장을 짧게 쓰세요. 글자 수로 치면 한눈에 드는 문장은 25자 내외입니다. 이보다 길게는 쓰지 마세요. 읽히지 않습니다. 먹히지 않습니다. 내용 전개상 길게 쓸 수밖에 없다면 문장을 둘로 나누세요.

초보 필자는 생각나는 대로 쓰고 쓰고 싶은 대로 쓰기 때문에 숙련된 필자에 비해 엄청나게 많은 분량의 글을 씁니다.

▶▶ 초보 필자는 숙련된 필자보다 엄청나게 많은 양의 글을 씁니다. 생각나는 대로, 쓰고 싶은 대로 쓰고 보기 때문입니다.

○ 지침을 내려라

이래라 저래라 분명하게 요청하세요. 그러면 독자의 뇌는 빠르게 반응합니다. 의도한 대로 독자가 행동하게끔 그에 맞는 반응을 유도하는 표현을 하세요. 선언하지 말고 지침을 내리세요.

평생 현역으로 살려면 돈이 되는 글을 쓰는 것이 좋다.
➤ 평생 현역으로 살려면 돈이 되는 글을 써라.

지침은 원하는 반응을 명료하게 표현해야 합니다.

독이 되는 글을 쓰지 마세요.
➤ 돈이 되는 글을 쓰세요.

○ 숫자로 돌직구를

같은 값이면 숫자를 사용하세요. 문자들 사이에 숫자가 보이면 시선을 끌 수밖에 없습니다. 숫자를 동원하여 쓰면 내용이 구체적이고 정확하게 전달될뿐더러 글에 대한 신뢰도 높아집니다. 문자보다 눈에 잘 띄는 효과도 있습니다. 숫자는 아라비아 숫자로 표기해야 더 잘 읽힙니다.

돈이 되는 글쓰기 법칙 일곱 가지
➤ 돈이 되는 글쓰기 법칙 7가지

단숨에 쏙!
통하는 시즐링 비법소스 7

방송에 등장하는 맛집들은 저마다 창고에 비법소스나 재료를 쟁여두고 있습니다. 돈이 되는 글을 잘 쓰는 사람들도 시즐비법을 활용합니다. 제목을 쓸 때, 메시지를 보낼 때, 첫 문장을 쓸 때 한 가지소스를 골라 쓰거나 또는 몇 가지를 섞어 시즐을 만들어보세요.

○ **시즐링 비법소스 1** 묻거나

뇌는 질문에 취약합니다. 질문을 접한 독자의 뇌는 반사적으로 답을 구하려 합니다. 독자에게 물어보세요. 그러면 독자를 당신의 글 안에 잡아둘 수 있습니다.

왜 글쓰기가 돈이 될까요?
어째서 베껴 쓰기가 글을 잘 쓰게 하는 비결일까요?

○ **시즐링 비법소스 2** 부정하거나

침대는 가구가 아니라고 부정하는 것으로 마케팅에 성공한 브랜드가 있습니다. 누구라도 뻔히 다 알고 있는 사실을 아니라고 부정하면 0.1초 만에 먹힙니다.

치킨은 살찌지 않는다. 우리가 살찐다.

글쓰기 학원은 사교육이 아닙니다.

● **시즐링 비법소스 3** 섞거나

참 이상한 조합은 눈길을 멈추게 합니다.

살인의 추억

냉정한 열정

● **시즐링 비법소스 4** 콕 집거나

콕 집어 누구! 하고 말하면 그 사람은 물론 해당하지 않는 사람도 주목하게 합니다.

82년생 김지영

90년생이 온다

● **시즐링 비법소스 5** 이야기하거나

이야기를 담으면 금방 먹힙니다. 한 줄에도 수백 줄의 이야기를 담을 수 있습니다. 스마트폰 애플리케이션 아이디어 경진대회가 열립니다. 다음 중 어느 한 줄에 마음이 끌리나요?

육아맘에게 특화된 시간관리 애플리케이션 아이디어 'MOM24'
'MOM24' 앱을 다운 받은 신생아 엄마 송미은 님의 첫 24시간

아래 한 줄에서는 재미난 이야기가 금방이라도 쏟아질 것 같지 않나요?

○ **시즐링 비법소스 6** 약속하거나

독자는 시간과 관심 또는 돈을 투자할만하다고 여겨질 때 당신의 글을 읽습니다. 첫 한 줄에 약속을 담아 쓰세요. 그러면 바로 읽힙니다.

내 아이 공부습관을 탄탄하게 잡아주는 하루 15분 일기 쓰기
읽기와 쓰기를 다 잘하고 싶은 사람을 위한 단 하나의 연습, 베껴 쓰기

○ **시즐링 비법소스 7** 경고하거나

누구나 이득보다 손해에 민감합니다. 당신의 글을 읽지 않으면 안 되게끔 경고하세요.

당신의 국어 실력이 아이의 발목을 잡지 않도록
무좀 방치하면 이번 여름, 해변은 다 갔다!

살아있게 하라

독자의 반응을 촉발하라

'살아서 간다, 장까지 간다.' 유산균 제품 광고문구로 익숙한 한 줄입니다. 유산균이 산 채로 장까지 도달해야 효과가 있다는 내용이었지요. 글쓰기도 딱 그렇습니다. 문장 한 줄 단어 하나하나가 살아서 독자의 마음에 도달해야 원하는 반응을 끌어낼 수 있습니다. 원래 문장이 하는 일은 간단합니다. 독자와 글쓴이가 교감하게 돕는 것입니다. 이런 일은 문장이 살아있을 때나 가능합니다. 살아있는 문장은 독자가 읽고 반응하는 글입니다. 살아있는 문장은 바로바로 읽힙니다. 바로바로 이해됩니다. 그러니 의도한 원하는 반응을 빠르게 끌어냅니다.

당신의 독자는 단 8초 이상을 집중하지 못할 정도로 산만합니다.

독자를 집중하게 만들고 원하는 반응을 촉발하는 살아있는 문장을 써야 돈이 되는 글쓰기가 가능합니다. 살아있는 글쓰기의 제1 계명은 단연코, '간단하고 명료하게 핵심을 빠르게 전달하기'입니다.

○ 살아있는 글쓰기 1조 1항: 간명하게

미국에서는 〈쉬운 글쓰기 법〉을 제정하여 관공서 커뮤니케이션의 기준으로 제시합니다. 미국이 법으로 정한 '쉽게 쓰기'란, 대중들이 필요한 것을 찾을 때 어렵지 않게 찾고, 찾은 것을 빠르게 이해하며, 또 그것으로 자신의 요구를 충족할 수 있도록 글을 쓰는 것입니다. 〈쉬운 글쓰기 법〉이 안내하는 쉽게 글을 쓰는 방법 1조 1항은 '간명하게 쓴다'입니다. 살아있는 문장 쓰기의 1조 1항 역시 '간결하고 명료하게 쓰기'입니다. 문장 하나하나가 살아 독자에게 전달되려면 무엇보다 간결하고 명료해야 합니다. 핵심을 빠르게 이해해야 의도한 반응을 빠르게 촉발할 수 있습니다. 스마트폰으로 글을 읽는 독자들에게 길고 복잡한 문장은 읽히지 않습니다. 읽히지 않는 문장은 죽은 글입니다. 죽은 글은 독이 될 뿐입니다.

○ 독자가 알고 싶은 것 먼저 보여주기

독자는 당신의 글에 0.1초밖에 기회를 주지 않습니다. 0.1초 만에 반응을 끌어내려면 독자가 알아야 할 것, 알고 싶어 하는 것을 먼저 써야 합니다.

제가 이 책을 쓰게 된 것은 직장생활할 때는 물론, 퇴직한 후에도 콘텐츠를 만들어 파는 생산수단인 돈이 되는 글쓰기 능력이 매우 절실하게 요구되기 때문입니다.

이 문장에서 중요한 것은 돈이 되는 글쓰기 능력이 콘텐츠를 만들어 파는 생산수단이라 요긴하다는 것입니다. 이 핵심을 맨 앞에 둡니다.

'콘텐츠 생산수단인 돈이 되는 글쓰기 능력을 기른다.' 이것이 제가 이 책을 쓰게 된 중요한 이유입니다.

이 문장도 볼까요?

2006년 미국 교육부에서 발간한 〈전국성인읽기능력평가보고서〉에 따르면, 기초적인 읽기 능력이 부족한 성인이 3천만 명에 이른다고 한다.

문장이 길기도 하거니와 중요한 내용이 맨 뒤에 나와 흥미가 동하지 않는 죽은 글입니다. 이렇게 고쳐 쓰면 살아있는 문장으로 부활합니다.

미국 성인 중 약 3천만 명은 읽기 능력이 부족하다고 한다. 2006년 미국 교육부에서 발간한 <전국성인읽기능력평가보고서>의 결론이다.

강조하고 싶은 부분을 맨 앞에 쓰니 독자가 자동으로 이렇게 반응할 것입니다. '정말? 그래? 몰랐네!' 문장 속에 드러낼 정보가 많다면 독자 입장에서 궁금해할 것을 추출하여 자료를 구성합니다. 이때 가장 중요한 정보 - 일반적인 정보 - 예외 정보 순으로 배열해야 독자가 빠르게 이해합니다.

○ 눈으로 보듯 생생하게

그 사람은 비밀이 없다.

이 문장에는 독자의 반응이 일어날 만한 요소가 없습니다. 그냥 눈으로 보고 지나칩니다.

펼친 책처럼 비밀이 없는 그 사람

이렇게 고친 문장을 읽으면 독자는 문장에 머뭅니다. '맞아, 책은 펼치면 속이 다 보이지?', '펼친 책 같은 사람이라면 비밀이 없겠지?'

하는 반응을 합니다. 글쓴이가 의도한 대로 독자가 반응한 것입니다. 눈으로 보듯 생생하게 표현하면 독자는 그 장면에 빠져들어 반응합니다. 구구절절 길게 쓰지 않아도 됩니다.

쉽게! 쉽게! 쉽게!

존 힉스 교수는 1972년 노벨 경제학상을 받은 영국의 이론경제학자입니다. 그의 부인 우르술라 힉스는 1950년대 공공정책 분야의 최고 전문가로 남편에게 늘 이렇게 말했다고 합니다.

당신의 수학적 능력이 뛰어난 것은 너무 멋지다. 하지만 그것을 쉬운 언어로 설명하지 못하면 어떤 영향도 미칠 수 없다.

잘 읽히는 문장은 쉽습니다. 읽기 어려운 문장이 독자를 단숨에 사로잡을 리 없습니다.

○ 빨라야 쉽다
읽고 나서 바로 무슨 말인지 알 수 없다면 독자는 읽기 싫어집니다. 어려운 문장을 끌어안고 끙끙대야 할 이유가 없습니다. 읽자마자 아니, 보자마자 이해하게끔 의미를 빠르게 전달하는 문장을 써야 의도한 독자의 반응을 촉발합니다.

계단을 30분 걸어 올라가면 225킬로칼로리가 소모된다.

225킬로칼로리란 어느 정도를 말하는지 바로 이해되지 않습니다. 독자를 생각하게 만드는 문장은 죽은 문장입니다. 살아있는 문장은 독자의 생각이 아니라 반응을 유발합니다.

계단을 30분 걸어 올라가면 밥 한 공기 분량의 살을 뺄 수 있다.

밥 한 공기는 대략 250킬로칼로리입니다.

우리 대학은 유학을 많이 보내줍니다.

이 문장은 생각을 유발합니다. '유학을 얼마나 많이 보내길래?' 생각이 아니라 반응을 유발하게끔 고쳐 씁니다.

우리 대학이 1년 동안 보낸 유학생 수는 재학생 대비 69퍼센트

식기세척기용 세제 광고문안입니다. 어떤 문장이 눈에 더 잘 띄나요?

이 세제는 찌든 때를 깨끗하게 닦아줍니다!
이 세제는 찌든 때를 불도저처럼 깨끗하게 밀어줍니다.

비교실험을 한 결과 후자 쪽 광고를 보고 사겠다는 이가 훨씬 많았습니다. 대체 얼마나 깨끗하게 닦아준다는 의미인지 표현해야 합니다. 이때 '~처럼'이라고 표현하세요. 쉽게 빠르게 독자의 반응을 유발합니다.

홀로코스트 희생자는 600만 명이나 된다.

이 문장은 '600만 명?' 하고 멈칫하게 만듭니다. 독자 반응 유발, 살아있는 문장으로 바꿔봅니다. 독자가 알고 있는 것에 빗대 말하면 빠르게 전달됩니다.

인류가 홀로코스트 희생자 1인을 위해 1분씩 묵념하면 11년 6개월이 걸린다.

○ 독자 입장에서 써야 쉽다

오후 6시에 문을 닫습니다.

이 표현은 쓰는 사람 입장에서 쓴 죽은 문장입니다. 독자 입장에서 곧바로 이해되게끔 살아있게 써봅니다.

오후 6시까지 문을 엽니다.

주어가 살아있게

문장이 일을 하여 글을 만듭니다. 문장은 주어와 서술어 등 각 성분이 제 역할을 확실하게 할 때 살아있고, 살아있어야 독자의 반응을 빠르게 끌어냅니다. 문장은 누가 무엇을 했다는 내용을 담아냅니다. 당연히, 문장의 주인인 주어가 제자리에서 제 몫의 활약을 해주어야 문장 속 메시지가 살아 독자에게 전달됩니다.

○ 사람을 주어로
사람은 사람을 좋아합니다. 주어가 사람이라야 독자는 문장과 교감합니다.

그 터널은 나의 앞날을 암시하듯 길고 컴컴했다.

이 문장에서 주어는 '터널'입니다. '터널이 컴컴했다'는 의미는 독자에게 아무것도 전달하지 못합니다.

(내가) 지금 생각해 보니 그 터널은 나의 앞날을 암시하듯 길고 컴컴했다.

생략된 '내가'라는 사람 주어를 찾아 제자리에 놓으니 독자는 길고 컴컴한 터널 앞에 서 있는 느낌을 받습니다. 주어를 복원시킨 다음 주어를 가리면 처음 문장과 사뭇 다릅니다. 죽은 문장, 살아있는 문장의 차이입니다.

생각해 보니 그 터널은 나의 앞날을 암시하듯 길고 컴컴했다.

주어가 없는 죽은 문장을 쓰는 습관은 인공지능과 일하는 시대엔 치명적인 결함이 된다고 합니다. 인공지능이 일하게 하려면 명확하게 업무지시를 해야 하는데 인공지능은 주어가 빠진 문장을 알아들을 수 없기 때문입니다. 인공지능은 주어 없는 문장을 해독조차 하지 못합니다. 문장에 주어를 챙겨 살아있게 만드는 노력은 이력서나 자기소개서를 채점하는 인공지능에게도 잘 통합니다.

○ 주어는 1인칭으로

트럼프는 당신이 트럼프가 하는 일을 안 좋아한다는 얘기를 들었소.

이 말을 한 사람은 트럼프 미국 대통령입니다. 트럼프 대통령이 1인칭 주어인 '나' 대신 '트럼프는…' 하고 3인칭으로 쓰는 것을 두고 미국인들은 '트럼프 인칭'이라며 놀립니다. 자기 이름을 주어로 삼는 것은 부모에게 자신의 존재감을 알려 인정받는 어린아이의 마음이 표현된 것이라고 하면서 그를 놀려먹습니다. 살아있는 글을 쓰려면 문장 주어를 1인칭으로 쓰세요. 내가 주어일 때는 '나'를 주어로 표현 하세요.

소셜미디어나 신문에 기고된 글을 보면 '필자'라는 주어를 쓴 문장을 흔히 발견합니다. 스스로를 '필자'라 칭하는 글을 만나면 한자 어나 일본식 한자어로 가득 찬 글을 읽을 때처럼 고압적이고 권위적 인 느낌이 듭니다. 신기하게도 '필자'가 쓰는 글들은 권위적이거나 애매하거나 대략 난감한 내용인 경우가 많습니다. 그냥 '나는'이라고 쓰세요. 주어가 '필자'일 때보다 '나는'일 때 내용에 더욱 정직해지고 표기에 민감해지며 결과적으로 더 잘 읽히는 글을 쓰게 됩니다. '내가' 책임지는 글을 써야 하니까요. 결과적으로 의도한 대로 독자의 반응을 빠르게 끌어내는 살아있는 글을 쓰게 됩니다.

전문가들도 독자와 더 잘 통하려면 반드시 '나'를 주어로 써야 한다고 강조합니다. 언어분석 심리학자인 텍사스 대학교 페니 베이커 교수는 2004년 미국 대통령선거에서 대통령과 부통령 후보 4명의 말을 분석했는데, '나'라는 말을 많이 쓸수록 사람들은 더 진정성 있게 느꼈다는 결과를 공유했습니다. 참고로, 제3자인 글쓴이를 지칭할 때는 '필자'라고 표현합니다.

◐ 주어를 독자로 바꾸면

'나'가 차지한 주어 자리에 독자를 넣어보세요. 기적이 일어납니다.

나는 잘 쓰고 싶다.

이 문장의 주어에 독자를 놓아봅니다.

독자가 잘 읽게 쓰고 싶다.

같은 내용이지만 뉘앙스는 전혀 다릅니다. 이제 '나'는 그냥 쓰는 것이 아니라 '독자'가 잘 읽게 될 글을 쓰게 될 것입니다.

오늘 00신문을 보니 거기에 저희 제품이 소개되었습니다.

이렇게 쓴 문장은 다분히 판매자 중심입니다. 판매자가 아니라 고객에게로 중심을 옮기면 이렇듯 살아있는 글이 됩니다.

고객님께서도 00신문에 소개된 저희 제품에 관한 소식을 들으셨으리라 생각합니다.

살아있는 글쓰기 계명 4
서술어는 가열차게

주어가 주인으로서 제 몫을 잘 해내고 있으니 서술어도 제 역할을 잘하게 만들어줍니다. 상태를 나타내는 서술어를 동작형으로 바꾸기만 해도 문장이 살아납니다. 독자도 저절로 반응합니다.

1. 학생들은 게임을 즐기고 있습니다.
2. 학생들은 게임을 즐깁니다.
3. 학생들은 게임에 환장합니다.

첫 번째 문장보다는 두 번째 문장이 강한 느낌을 줍니다. 세 번째 문장은 게임에 사족을 못 쓰고 달려드는 학생들의 모습이 눈에 선하게 하는 아주 강한 문장입니다. 수동형 서술어를 능동형으로 바꿔도 죽은 문장이 살아납니다.

본 차로는 향후 버스전용차로로 운영되어지는 차로입니다.

차로가 주어에 놓이다 보니 수동형으로 쓰일 수밖에 없습니다. 이럴 경우, 주어를 사람으로 복원하면 저절로 능동형으로 바뀝니다. 드디어 문장이 살아나 강력한 의지를 표출합니다.

(우리는) 본 차로를 향후 버스전용차로로 운영할 계획입니다.

○ 서술어가 숨어버리면

간결하게 쓴답시고 서술어를 명사로 만들어버리는 경우가 많습니다. 이러면 문장은 맥을 못 춥니다. 내용이 애매해지거나 복잡하게 꼬이는 불상사도 일어납니다.

글쓰기가 동영상보다 깊이 있는 생각을 할 수 있다는 것이 내 믿음이다.

주어는 실종되었고 서술어도 '명사+이다'로 한껏 모호합니다. 주어를 되살리고 그에 맞는 서술어를 제자리에 갖춰 다시 씁니다.

나는 글쓰기가 동영상보다 깊이 있는 생각을 할 수 있다고 믿는다.

본래 문장보다 훨씬 빠르게 잘 읽힙니다. 문장이 살아있어서 그렇습니다.

⊙ 일일이 배우기보다 안목 기르기부터

살아있는 문장 쓰기는 규칙을 배우는 것으로는 불가능합니다. 하도 경우의 수가 많아 일일이 배울 수 없고 배워지지 않습니다. 그러니 사례를 통해 배워야 합니다. 읽기 전문가 스티븐 크라센 교수도 쓰기에 대한 개별적인 공부는 쓰기에 별 도움이 되지 않는다고 강력하게 말합니다. 쓰기를 잘하는 방법으로는 읽기가 유일하다면서 무조건 많이 읽어야 한다고 스티븐 크라센 교수는 말합니다.

무조건 많이 읽어라.

여기에 제 경험을 보태 조언합니다. 살아있는 문장을 쓰려면 많이 읽으세요, 잘 읽으세요. 잘 읽으려면 베껴 쓰기 하세요. 필사적으로 읽다 보면 살아있는 문장들을 흡수하여 그 패턴을 흉내 내 쓰게됩니다. 베껴 쓰기를 하며 독자인 당신의 반응을 유발하는 살아있는 문장을 만나면 그것을 따로 솎아내 수집하세요. 그런 다음 그 문장을 베껴 쓰고 그것을 내 식대로 바꿔 쓰기 하면서 그 패턴을 당신 것으로 만드세요. 이렇게 하다 보면 살아있는 문장에 대한 안목이 길러지고, 안목이 길러지면 문장을 살아있게 표현하는 감각이 길러집니다. 글을 잘 쓰는 사람들은 다 이렇게 합니다.

글맛 나게 하라

읽는 내내 글 속에
빠져들게 만드는 자료활용술

'세상을 바꾸는 18분의 기적'이라는 수식어에 빛나는 강연 프로그램인 TED 영상을 본 적 있나요? 시작 전부터 수백 명의 청중이 줄을 서고, 서로 앞에 앉으려 몸싸움을 마다하지 않고, 18분 내내 웃고 감격하고 노래하고 놀라고 흥분하다가 강연이 끝나면 기립박수로 마무리하는, 가히 쇼 비즈니스입니다. 이러한 반응은 TED 운영진과 연사가 철저하게 준비한 결과입니다. 메시지를 제대로 전달할 수 있다면 각종 데이터를 한눈에 들어오는 그래픽으로 보여주는 것은 약과. 리어커를 무대로 끌고 나오고, 모기까지 찬조 출연시킵니다.

흥미진진한 18분을 만들려면 메시지는 콕 집어 하나만! 메시지에

결맞는 실제적 사례와 이야기, 사실들로 살을 붙인다.

TED 대표 크리스 앤더슨의 설명입니다. 첫 한 줄로 독자의 흥미를 자극하여 읽기로 유인했더라도 끝까지 읽게 만들어야 합니다. TED 처럼, 읽는 내내 독자를 사로잡는 글은 어떻게 만들 수 있을까요?

잘 읽히는 글에는 맛이 있습니다. 이 맛은 글 속에 담긴 크고 작은 이야깃거리가 만들어냅니다. 오레오 공식으로 뼈대를 잡고 사례와 예시, 사실들로 살을 붙이면 감칠맛 나는 글이 완성됩니다. 이런 글은 읽는 내내 독자를 사로잡기 마련입니다. 오래 글쓰기로 단련해온 신문사 논설위원들이 쓰는 칼럼은 글맛이 넘치는데요. 이들에게 글 쓰는 시간은 자료를 찾는 시간과 비례합니다. 자료를 찾는 동안 생각이 무르익고, 자료가 갖춰지면 달게 익은 생각을 문장에 담아냅니다.

○ 자료가 부실하면 글쓰기가 고역

글쓰기가 괴롭다는 사람들을 보면 글감을 준비하지 않은 경우가 대부분입니다. 생각을 한 줄 한 줄 문장으로 써내기가 어렵다기보다는 생각을 담아낼 재료가 충분하지 않아 어렵습니다. 글로 쓰려면 주제가 아무리 근사해도, 오레오 공식으로 쓸거리를 논리정연하게 만들었다 하더라도 그 뼈대 안에 채워 넣을 글감이 충분하지 않으면 글쓰기는 고역일 수밖에 없습니다. 글 좀 써본 사람들은 압니다. 독자가 이해하기 쉽게 글을 쓴다는 것은 100퍼센트 주관적인 생각을 100퍼센트 객관적으로 설득하는 것임을요. 독자를 설득하는 과정에서 다양한 자료가 필요하다는 것을 압니다. 글 좀 써본 사람들은 자료를 수집하는 데 일가견이 있고 수집한 자료를 엮어 자신이 하고 싶은 말을 전달하는데 도통한 사람들입니다.

요리 고수들에게 물으면 하나같이 '재료가 비법!'이라고 말합니다. 최상의 재료를 구하고 그 재료의 맛을 최대한 살리는 것이 최고의 맛을 내는 비법의 전부라 합니다. 글 좀 쓰는 사람들에게 비결을 물으면 그들도 하나 같이 자료가 비법이라 말합니다. 주장과 메시지에 힘을 실어줄 자료들이 바로바로 뒷받침되면 독자들은 읽는 재미에 쏙 빠집니다. 글 한 편을 뚝딱 읽어치웁니다. 만화가 허영만 선생님도 쉼 없이 만화를 그리는 힘은 자료의 힘이라고 말합니다. 그의 일상은 메모하고 스크랩하고 취재하기의 연속입니다. 이렇게 모은 수십만 점이 넘는 자료들은 총알이나 다름없다고 말합니다. 나도 책을 쓰기 시작한 2004년부터 지금까지 인터넷 카페와 블로그에 2만 점가량의 자료를 모아왔습니다.

허드레를 모아 쓰면
허드레 글 나온다

"창의성이란 별 것 아니다. 그저 연결 좀 했을 뿐이다"라고 스티브 잡스가 생전에 말한 적 있습니다. 높은 수준의 창조성을 발휘한 사람들은 다 이렇게 말합니다. 새로운 아이디어는 새로운 조합에 의해 생겨난다고. 그런데 조건이 있습니다. 쓸만한 자료들을 조합해야 쓸만한 아이디어가 나옵니다. 쓰레기를 조합하면 쓰레기만 나옵니다.

글맛 나는 글을 쓰려면 자료가 많아야 하지만, 자료가 많을수록 글쓰기가 수월하지만, '좋은' 자료가 많아야 합니다. 적절하고 희귀한 자료라야 의도한 글맛을 낼 수 있습니다. 글감이 풍성한데도 잘 읽히지 않는 글은 글감을 보는 안목이 부족해서입니다. 혹은 글감 찾는 노력을 게을리 해서 그렇습니다. 검색엔진에 키워드를 입력하여 나오는 자료들로 글을 쓰면 누구나 다 아는 뻔한 글이 되고 맙니다. 글감이 흔하고 뻔하면 글도 진부해집니다.

요리 고수는 냉장고 속 묵은 재료로도 근사한 요리를 만들어내지만 요리 초보는 근사한 재료로도 식상한 요리를 만들어냅니다. 마찬가지로 쓰기의 고수는 평범한 글감으로도 잘 읽히는 글을 쓰지만, 쓰기 초보가 평범한 재료를 동원하면 진부하고 식상하고 신뢰까지 상실한 독이 되는 글이 되고 맙니다. 독자의 관심과 시간과 돈을 투자받는 돈이 되는 글쓰기를 위한 자료는 우선 신뢰할만해야 합니다. 학술자료, 관공서 통계, 업계나 단체에서 낸 자료는 누가 봐도 신뢰할만합니다. 유력한 언론자료, 전문가의 브리핑이나 코멘트, 많은 이들이 공유해온 경험들 또한 인정받는 자료들입니다. 반면 개인적인 경험이나 의견, 검증되지 않은 주장, 목적이나 대상이 명확하지 않은 설문조사 등은 신뢰도가 낮아 글감으로는 미흡합니다.

자료를 다룰 때는 비판적으로 접근해야 합니다. 신뢰할만한 귀한 자료라 할지라도 내 글에 적확하지 않으면 오히려 독자를 헛갈리게 만드는 독소가 됩니다. 다른 이가 인용한 자료는 원전을 찾아 확인한 다음 사용해야 오류를 막을 수 있습니다.

부케처럼!

이것이 글맛을 낼 때 자료를 활용하는 기준입니다. 드레스를 차려입은 신부에게 부케는 신부의 아름다움을 더욱 빛나게도 하지만 능가해서는 안 됩니다. 글감이 당신의 생각이나 의견에 힘과 매력을 보태야지, 당신의 생각이나 의견이 묻힐 만큼 과해서는 안 된다는 말입니다. 다른 사람이 쓴 글과 말, 자료를 여기저기서 긁어모아 얼기설기 엮어낸, '인용이 전부'인 글은 맛이 아니라 독을 뿜습니다.

글맛 나는 알찬 자료:
수집에서 보관까지 3단계

책도 많이 읽고 자료수집도 열심히 하는데, 막상 글을 쓸 때는 잊어 버리고 써먹지 못할 때가 많아요.

필요할 때 바로바로 찾아 쓰려면 수집한 자료를 쓰기 좋게 다듬어 불러내기 좋은 형태로 보관할 줄 알아야 이런 하소연을 하지 않습니 다. 돈이 되는 글쓰기 능력에는 글맛 내는 자료를 수집하고 보관하 는 것까지 포함됩니다.

○ 단계1 자료 모으기

한 편의 에세이를 설득력 있게 쓰려면 그에 걸맞는 자료와 생각과 경험을 확보해야 합니다. 글을 쓰기 위해 모으는 자료는 생각들, 자 료들, 문장들, 경험들입니다. 핵심 아이디어에 대한 생각, 그 아이디 어에 대한 보완자료, 아이디어와 메시지나 주장을 증명할 객관적인 내용들을 수집합니다. 특정 주장에 대한 이유와 근거자료, 예시, 샘

• 글맛 나는 자료수집 3단계 •

자료 모으기 → 자료 다듬기 → 자료 보관하기 → 돈이 되는 글쓰기

플, 인용문, 아이디어나 주제와 관련하여 경험에서 얻은 이야기, 예시, 사례, 노하우, 팁을 모아야 합니다. 쓰기 과정에서 참고할 문장과 어휘, 예시들도 모읍니다. 그러면 이러한 자료들은 어디서 어떻게 발견할 수 있을까요?

① 책 자료

글로 쓰려는 메시지를 갈고 닦기 위해 읽는 책. 메시지를 매혹적으로 드러내기 위해 읽는 책, 그 메시지를 논리적이고 정서적으로 주장하고 근거하게 하기 위해 읽는 책 등 다양한 분야에 걸쳐 책을 읽습니다. 국내 서점은 물론, 아마존, 일본 아마존 등을 뒤져 신간이 반영하는 트렌드를 챙깁니다. 신간의 책 소개글을 꼼꼼히 읽으면 트렌드의 배경을 이해하는 데 큰 도움이 됩니다.

② 고급 지식

〈하버드 비즈니스 리뷰〉, 〈동아 비즈니스 리뷰〉, 〈인터비즈〉 같은 자료서비스를 이용하여 고급 지식을 접합니다. 한다 하는 경제연구소, 기업연구소 등에서 만든 보고서를 훑으며 전문적인 관점을 수혈합니다.

③ 신문

보수, 진보, 경제지 할 것 없이 종이신문을 보며 시사에 대한 감을 갈고 닦으면서 신문들이 전해주는 다양한 정보를 일람합니다.

④ 검색

궁금한 것은 네이버와 구글 같은 포털사이트를 통해 해결합니다. 애매하게 아는 것도 검색으로 파고들어 확실하게 이해합니다.

⑤ 서점 정보

책들이 펼쳐진 서점은 아이디어를 줍는 곳입니다. 이 책의 아이디어와 저 책의 아이디어가 저절로 융합하여 제3의 놀라운 아이디어가 만들어집니다.

어디에서 어떤 자료를 발견하든, 즉시 확보해야 합니다. 책이나 신문이라면 그대로 또는 사진을 찍거나 하여 디지털 자료로 만들어 보관해야 누락되지 않습니다. 텍스트나 이미지 등 디지털 자료를 보관할 때는 간단하게라도 무슨 이유로 혹은 어떤 관점에서 수집했는지 메모해두어야 요긴하게 사용됩니다.

○ **단계 2** 자료 다듬기

수집한 자료를 필요할 때마다 바로바로 찾아 쓰려면 알맞게 다듬어 쟁여놓아야 합니다. 자료들은 발견 당시, 다른 이가 쓴 글 속에 포함되어 있기 마련이라, 자료만 솎아내 정리해두어야 사용이 편합니다. 인터넷에서 찾은 자료는 긁어 붙이지 말고 일일이 타이핑하는 게 좋습니다. 그래야 더 잘 기억하고 필요할 때 더 잘 떠오르니까요.

수집한 자료는 세부내용별로 구분하여 제목과 설명 포맷으로 정리합니다. '제목과 설명' 포맷을 이용하면 각각의 자료를 식별하기 좋고, 끄집어내 사용하기 편합니다. 내용을 정리할 때는 출처를 반드시 밝힙니다. 자료와 자료가 뒤섞이지 않도록, 자료와 내 생각이 엉키지 않도록 구분하고 표시해야 합니다. 내 경우, 남의 자료나 남의 생각은 블록을 정해 붉은 글씨로 바꿉니다. 이렇게 구분하면 한눈에 구별이 됩니다.

○ **단계 3** 자료 보관하기

다듬어 정리한 자료는 디지털 보관함(에버노트 등)이나 워드파일에 보관합니다. 아이디어별로 파일을 따로 만들어 자료를 보관하면 자료가 섞이지 않습니다.

미리미리 모아야

내가 쓰는 책들은 감성 에세이가 아닌데도 쉽게 잘 읽힌다는 평을 듣습니다. 사례가 풍부하고 재미난 이야기가 많기 때문입니다. 글쓰기에 필요한 자료를 수집하는 데 공을 들이기로는 나도 논설위원 못지않습니다. 자료를 찾고, 찾은 자료와 그 과정에서 생겨난 생각들을 일일이 정리합니다. 책을 읽으며 여백에 메모한 것들과 밑줄

친 것들을 차곡차곡 정리합니다. 단순 정리에 그칠 때도 있고, 자료를 기존의 아이디어에 붙이기도 하면서 그 과정에서 새로운 아이디어가 탄생할 것 같은 예감에 설레기도 합니다. 이런 시간이 거의 매일 2시간은 족히 걸립니다. 매일 매일 이 작업을 하면 필요하다 싶은 자료를 여유 있게 찾을 수 있고, 필요할 때 쉽게 가져다 쓸 수 있습니다. 이렇게 평상시에 느긋한 마음으로 자료를 모아야 잘 먹힙니다. 필요할 때 그때그때 자료를 급하게 찾다 보면 독자의 눈에도 보이는 뻔한 자료만 모으게 되고, 그러면 글맛은커녕 독이 되는 글이 되고 맙니다.

1부 지식과 기술로 시작하는 돈이 되는 글쓰기

단어를 조립하고
연결하라

승자를 위한
단어가 따로 있다

'탁월한 성과를 내는 리더들은 남들보다 특출난 단어 선택 능력을 가졌다.' 이렇게 단언하는 이는 윌리엄 반스 교수입니다. 세계 각국의 비즈니스 리더와 외교관, 의사를 비롯해 커뮤니케이션 문제로 고민하는 수천 명에게 조언하고 지도하면서 그가 발견한 사실입니다. 비즈니스 리더들은 이미지가 뚜렷이 각인되는 단어를 골라 자신의 생각을 표현하는 것에 능한데, 그는 이를 일러 '승자를 위한 단어'라 부릅니다. 〈월스트리트 저널〉 같은 주요 경제 전문지에서도 바로 이 승자의 단어를 자주 사용한다고 알려줍니다. 가령 '문제'는 '장애물'로, '생각하기'는 '전망하기'로, '말하다'는 '내용을 공유하다'라는 식으로 단어를 바꿔 표현하면 듣는 사람의 이해도가 높아지고 탁월한 설득효과를 발휘하게 된다지요.

'승자를 위한 단어가 따로 있다'는 반스 교수의 주장은 같은 대학 심리학과 존 바그 교수가 증명합니다. 그는 우리 뇌는 '움직인다'는 단어를 읽으면 자기 자신도 모르게 움직이려는 준비를 한다고 말합니다. 어떤 단어는 뇌의 특정한 부분을 자극하여 저도 모르게 행동하게 할 만큼 강력한 영향력을 행사한다는 의미입니다.

한 편의 글은 문장들의 연결이고 문장은 단어들의 조립입니다. 의도에 맞는 단어들을 의도적으로 배열하여 글을 쓰면, 의도한 대로 독자를 조종할 수 있습니다. 돈이 되는 글쓰기는 독자의 마음에 가장 강력한 영향을 끼치는 단어들을 골라 사용합니다. 이를테면 단어는 '깜빡이'처럼 독자의 행동에 방향을 지시합니다. 잘 고르고 벼린 단어 하나가 100만 줄의 문장을 대신하는 효과를 냅니다. 이런 맥락을 바탕으로 전문가들은 일찍이 마케팅은 언어전쟁이며, 메시지에 맞는 적확한 단어를 찾아 배열하는 것이 전부라고 강조했습니다.

● 인공지능 카피라이터의 조언: 잘 파는 단어를 사용하라

미국 금융회사 JP 모건에서는 신상품에 대한 설명을 2가지로 작성했습니다.

설명 ① 집 담보로 현금대출 받으세요, 한 번 보세요.

설명 ② 대출을 받으면 집에 묶인 현금을 잠금해제 할 수 있어요. 클릭해서 신청하세요.

어느 쪽 설명이 끌리나요? 설명 ①은 인간 카피라이터가, 설명 ②는 인공지능 카피라이터가 작성한 것입니다. JP 모건은 이 문구를 만든 인공지능 카피라이터를 5년 계약으로 채용했습니다. 이러한 글쓰기 서비스를 하는 광고기술회사는 퍼사도. 인공지능을 이용해 인터넷 배너, 페이스북, 뉴스레터 등에 들어갈 최적의 마케팅 문구를 작성합니다. 마이크로소프트, 델, 오라클, 익스피디아 등 내로라하는 회사들이 고객입니다. 이 회사의 인공지능은 인간 마케터들이 창조한 100만 건 이상의 광고문구를 6가지 카테고리로 학습했다고 합니다. 그 결과 이런 통찰이 가능했습니다.

마케팅 성공은 단어에 달렸다.

인공지능 카피라이터인 퍼사도가 학습한 결과에 따르면 이메일 한 통을 보내도 제목과 본문에 들어가야 하는 단어가 서로 달라야 합니다. 이메일 개봉비율을 높이려면 제목에서 감정에 호소하는 단어를 써야 합니다. 반면 이메일 본문에는 원하는 반응을 바로 유도하는 강하고 명료한 단어를 사용해야 합니다. 퍼사도는 고객들의 반응을 보면서 실시간으로 단어를 바꾸기도 합니다. 같은 상품이라도 성별, 나이, 직업, 결혼 유무, 수입 등에 따라 반응하는 단어가 다르기 때문에 이를 적극 고려하여 한 사람 한 사람에게 특화된 문구를 만들기도 합니다. 그동안 광고는 마케터들이 경험과 직관에 의존해 만들었으나 이제 인공지능은 데이터를 수집하고 학습하여 단어를 골라 쓰면서 판매를 극대화합니다. 퍼사도가 만든 광고문구들을 보면 원하는 반응을 빠르게 유발하는 단어들에 대해 알 수 있습니다.

○ '4딸라!' 귀에 콕, 눈에 팍

앞뒤 이야기를 싹 다 자르고 '4딸라'만 외치는 햄버거 CF를 기억하세요? 산만하고 분주한 요즘 사람들은 집중하지 않습니다. 짧고 강력하게, 고압선 같은 한마디로 메시지를 전하지 않으면 그 비싼 광고료만 낭비합니다. 이제 사람들은 어떤 글이든 0.3초 만에 읽을까 말까를 결정하고 평균 4.4초 동안 글을 읽고 8초 이상은 집중하지 않습니다. 0.3초라는 이 짧은 시간 동안 허용되는 단어는 기껏해야 1~2개. 운전을 하면서 들어도 기억하는, 바쁘게 걸으며 곁눈질하면서도 기억하는 귀에 콕 박히고 눈에 팍 꽂히는 단어를 사용해야 합니다.

귀에 콕, 눈에 팍!
단번에 사로잡는 마법의 단어

뇌는 아주 게으른 구두쇠라고 전문가들은 말합니다. 게으른 뇌는 생각하기를 싫어합니다. 단순하고 강력한 메시지가 아니면 받아들이지 않습니다. 어렵거나 모호한 단어는 뇌와 상극입니다. 이 말은 뇌가 좋아하는 단어를 사용하면 게으른 뇌를 조종할 수 있다는 겁니다. 독자의 뇌를 내 편으로 만드는 마법의 단어들을 소개합니다.

◦ 기대하게 만드는 단어

같은 메뉴를 다른 단어로 표현하면 매출이 달라질까요? 뉴욕 코넬 대학교 완싱크 교수팀이 대학교 카페테리아에서 실험합니다.

레드빈 라이스 ▶ 케이준 스타일의 레드빈 라이스

해산물 필레 ▶ 육즙이 풍부한 이탈리안식 해산물 필레

초콜릿 푸딩 ▶ 부드러운 초콜릿 푸딩

이렇게 요리 이름 하나 바꿨을 뿐인데, 바뀐 메뉴들은 그 전 메뉴보다 맛은 8퍼센트, 호감도는 13퍼센트 상승했습니다. 바뀐 요리 이름이 요리에 대한 기대감을 높였고 기대감은 음식맛을 더 좋게 평가했다고 연구진은 설명합니다. 고객의 기대를 향상하는 단어를 사용한 덕분입니다. 정반대의 경우도 있습니다.

영국의 마케터 리처드 쇼튼 연구진은 세탁기용 세제에 '친환경'이란 라벨을 붙이고 일반용 라벨과 함께 사람들에게 보였습니다. 친환경 라벨이 붙은 세제를 본 사람들은 일반용이란 라벨에 비해 효과와 호감도 면에서 9퍼센트 낮게 평가했습니다. '친환경=세척력이 떨어지는 것'으로 소비자들이 인식했기 때문이라고 연구진은 설명합니다. 이 경우는 특정 단어가 부정적인 기대감을 유발하여 제품에 대한 평가를 떨어뜨린 것입니다. 이런 연구의 결론에 비춰, 기대감을 높이는 단어를 사용하고 부정적인 기대감을 불러오는 단어를 지양하면 큰 힘 들이지 않고 원하는 반응을 끌어낼 수 있습니다.

○ 척! 하면 착! 알아듣게

우리나라 1호 신도시인 일산 옆에 새로운 신도시를 세우겠다는 정부의 계획이 발표되자 한 신문은 이런 제목을 뽑아 보도합니다.

2G 폰 가게 앞에서 5G 폰 파는 격

노후 되어 가는 신도시 일산을 2G 폰으로, 그 옆에 세워지는 신도시를 5G 폰으로 비유하니, 일산 시민의 마음을 바로 알겠습니다.

번쩍 배달

1부 지식과 기술로 시작하는 돈이 되는 글쓰기

〈배달의민족〉이 새롭게 출시한 서비스 이름입니다. '번쩍'이란 단어는 주문 후 35분 안에 배달되는 서비스에 참으로 걸맞습니다.

○ 권위를 실어

뇌는 권위에 약합니다. 게으른 뇌는 '권위=좋은'으로 받아들입니다. '신내동 닭한마리'라는 표현보다 '친정엄마에게 30년 배운 큰딸이 만든 닭한마리'라고 표현하면 뇌는 더 좋아합니다. '글쓰기 코치의 돈이 되는 글쓰기 노하우'보다는 '34년 동안 글밥 먹어온 글 선생의 돈이 되는 글쓰기 노하우'라고 표현하면 뇌가 바로 알아듣습니다.

○ 익숙해서 좋은 단어

워런 버핏 회장은 90대 할머니에게 '7퍼센트 금리'를 이렇게 설명합니다.

100달러를 저금하면 1년 후에 107달러를 돌려드립니다.

'금리'니 '7퍼센트'니 하는 말보다 익숙한 단어들로 표현하니 할머니에게도 바로 전달됩니다.

사람마다 직업마다 나이마다 연령대마다 익숙한 단어는 제각각입니다. 내 글을 읽어줄 독자에게 익숙한 단어를 사용하려면 독자를 특정해야 합니다. 독자를 특정할 수 없더라도 성별에 따라 단어를

골라 쓰면 의미가 훨씬 더 잘 전달됩니다. 가령, 무선청소기를 사려는 남자 고객에게는

카메라와 2개의 레이저가 결합되어 완성된 3D 비전 시스템

이라는 식으로 기술적인 단어를, 여자 고객에게는

사랑하는 아기가 세균에 노출되면 안 되니 살균 청소가 필수인 가벼운 청소기

라고 정서적인 단어를 사용하면 빨리 먹힙니다. 독자에게 익숙한 단어를 쓰려면 독자를 특정하고 그가 평소 사용하는 단어를 파악해야 합니다. 내 글을 읽게 될 독자를 정하고, 그가 자주 드나드는 인터넷 카페나 블로그 댓글을 통해 그들만의 언어를 살펴보세요.

뇌가 무지 싫어하는, 절대 쓰면 안 되는 단어

어떤 단어들은 뇌를 아예 먹통으로 만듭니다. 문장 속에 이런 단어가 있으면 읽히지 않을뿐더러 먹히지도 않고 글 쓰면서 들인 돈과

시간, 관심을 고스란히 날려버리는 독이 되는 글이 되고 맙니다. 뇌가 무지 싫어하는 단어들을 기억했다가 피해가세요.

◦ 부정 접속사

독자의 생각을 가로막는 단어 가운데 가장 강력한 것이 '그러나' 입니다. 앞에 어떤 좋은 내용이 있더라도, 뒤에 어떤 근사한 메시지로 마무리되더라도, '그러나' 앞에서 독자는 읽기를 멈춥니다. '그러나'라는 접속사를 아예 빼버리든가, '그리고'로 바꿔 쓰든가 합니다.

글을 읽기는 쉽다. 그러나 쓰기는 어렵다. 연습이 필요하다.

'그러나'를 뺍니다.

글을 읽기는 쉽지만 쓰기는 어렵다. 쉽게 쓰려면 연습이 필요하다.

'그러나'를 '그리고'로 바꿔 봅니다.

글을 읽기는 쉽다. 그리고 쓰기 또한 연습하면 어렵지 않다.

◦ 부정 연상 단어

시세이도 화장품은 안티에이징 마케팅을 하면서 '아름다운 50대가 늘어나면 일본이 변한다'는 문구를 대대적으로 어필했습니다. 결론은 실패. 타깃 고객인 50대 이상 여성들이 '50대'라는 표현에 거부감을 느꼈기 때문입니다. '실버푸드'는 치아와 소화기능이 약한 어르신들을 위해 개발된 음식을 말하는데요. 정작 어르신들이 '실버'라는 단어를 싫어하는 바람에 '보편푸드'라는 말로 바뀌었습니다. 보편푸드란 성별, 연령에 관계없이 누구나 편리하게 먹을 수 있는 음식이라는 뜻이니, 어르신들에게도 편한 음식입니다. 이처럼 고객이 듣기 싫어하는 단어는 쓰지 않는 것이 상책입니다. '경력단절 여성'이라는 표현은 경력이 단절되어 서러운 당사자들이 싫어합니다. 경력이 단절된 것이 아니라 경력을 보유하고 있다는 의미에서 경력보유 여성으로 바꿔 쓰는 바람이 입니다. 참 바람직한 시도입니다.

○ 자살골 단어

게으른 뇌는 의문문, 부정문에 취약합니다. 그 문장이 품은 핵심 단어에만 반응합니다.

우리는 의료기록을 수집하지 않겠습니다.

이렇게 쓰면 독자의 뇌는 이 문장의 핵심단어인 '의료기록', '수집'에만 주의를 기울이게 되고, 결국 독자의 뇌는 '우리는 의료기록을 수집한다'로 읽습니다. 이럴 경우, '우리는 개인정보를 철저히 보호하겠습니다'라는 식으로 표현하면 오해 없이 빠르게 전달됩니다. 뇌가 빠르게 알아듣게 하려면 부정적인 의미를 담은 키워드나 뉘앙스의 단어는 아예 쓰지 않는 것이 좋습니다. 이런 단어를 나는 자살골 단어라 부릅니다.

● 고객이 몹시 불편해하는 단어

어떤 단어는 태생적으로 부정적인 뉘앙스를 전달합니다. 이런 단어는 무조건 피하는 것이 좋습니다.

① 너무 허황된 뉘앙스의 단어

원스톱/ 인상적인/ 뛰어난/ 업계 리더/ 독특한/ 비용 효율적인/ 획기적 발견/ 혁신적인/ 경험 많은/ 파트너십/ 파트너/ 최첨단의/ 제일의/ 개척하는/ 강력한/ 최상의

② 진부한 단어

차세대/ 사용하기 쉬운/ 즉시 사용 가능한/ 최첨단의/ 최상의 기술/ 유연한/ 부가가치의/ 튼튼한/ 절대 필요한/ 사용자 친화적인/ 조정 가능한/ 첨단기술의/ 세계 수준의

③ 신뢰가 가지 않는 단어

새로운 사고/ 전략적인/ 혁신적인/ 굉장한 아이디어/ 시너지/ 극적

인/ 전략적인/ 게임의 판도를 바꾸는/ 고객중심의/ 고객목소리/ 임계 질량/ 열광적인/ 톡톡 튀는/ 획기적인/ 새로운/ 다음 차원/ 충격적인

④ 일단 쓰고, 바꾸고

연금술사들은 값싼 납을 비싼 금으로 바꿔보려 애쓰던 사람들입니다. 비록 연금술사들은 실패했지만 글을 잘 쓰는 사람들은 단어 하나 바꾸는 것으로 평범한 글을 잘 읽히는 글로 바꿔냅니다. 현대판 연금술사입니다. 처음부터 일당백 하는 단어를 쓰려고 하면 글쓰기가 어렵기만 합니다. 일단 문장을 쓰세요. 그런 다음 문장을 구성하는 단어 하나하나를 뇌가 좋아하는 것으로 바꾸세요.

안정된 공무원과 불확실한 벤처사업가 중 어떤 직업을 선택하겠습니까?

이 질문에서는 공무원이라는 답이 많아집니다. 그런데 '선택'이란 단어를 '투자'로 바꿔보면 질문의 결이 달라집니다.

공무원과 불확실한 벤처사업가 중 어디에 당신의 삶을 투자하겠습니까?

전자보다는 '벤처사업가'를 꼽을 확률이 커집니다.

편집하라

덜고 빼고 줄여 집중하게 만드는
편집의 마술

포르노인지 아닌지 판결해주세요.

60년대 초반, 미국 대법원에 이런 요지의 소송이 제기됩니다. 15개월 후 포터 스튜어트 대법관은 포르노물을 이렇게 정의합니다.

보면 안다.

당신이 쓴 글이 돈이 되는지 독이 되는지도 '보면 압니다.' 보고서든 이메일이든 SNS든, 거기 써놓은 글을 보면 작성자가 프로페셔널인지 아닌지 바로 보입니다. 어떤 분야에서 일하든 프로들은 독자의 입장에서 글을 쓰거든요. 돈이 되는 글을 쓰는 프로페셔널은 압니다. 빨리 읽혀야 원하는 반응을 재빠르게 끌어낼 수 있다는 것을요. 그래서 그들은 '보기 쉽게 더 보고 싶게', 즉 가독성 높게 쓸 줄 압니다. 돈이 되는 글도 보면 압니다. 얼핏 보아도 글이 어수선하거나 너무 빽빽하거나 또는 엉성해 보입니다. 집중이 되지 않으니 끝까지 읽힐 리 없습니다. 돈이 되는 글쓰기 스타일링 마지막 요소는 최종 점검입니다. 내용과 표현, 전반을 살펴 잘 읽히게끔 만드는 과정이지요. 읽기에 편하고 막힘이 없는 글은 소통효과를 극대화합니다.

컨설팅 기업 닐슨에 따르면 일반적으로 사람들은 웹페이지를 보는 데 4.4초를 투자합니다. 이보다 더 오래 웹페이지에 머문다 해도 글을 더 읽는 것이 아니라 옆에 붙은 메뉴와 광고 등을 볼 뿐이라고 합니다. 또 닐슨은 사람들이 웹사이트의 글을 '읽지 않는다'고 단언합니다. 읽는다 해도 눈에 들어오는 몇몇 단어와 문장을 두서없이 포착하기 일쑤여서 메시지를 온전하게 전달하기가 쉽지 않다고 분석합니다. 데이터 전문가 송길영 님도 최근 수년간 '읽다'라는 행위보다 '보다'라는 행위가 꾸준히 늘고 있다고 알려줍니다. 스마트폰을 통해 그림과 동영상의 형태로 정보를 받아보는 행위가 늘어났고, 글을 숙독하기보다 그저 쓱 훑어보는 것에 불과하다는 것입니다. 이 말은 돈이 되는 글을 쓰려면 독자가 '보기 편하게' 편집하여 가독성을 크게 개선해야 한다는 의미입니다.

얼마나 쉽게 읽을 수 있는지를 나타내는 가독성은 돈이 되는 글과 독이 되는 글을 가르는 기준입니다. 읽기 어려운 글을 끙끙대며 읽어내는 독자는 없습니다. 빨리 읽고 빨리 반응하게 만드는 최종 병기, 편집의 기술을 소개합니다.

한눈에 쏙! 잘 보이게 내 글 최종 점검하기

머리에서 발끝까지 차려 입고, 거울도 보지 않고 외출하는 사람이 있을까요? 그런데 글을 쓰고는 독자의 눈에 어떻게 보일지 점검하지 않는 사람은 참 많습니다. 글쓰기에 급급하여 독자를 살필 여유가 없거나, 점검의 필요성을 느끼지 못하거나 또는 점검할 줄 모르기 때문일 겁니다.

말은 일단 입 밖으로 내면 그만입니다. 사전에 점검하기도 쉽지 않습니다. 글쓰기는 독자에게 보이기 전 얼마든지 점검할 수 있습니다. 고쳐 쓰면서 얼마든지 더 낫게 개선할 수 있습니다. 글의 내용을 바꾸고 표현을 다듬어 완성도를 높일 수 있습니다. 편집하기는 돈이 되는 글쓰기의 화룡점정입니다. 글쓰기 능력을 직업적으로 단련하는 사람은 자신의 글을 편집할 줄 압니다. 치장을 더하기보다 덜고 줄이고 바꾸면서 읽기 쉽게 만듭니다.

① 한눈에 잘 보이게

요즘 독자들은 웬만한 콘텐츠는 스마트폰으로 봅니다. 요즘 독자들은 한 번 보고 무슨 내용인지 알고 싶어 합니다. 시선을 좌우로 위아래로 자주 움직이는 것도 싫어합니다. 한 번 눈길에 잡히는 문장은 25자를 넘지 않게 써야 합니다. 분량은 1,500자 이내로 제한하되, 이미지나 영상은 꼭 필요한 경우에 필요한 만큼만 곁들입니다. 그래야 빨리 읽고 빨리 반응하는 돈이 되는 글쓰기가 가능합니다.

② 출력하여 편집하기

글로 쓴 내용을 출력하면 독자의 눈으로 글을 보게 되고, 독자의 입장에서 편집이 가능합니다.

③ 시간을 두고 편집하기

글을 쓰고 나서 바로 편집에 돌입하면 글을 쓸 때의 감정과 기억이 그대로 남아있어 객관적으로 편집하기 어렵습니다. 시간을 두고 편집하면 잘못된 곳, 이상한 곳, 실수나 잘못을 발견하기 쉽습니다.

④ 소리 내어 읽으며 편집하기

소리 내어 읽을 때 단어를 잘못 사용하거나 문장이 복잡하거나 하면 매끄럽게 읽히지 않습니다. 이런 곳은 수정이 필요합니다. 소리 내어 읽으면 혼자서도 잘못된 부분을 발견하기 쉽습니다.

⑤ 잘 읽히게 문장 다듬기

애매하고 모호한 표현은 피합니다. 간결해야 의사전달이 빠릅니다. 특히 주어와 서술어가 제 위치에서 역할을 제대로 하는지 꼭 점검하세요. 이것만으로도 빠르게 읽히는 글로 변신합니다. 문구가 반복되지 않도록 조절합니다. 특정 단어나 문장을 되풀이하면 독자는 지루해합니다.

⑥ 편집 점검표 사용하기

잘 쓴 글은 명확한지, 간결한지, 정확한지 3가지 부문에 걸쳐 점검해야 합니다. 명확성(clear)이란 의도한 대로 명확하게 메시지를 전달하는가를 점검하는 것이며, 간결성(concise)은 장황하지 않게 의미를 빠르게 전달하는지 여부를, 정확성(correct)은 문법, 맞춤법 등 표기 규칙에 맞게 썼는가를 점검합니다. 이 3가지 조건을 충족하도록 점검표를 만들어 확인합니다.

명확성 (읽고 싶을까?)	• 제목과 도입부가 누가 봐도 솔깃한가? • 독자가 누구이며 그의 독해력을 감안하여 썼는가? • 당신이 기대한 대로 독자가 행동할 것 같은가?
간결성 (잘 읽힐까?)	• 메시지를 일리 있고 조리 있게 구성했는가? • 읽고 싶게, 읽기 쉽게 문장을 썼는가? • 의미 전달이 빠른가?
정확성 (오류는 없을까?)	• 글 속에 언급된 팩트는 정확한가? • 예민한 내용은 없는가? • 문법, 맞춤법은 정확한가?

2부

태도와 습관으로 완성하는 돈이 되는 글쓰기

제 **4** 장

돈이 되는 글쓰기
초능력을 만드는
결정적 태도 5

K

S
기술

H
습관

—— 66 ——

태도가 바뀌면 목표가 바뀌고,
목표가 바뀌면 추구하는 방법이 바뀝니다.

—— 99 ——

글 잘 쓰는 사람으로
변태하라

글쓰기 결과를 가르는
단 하나의 승부수, 태도

사우스웨스트 항공사는 승무원을 비롯하여 직원을 채용할 때 단 하나의 기준만 적용합니다. 태도. 기술은 가르치면 되지만 태도는 가르쳐서 되는 일이 아니라고 그들은 경험에서 배웠습니다.

돈이 되는 글쓰기 능력은 누구보다 빠르게 직업적 성공을 이루어 줍니다. 초능력에 가까운 돈이 되는 글쓰기 능력은 지식, 기술, 습관과 더불어 태도가 결정합니다. 이 가운데 태도는 돈이 되는 글쓰기의 승부를 가릅니다. 직무와 무관하게 전방위로 요구되는 돈이 되는 글쓰기 기술은 약간의 노력으로도 배울 수 있지만 돈이 되는 글쓰기에 임하는 태도는 그리 쉽게 길러지지 않습니다. 돈이 되는 글을 쓰겠다고 벼르는 사람들은 글을 대하는 마인드가 다르고 글을 쓰는 행위도 차이가 납니다. 이 모든 것을 아울러 '태도'라 하지요. 태도는 마음가짐에서 비롯되어 행동방식을 결정합니다.

돈이 되는 글을 쓸 줄 아는 사람들은 반드시 글 쓰는데 들인 관심, 돈, 시간을 회수합니다. 글 값 받는 글을 씁니다. 더 잘 쓰고 싶어 안달하고, 더 잘 쓰기 위해 피드백을 자청하고, 더 잘 쓰기 위해 잘 쓴 글들을 읽고 외우고 베껴 씁니다. 몸과 마음, 정신이 온통 글쓰기에 빠져 삽니다. 그들은 돈이 되는 글쓰기 능력을 욕심냅니다. 이 모든 것은 태도에서 비롯됩니다.

○ 하루아침으론 택도 없다, 돈이 되는 글쓰기

물구나무서기를 연습 중인 한 사람이 있습니다. 그의 목표는 벽에 기대지 않고 물구나무서기를 하는 것입니다. 그는 혼자 연습하다 강사를 고용했습니다. 강사는 으름장부터 놓았습니다.

대부분 열심히 하면 2주 만에 물구나무서기를 할 수 있다고 생각하지만, 실제로는 매일 6개월 정도 연습해야 가능한 일이다. 2주 안에 끝낼 수 있다고 생각한다면, 당신은 포기만 거듭할 것이다.

이 이야기를 전해 들은 그의 친구는 자신의 회사 전 직원에게 친구의 일화를 예로 들며 "높은 기준을 달성하려면, 그만큼 시간과 노력이 들 수 있다는 현실적인 인식을 가져야 한다"고 훈시합니다. 이 이야기에 등장하는 '그의 친구'는 아마존 회장 제프 베조스입니다. 앞서 여러 차례 등장한 아마존은 세계 최고의 인터넷 기업이자 혁신에 관한 한 세계 최강입니다. 미국 언론들은 아마존의 이러한 비결이 '전직원의 서술형 글쓰기 능력' 덕분이라고 기사를 씁니다(70쪽 참조). 제프 베조스 회장은 서술형 보고서를 제대로 만들려면 충분한 시간을 갖고 충분한 노력을 해야 한다고 강조합니다.

보고서를 제대로 작성하지 못한 직원은 높은 기준을 갖고 있지 않아서가 아니다. 하루 이틀 안에 보고서를 작성할 수 있다고 믿어서다.

돈이 되는 글쓰기를 하려는 사람에게도 높은 기준이 요구됩니다. 돈이 되는 글쓰기 능력을 갖고 싶다면 이런 태도를 가져야 합니다.

돈이 되는 글쓰기 능력은 쉽게 얻어지지 않는다. 높은 기준을 갖고 치열하게 연습해야 한다.

○ 잘 쓰려면 시간이 걸리기 마련

글쓰기 지식을 늘린다고, 기술 몇 가지를 배운다고 금세 글을 잘쓰게 되지는 않습니다. 남의 돈과 시간과 관심을 투자받는 글을 쓰게 되는 능력이 그런 정도의 노력으로 가능하다면 글쓰기에 발목 잡혀 고생하는 이가 하나도 없을 겁니다. 잘 쓰기, 그것도 돈이 되는 글을 쓰게 되는 기적은 '돈이 되는 글을 쓸 줄 아는 사람'으로 변태(變態)해야 가능합니다. 읽는 사람에서 쓰는 사람으로, 독이 되는지도 모르고 써대는 사람에서 쓰면 돈이 되는 글을 쓸 줄 아는 사람으로, 글을 쓸 때마다 관심, 시간, 즉 돈이나 다름없는 소중한 것을 투입만 하는 아마추어에서 글 값 받는 글을 쓰는 프로페셔널로 변태해야 합니다. 이러한 변태는 뇌의 운영체제를 바꿔야 비로소 가능한 일입니다.

글잘러로 변태하면 치열하게 생각하고 치밀하게 쓰고 당당하게 설득하는 자세를 갖습니다. 이런 와중에 맞닥뜨리는 어려움과 문제들도 겁내지 않습니다. 글잘러는 글쓰기가 창조임을 이해합니다. 세상에 없던 한 줄을 만들고 표현하는 창조활동이 글쓰기이고, 글쓰기가 힘든 것은 창조행위의 곤란과 혼란 때문임을 이해합니다. 창조하는 행위가 그리 쉬울 리 없다는 것을 받아들입니다. 글잘러는 좀 더 잘 쓰고 싶어 합니다. "그만하면 잘했어"라는 말에 현혹되지 않습니다. 태도가 바뀌면 목표가 바뀌고, 목표가 바뀌면 추구하는 방법이 바뀝니다.

글 값 받는
글을 써라

일본 교토 인근, 단바라는 작은 도시에서 빵을 굽는 사람 쓰카모토 쿠미. 점포도, 직원도 없이 빵가게 히요리 브롯을 운영하는 그는 달의 주기에 따라 20일은 빵을 굽고 나머지 10일은 여행을 다니곤 하는 자유롭기 그지없는 제빵사입니다. 그럼에도 이 빵가게는 약 5,000건 이상의 예약이 쇄도해 무려 5년을 기다려야 빵을 받아볼 수 있습니다. 그녀가 만든 빵은 주변 빵집에서 파는 제품에 비해 꽤 비싼 편이라고 합니다. 하지만 빵을 만드는데 들어가는 재료비며 인건비 등을 감안하면 그리 비싸지는 않다는 것이 빵집 주인의 생각입니다. 정당한 가격을 책정하고, 확실한 노동의 대가를 얻을 수 있는 기반으로 흑자를 내지 않으면 빵집을 계속하기 힘들고, 대충 만들어 싸게 팔아서는 '정성을 다해 만든 맛있고 몸에 좋은 빵'을 굽고 싶다는 가치관을 지켜나가기 어렵기 때문이라고 그녀는 말합니다. "좋아서 하는 일도 이윤이 남아야 한다"는 쓰카모토 쿠미의 말에 덧붙여 이런 생각을 합니다.

좋아서 하는 글쓰기도 이윤이 남아야 계속할 수 있습니다. 글 값 받는 글을 씁시다.

글 값을 받아야 지속적으로 글을 쓸 수 있습니다. 그래야 지속적으로 독자에게 영향을 미칠 수 있습니다. 그래야 '이런 생각은 처음이야, 멋져.' 독자가 이렇게 감탄하는 글을 쓸 수 있습니다. 감탄하는 독자는 당신의 요청에 기꺼이 응합니다.

글 한 편 쓰는 데는 적잖은 시간과 노력과 에너지가 듭니다. 많은 책을 읽고 자료를 수집하고 메모하고 쓰고 또 쓰고 하는 수고를 마다하지 않아야 이런 잘 읽히는 글 한 편을 쓸 수 있습니다. 이렇게 쓴 글이니 독자가 글 값을 내고 읽는 것이 마땅하지 않겠어요?

그냥 쓰는 게 좋아서요. 누가 읽어주지 않아도 괜찮아요. 쓰는 동안 이미 충분히 좋았는데요.

이렇게 말하는 분이 참 많습니다. 대가를 바라지 않고 그저 좋아서 하는 일을 계속할 수 있다면 얼마나 좋을까요. 하지만 생업과 생활이 글쓰기를 방해하면 좋아서 하는 글쓰기를 계속하기 어렵습니다. 좋아서 하지만 이리 치이고 저리 치이는 상황이 계속되면 독자를 생각하며 쓰기란 불가능해집니다. 그러다 보면 하루하루 글쓰기를 손에서 놓게 되고, 글쓰기의 필수코스인 책 읽기며 생각하기에 할애하는 시간도 줄이거나 없애야 하고…. 이런 날이 되풀이된다면 결국 글쓰기도 흐지부지되고 맙니다. 요점은 글 값 받는 글을 써야 한다는 겁니다. 글 값 받는 글을 쓰면 글을 써야 할 이유와 명분을 갖게 되고 그러면 더 잘 쓰려 애쓰게 됩니다.

◉ 글잘러는 글 값 받으며 성장한다

지금은 해마다 노벨 문학상 후보로 언급되는 세계적인 작가지만, 무라카미 하루키 역시 초보시절에는 꽤 어설픈 글을 썼습니다. 그러면서도 글을 계속 쓸 수 있었던 것은, 그 무렵 원고를 읽어본 편집자가 이런 말을 해서라지요.

작가란 원고료를 받으면서 성장해가는 존재다.

돈이 되는 글을 좀 써 본 사람들은 이 말뜻을 잘 압니다. 글을 실어주는 매체에서는 누가 쓴 글이든 원고를 점검하고 손보는 일을 하는 편집자들이 있기 마련이고 실수와 오류가 있는 글일지라도 이들의 손에 의해 좀 더 나은 수준의 글로 재탄생합니다. 그러면서도 원고료를 받습니다. 글 값을 제대로 지급하는 매체에 글을 싣는 것이야말로 돈이 되는 글쓰기의 최종 여정입니다. 독자의 관심과 시간, 돈을 회수하는, 글 값 받는 글을 쓰다 보면 독자를 의식하는 글을 쓰게 되고 독자가 인정하는 글을 쓰기 위해 박차를 가하게 되고 글쓰기 실력은 부쩍 나아집니다. 가열차게 글쓰기를 배워 돈이 되는 글을 쓰게 된 서민 교수의 증언입니다.

신문에 글을 쓰기 시작하면서 대중에게 호평을 얻게 되었다. 그제야 '이제 글 좀 쓸만하다'는 생각이 들었다. 칼럼을 기고하며 글쓰기는 아주 조금씩 좋아졌다.

글 값 받는 글을 쓰면 글쓰기에 대한 자신감이 부쩍 늡니다. '글을 써도 좋다'는 대중의 허가와 인증을 얻어냈기 때문입니다. 나는 기자로 일하며 글쓰기로 밥을 먹었지만 회사 떠나 홀로 서면서 내 이름만으로 글 값을 받을 수 있을지 긴가민가했습니다. 월간지에 기고를 제안하며 가능성을 타진해보았습니다. 〈월간 중앙〉, 〈신동아〉 같은 남성 독자가 거의 대부분인 잡지에 여성 잡지 기자로 단련해온 섬세한 시선으로 발굴한 아이디어 샘플 글을 첨부했습니다. 잡지들은 환영했고, 이 잡지들의 객원기자로 일하며 내 이름만으로 글 값 받기에 도전했습니다. 이때 글 값 받는 글쓰기를 마다했더라면 오늘날 여러 권의 책을 내며 제법 비싼 글 값을 받는 일은 불가능했을지도 모릅니다. 글 값을 받으면 글에 대한 무한책임을 느낍니다. 이런 책임감이 더욱 잘 쓰게 독려합니다.

○ 글 값 얼마나 벌 수 있을까

글 값으로 얼마나 벌 수 있는지 알아볼까요? 직장인이며 글잘러인 A가 자신의 저서에서 밝힌 것을 보면, 사보, 잡지사 원고, 책 추천사 등 청탁받고 쓴 글의 원고료로 월평균 100만 원을 법니다. 블로그에 글을 쓰면서 '글 쓰는 사람'으로 외부에 알려져 받는 글 값입니다. 또 강연을 하고 50만 원에서 100만 원을, 구글에서 보내주는 블로그 광고료로 300달러(월)를 받고 여기에 더해 책 인세를 받습니다. 보수적으로 계산해도 월 200만 원은 거뜬하다고 그는 자랑합니다. 요즘 같은 저금리 시대에 월 200만 원의 이자를 받으려면 원금이 얼마나 되어야 하는지 감안한다면 돈이 되는 글쓰기의 위력을 짐작하겠지요? 글 값 받으며 글 쓰는 사람들은 대개 이러한 수준의 벌이를 합니다.

당신도 글 값 받은 글을 쓰세요. 글 값을 받는 방법들을 소개합니다.

1. 신문이나 〈좋은 생각〉, 〈샘터〉 같은 잡지와 사보 등 정기간행물에 기고하기
2. 퍼블리, 폴인, 북저널리즘 같은 유료 콘텐츠 플랫폼에 연재하기
3. 오마이뉴스 시민기자 등 인터넷 뉴스 매체에 기고하기
4. 블로그에 포스팅하여 구글, 네이버로부터 광고료 받기

5. 책, 전자책, 오디오북 등 인세 받기

6. 독자에게 글 값 받고 팔기

글 값 받는 글쓰기
신데렐라 코스

내가 쓴 글이 돈을 받을 수 있는지 알아보려면 원고료를 주는 매체에 투고하는 것이 가장 빠릅니다. 하지만 대부분의 매체에서는 투고된 글을 채택하여 싣고 원고료를 주는 일에 인색합니다. 투고보다 훨씬 나은 방법으로 매체에서 '글 좀 써주세요' 하는 요청받기를 제안합니다.

○ 신데렐라 코스란

최근 출판작가로 데뷔하는 이들은 블로그나 페이스북 같은 소셜 미디어나 브런치, 카카오스토리 같은 콘텐츠 플랫폼에 써 모은 글이 출판사의 눈에 띄어 출판의 기회로 이어지는 경우가 많습니다. 서민 교수도 인터넷 서점에서 마련한 블로그에 하루 두 편 이상의 글을 써 모은 것이 글 값 받는 계기가 되었다고 이야기합니다.

완성도 높은 글이 아닐지라도 꾸준히 올리다 보니 블로그가 풍성해

2부 태도와 습관으로 완성하는 돈이 되는 글쓰기

보였다. 읽을거리가 많아지니 자연스럽게 사람들도 몰려들었다.

읽을 만한 글을 많이 모아놓으면 찾아와 읽는 사람이 많아지고, 그러면 출판사에서도 책으로 내자고 제안하기 마련입니다. 찾아와 읽는 사람이 많다는 것은 글의 가치를 검증받는 것이나 다름없으니까요. 이런 식으로 글 값 받는 기회를 만들어내는 것을 나는 신데렐라 코스라 부릅니다. 신데렐라는 유리구두로 왕자의 눈에 띄었지요. 글 잘 쓰고 싶은 사람에게 유리구두는 차곡차곡 써 모은 글입니다.

○ 신데렐라 코스1 콘셉트 잡기

어떻게 써야 매체의 눈에 들어 글 값을 받는 신데렐라가 될 수 있을까요? 맨 먼저 '나는 이런 글을 쓰는 사람'이라는 콘셉트를 정합니다. 특정 주제를 다루는 사람이라는 인식을 만들면 매체의 러브콜을 받기 좋습니다. 남들이 다 다루는 주제로는 매체와 독자의 주목을 받기 어렵고, 그러면 글 값 받을 기회를 만들 수 없습니다. 주제 자체가 아니라 주제를 다루는 방식, 즉 글쓰기 스타일도 콘셉트가 될 수 있습니다. 서민 교수의 글이 그러합니다. 그는 어떤 주제든 유머러스하게 글로 표현합니다.

글에 유머를 넣는 훈련을 줄기차게 해온 나는 어느 정도 유머러스한 글을 자유자재로 구사할 수 있게 됐다.

세상에 새로운 것은 없다지요. 그렇다면 일반적인 주제를 당신의 콘셉트로 만들어보세요. 이 공식이면 됩니다.

일반 주제 × 나만의 다른 점 = 내 글의 콘셉트

○ **신데렐라 코스 2** 글 써 모으기

베스트셀러 《90년생이 온다》는 작가가 콘텐츠 플랫폼인 브런치에 써 모은 글이 모태입니다. 《무례한 사람에게 웃으며 대처하는 법》, 《하마터면 열심히 살 뻔했다》도 같은 케이스로 베스트셀러가 된 책들입니다. 신데렐라처럼 매체의 눈에 띄어 글 값 받는 작가로 데뷔하려면 이렇게 우선 노출되어야 합니다.

브런치 같은 콘텐츠 플랫폼이 생기기 전, 이 역할은 블로그가 해왔습니다. 콘텐츠 플랫폼들이 맹활약하지만 콘텐츠 플랫폼으로써 블로그의 위력도 못지않습니다. 블로그는 콘텐츠를 생산하고 보관하고 공유하는데 특화된 소셜서비스입니다. 콘텐츠 플랫폼이 작가를 선별하여 뽑지만 블로그는 누구에게나 열려 있습니다. 사용법도 간단하고 국내 검색시장 1인자인 네이버 검색을 통해 노출된다는 장점도 무시할 수 없습니다. 부동산 재테크 시장의 경우 빠숑, 청울림, 서울휘 님들이 블로그에 글을 써 모아 글 값 받는 저자의 대열에 섰습니다.

글 값을 지급할 '왕자님'은 눈이 까다롭겠지요. 지급한 글 값 이상의 수익을 가져와줄 글을 기대하겠지요. 신데렐라 코스 1에서 언급한 콘셉트를 먼저 만들고 콘셉트에 부합하는 일정한 수준의 글을 써야 합니다. 그러면 당신의 글에 반한 매체나 채널에서 당신의 글을 편집하여 상품성 높게 포장해 노출합니다. 내가 쓴 날 것의 글이 옷을 차려입고 상품진열대에 오른 것을 보면 이 자체로 큰 공부입니다. 통장에 찍힌 인세를 보면 글쓰기가 돈이 된다는 것을 실감합니다.

○ 신데렐라 코스 3 기회 사재기

만일 아무도 내가 써 모아둔 글에 관심을 갖지 않는다면요? 그때는 직접 나서야지요. 신데렐라도 집에 앉아 왕자의 방문을 받은 건 아니니까요. 해야 할 집안일에 바빠도 드레스를 차려입고 무도회를 찾은 신데렐라처럼 당신의 글을 실을만한 매체들을 직접 노크하세요. 일간지, 월간지, 사보, 인터넷 매체, 전문 매체, 출판사 등 알고 보면 내 글에 돈을 줄 매체는 많습니다.

강연 기획사나 교육콘텐츠를 제작하는 곳을 통해 강사로 데뷔하는 것도 글 값 받기에 도전하는 경로입니다. 강의나 강연, 교육은 타깃과 주제가 정해지기 일쑤여서 콘셉트가 분명한 콘텐츠를 만들어야 하고, 강의 대본을 텍스트 콘텐츠로 만들어 연재하면 글 값을 받게 됩니다. 한 편의 콘텐츠로 두 번의 글 값을 받는 경우입니다.

자비로 책을 내는 경우는 글 값을 받기는커녕 돈을 들이는 글쓰기라 여기기 쉽습니다. 그러나 책이 잘 팔리기만 하면 책 제작에 들인 비용을 회수하고 잘 팔리는 책의 저자라는 명성을 글 값으로 남길수 있습니다. 독자들은 자비출판 여부를 상관하지 않습니다. 책 내용이 좋으면 글 값을 지불합니다.

독자에게
바짝 다가가라

글잘러는 독자와의
관계를 우선한다

광고쟁이들은 잡지쟁이에게 엎드려 배워라.

이 말은 온 세계 광고인들이 '카피라이터의 대부'라 칭송하는 데이비드 오길비의 금언입니다. 잡지쟁이들은 오직 독자가 원하는 콘텐츠를 만드는 데 몰두합니다. 그들은 또 제목으로 독자를 매혹합니다. 독자에게 눈을 떼지 않는 잡지쟁이의 이런 자세를 광고인이 배워야 한다는 것이 오길비의 조언입니다. 돈이 되는 글쓰기 능력을 기르는 데도 잡지쟁이처럼 독자에게 올인하는 태도가 중요합니다. 어떻게 하면 독자가 시간과 관심을 투자하여 읽어줄 글 값 받는 글을 쓸까, 어떻게 하면 독자의 흥미를 끌고 관심을 끄는 글을 쓸 수 있을까, 이런 호기심으로 독자에게 더 가까이 다가가고 독자와 눈높이를 맞춤으로써 독자와의 사이를 가장 가깝게 조절하는 것, 이것이 글잘러에게 가장 요구되는 태도입니다.

ㅇ 독자 친화적인 글쓰기

하버드 대학교에서 30년 넘게 글쓰기를 가르쳐온 바버라 베이그 교수. 그는 글을 잘 쓰는 비결은 문장을 잘 다듬는 기술이 아니라고 단언합니다.

독자에게 할 말이 있고, 그 할 말을 바탕으로 독자와의 관계를 적절히 형성할 줄 알아야 글을 잘 쓰게 된다.

글쓰기 수업을 할 때마다 바버라 베이그 교수의 이 통찰 가득한 말을 떠올리며 고개를 끄덕입니다. 실제로 글쓰기 수업에서 보면, 상담이나 컨설팅업에 종사하는 사람들이 책을 비교적 빨리 씁니다. 평소 상담, 컨설팅으로 고객들의 문제를 해결하면서 자신의 책을 읽어줄 독자가 무엇을 궁금해하고 해결하고 싶어 하는지, 무엇에 값을 치르는지를 알고 있기 때문입니다.

돈이 되는 글쓰기는 의도한 대로 독자를 움직이게 만드는 것입니다. 그렇다면 글을 잘 쓰는 비결은 '독자를 어떻게 움직일까'가 아니라 무엇이 내 독자를 움직이게 하는지를 간파하는 데 있습니다. 누구든, 자신만의 문제로 힘들고 아픕니다. 당신의 독자가 힘들어하고 아파하는 것에 대해 공감하고 당신이니까 가능한 해결책을 제시해주세요. 이렇게 관계를 만들어가다 보면 독자는 당신의 말에 당신이 원하는 방향으로 움직입니다. 그러려면 당신의 눈이 독자를 향해야 합니다. 독자가 무엇을 원하는지 알려면 독자에게 더 가까이 다가가야 합니다. 그의 곁에 더 오래 머물며 세심하게 살펴야 합니다.

◦ 독자가 읽고 싶어 하는 것 쓰기

간편 송금서비스를 제공하는 토스. 이 회사도 여러 차례 실패 끝에 마침내 성공합니다. 야심차게 개시한 첫 사업 이후 매번 실패를 거듭하자 '소비자의 말에 귀를 기울여야 한다'는 생각이 저절로 들더랍니다. 급기야 소비자가 원하는 것을 찾기 위해 직원들과 거리로 나갑니다. 사람들의 대화를 엿들으며 그들이 원하는 것을 3개월이나 수집했는데, 이를 통해 100가지나 되는 사업 아이디어를 건졌고, 간편 송금서비스는 그중 하나입니다. 이승건 창업자는 토스가 성공한 비결은 '하고 싶은 사업' 대신 '소비자가 원하는 사업'을 했기 때문이라고 이야기합니다. 돈이 되는 글쓰기 성공비결도 이와 똑같습니다. 독자가 원하는 글, 그들이 읽고 싶어 하는 글을 써야 합니다. 내가 하고 싶은 말을 독자가 듣고 싶어 하는 말로 바꾸는 것이 잘 읽히는 글쓰기의 핵심입니다.

독자와 마음각 딱!
맞추는 방법

세계적인 브랜드 피자헛을 한국에 처음 들여오고 프랜차이즈 사업신화를 쓰기도 한 성신제 님. 그도 여느 기업가들처럼 몇 권의 책을 냈습니다. 경영 노하우나 창업지식을 공유하는 내용이었지요. 그러나 결과는 신통치 않았습니다.

책을 낼 때마다 내 눈높이에서만 말을 했습니다. 내가 가진 노하우를 전하겠다는 생각뿐이었습니다. 내 글을 읽는 이들과 눈높이를 맞추지 않았죠.

성신제 님 역시 자신이 하고 싶은 말에 빠져 있느라 독자가 무엇을 원하는지 고려하지 않은 것이 실패의 원인임을 깨달았습니다. 그제야 그의 책쓰기도 달라집니다. "나를 낮춰 독자와 시선을 마주해야 했어요. 진정한 소통의 시작이었지요."

○ 하고 싶은 말을 참으세요, 제발

나도 그랬습니다. 글 잘 쓰기 특강에 초대받으면, 초보시절에는 미리 준비한 내용을 쏟아놓기 바빴습니다. 요즘엔 준비한 내용을 뒤로 미루고 '궁금한 것 물어보기'부터 진행합니다. 글쓰기에 대해 그날의 청중이 안고 있는 고민, 어려움, 문제점들에 대해 듣다 보면 그날 집중해야 할 아이디어를 건지게 됩니다. 준비한 콘텐츠를 그제야 풀어내며 그날 치의 아이디어에 집중합니다. 청중과 눈높이를 맞춘 상태라 강연효과가 아주 좋습니다. 이렇게 하고 싶은 말을 참으면 독자가 보입니다. 독자가 눈에 들어오면 그들이 무슨 말을 듣고 싶어 할까 궁금해집니다. 그러면 다 된 겁니다. 기억하세요. 독자는 아무도 당신에게 글을 써달라고 하지 않습니다. 독자는 당신의 글을 읽어야 할 이유와 의무, 책임이 없습니다. 독자도 당신이 글로 쓰려는 주제에 대해 당신만큼 알고 당신만큼 할 줄 압니다. 무엇보다 독자 앞에는 그 방면의 읽을거리며, 조언이며, 충고가 차고 넘칩니다. 그런 독자에게 당신이 하고 싶은 말은 참으세요. 무슨 말을 듣고 싶어 하는지 먼저 알아보세요.

● 한 명의 독자에게만

글 한 편을 수백만 명이 읽어주면 좋겠습니다. 100만 명이 읽어줄 글을 쓰려면 어떻게 해야 할까요? 그 비결을 각각 21억 6천만 명, 4억 8천만 명의 독자(신도)를 둔 예수님, 부처님에게서 듣습니다.

딱 1명에게만 말하기

예수님도 베드로 한 명에게, 부처님도 가섭 한 명에게 말씀하는 것으로 시작했습니다. 딱 한 명의 독자를 만족시키면 그 한 명이 10명, 100명, 1만 명으로 늘어납니다. 반면, 1명을 만족시키지 못하면 2명도 불가능합니다. 당신이 해결해줄 수 있는 범위 안에서 당신 앞 그 한 명의 독자가 무엇을 필요로 하고 무엇을 원하는지 살피세요. 묻고 엿듣고 이야기 나누세요.

○ 대화하세요

돈이 되는 글쓰기가 직업인 프로작가들은 글쓰기가 마냥 편하고 만만할까요? 미국 소설가 존 스타인벡은 '출간을 목표로 글을 쓰면 사진 찍을 때처럼 몸이 굳는다'고 고백합니다. 이를 극복하기 위해 그는 '한 사람을 정해 편지 쓰듯 쓴다'고 자신만의 비법을 알려줍니다. 그러면 정체불명의 거대한 청중을 대상으로 연설할 때처럼, 글을 쓰며 직면하는 모호한 두려움을 넘어설 수 있다고 알려줍니다. 컴퓨터로 글을 쓰면 모니터를 마주하고 있어 하고 싶은 말을 쏟아내기 쉽습니다. 독자는 잊히고, 그가 무슨 말을 듣고 싶어 하는지 안중에도 없습니다. 매일 모니터 앞에서 이러한 악습을 되풀이하면 벽에다 대고 혼자 말하는 사람이 됩니다. 이럴 때 누군가를 정해 편지 쓰듯 한다는 존 스타인벡의 비법은 참으로 유용합니다. 잘 읽히는 글을 쓰려면 이메일 쓰듯 쓰세요. 메일 창을 열어 받는 사람을 설정하고 그에게 쓰세요. 아는 사람에게 글을 쓰면 잘난 체가 예방되고 친절한 톤으로 글을 쓰게 됩니다.

독자의 머릿속
해킹하기

돈이 되는 글쓰기는 기브 앤드 테이크(Give and Take)입니다. 독자에 대한 관심과 시간, 돈을 들여 독자가 원하는 글을 쓰면 독자 또한 관심과 시간, 돈을 들여 읽습니다. 기브 앤드 테이크의 핵심은 독자가 원하는 것을 주는 데 있고 남들과 다르게 이것을 간파하면 독자의 마음을 얻기 수월합니다. 독자가 원하는 글을 쓰려면 내 글을 읽어주었으면 하는 사람들을 살피세요. 그들이 많이 있는 곳으로 가세요. 그곳에서 어울리며 그들이 해소하고 싶어 하는 욕구와 해결하고 싶어 하는 문제가 무엇인지 파악하세요. 내 독자가 즐겨하는 주제의 SNS에서 사람들의 대화를 살피세요. 특히 댓글로 주고받는 말들에는 독자들의 속마음이 잘 드러납니다. 네이버 지식인 같은 문답서비스 코너에서도 독자들이 궁금해하는 것을 발견할 수 있습니다.

○ 독자 마음의 ICE를 녹여라

세계적인 협상 전문가로 꼽히는 스튜어트 다이아몬드 예일 대학교 교수는 변호사, 기자로 일하던 시절, 45개국 각계각층의 사람들을 대상으로 광범위한 연구데이터를 통해 최고의 협상전략을 찾아냅니다. 20여 년에 걸쳐 진행된 이 연구를 통해 그가 간파한 최고의 협상비결은 이것입니다.

상대방의 마음을 얻기

그는 협상 상대의 입장이 되어 그의 머릿속에 들어가 봐야 하고 상대가 전에 했던 말을 곱씹어 보면 상대방이 원하는 것을 알 수 있다고 조언합니다. 독자의 마음을 얻는 것이 글쓰기, 따라서 글쓰기도 협상입니다. 독자로부터 원하는 반응을 끌어내는 협상에 성공하려면 독자의 머릿속을 훤히 꿰고 있어야 합니다. 독자의 마음을 얻으려면 그들이 당신이 글로 쓰려는 주제에 대해 무슨 생각(Idea)을 하는지, 어떤 염려(Concern)를 하고 기대(Expect)를 하는지 간파해야 합니다.

Idea 생각

내 글을 읽게 될 독자는 내가 전달하려는 주제에 대해 어떤 생각을 갖고 있는지 알아봅니다.

Concern 염려

그 주제에 대해 그들이 어떤 염려를 하는지 알아내세요. 무엇을 걱정하는지, 얼마나 걱정하는지, 왜 걱정하는지를 살피세요.

Expect 기대

내 주장과 관련하여 궁극적으로 그들이 무엇을 원하는지를 알아냅니다. 독자 자신도 이 점에 대해 잘 모를 수 있으니 그들이 '이런 것을 원해요' 하고 말하는 것보다 행동하는 것, 글로 쓴 것들을 살펴 파악해야 합니다.

이 3가지를 묻고 관찰하고 듣고 해야 그들에게 어떤 방식으로 어떻게 설득하면 되는지 기준이 설 것이고, 그런 다음에라야 그들이 읽고 싶어 하는 글쓰기가 가능합니다.

○ 내 독자 머릿속 훔치기

일반적으로 사람들이 생각하고 행동하게 만드는 심리의 기초를 알아두면 잘 읽히고 빠르게 반응하는 글쓰기에 큰 도움이 됩니다. 글 잘 쓰고 싶은 사람이 반드시 알아야 할 독자심리를 소개합니다. 여기서 말하는 독자의 심리란 내 독자의 뇌의 특성에 기반한 것입니다.

① 내 독자는 인지적 구두쇠다

누구나 적게 생각하고 최대한 많이 얻기를 바랍니다. 생각하는 것을 끔찍하게 싫어합니다. 생각하게 만드는 표현은 읽기를 포기하게 만듭니다. 읽으면 바로바로 이해하고 수긍하고 납득하게 만드는 표현을 해야 합니다.

② 내 독자는 지름길을 좋아한다

애매하고 모호한 내용을 끌어안고 끙끙대기를 좋아하는 사람은 없습니다. 누구나 빨리빨리 정보를 처리하기를 좋아합니다. 이해하기 쉬우면 처리도 빠르지요. 생소하거나 어려운 내용이라면 독자의 입장에서 흔히 쓰이는 표현이나 잘 알려진 대상과 비교하는 식으로 표현하여 간단하게 처리하도록 지름길을 만들어주세요.

③ 내 독자는 그리 합리적이지 않다

내가 그렇듯 내 독자도 즉흥적으로 생각하고 충동적으로 행동합니다. 독자는 한 번에 하나씩만 주의를 기울입니다. 힐끔 보고 계속 볼까, 말까를 결정합니다. 그러니 내 글을 읽게 만드는 데도 '힐끔' 보고 결정할 수 있게 써야 합니다. 단어 하나 제목 한 줄도 섬세하게 골라야 독자가 생각의 덫에 빠지는 것을 막을 수 있습니다.

④ 내 독자는 이득보다 손실을 더 싫어한다

득이 되는 것보다 밑지는 것은 참지 못합니다. 호갱이 되기를 싫어하는 것도 이러한 심리작용의 결과입니다. 당신이 제안하는 것을 받아들이게 만들려면 그것이 왜 좋은가를, 즉 이익을 강조하기보다 그 제안을 받아들이지 않았을 때 감당해야 하는 손실을 언급하는 것이 훨씬 효과적입니다. 특히 다른 사람들은 이미 이 제안을 받아들였음을 믿을만한 자료와 함께 강조하면 더 잘 설득할 수 있습니다.

글쓰기에
빠져라

글을 잘 쓰는 사람들은
글쓰기를 좋아한다

나는 참 많이 씁니다. 매일 블로그를 쓰고 칼럼 원고를 쓰고 책 원고를 쓰고, 기획안을 쓰고, 코칭멘트를 쓰고, 강연자료를 쓰고, 동영상 콘텐츠 대본을 쓰고…. 그러느라 내 어깨며 뒷목이며 등은 자주 딴딴하게 뭉치곤 합니다. 무엇보다 쓰는 양이 절대적으로 많기 때문입니다. 주기적으로 전문가에게 마사지를 받으며 뭉친 어깨를 풀어내는데요. 전문가는 매번 같은 소리를 합니다. 이렇게 아파하면서 뭘 그렇게 써요? 대답 대신 나에게 다시 물어봅니다. 정말 왜 쓰는 걸까? 돈이 되니까. 나는 씁니다. 새벽에 일어나 그날 치 목표한 글을 씁니다. 좋아하니까 씁니다. 쓰면 좋으니까요. 기쁠 때나 좋을 때나 성할 때나 아플 때나 글을 쓰면 참 좋습니다. 내가 글쓰기를 좋아하는 것은 쓰는 동안에는 온전히 나의 느낌과 생각에 집중할 수 있기 때문입니다. 내가 온전히 나에게 연결되었을 때 쓰는 글이 독자와 나를 온전히 연결해줍니다. 더 잘 쓰고 싶어 매일 씁니다. 쓰다 보면 마치 내 속에 마르지 않는 샘물이라도 있는 양 생각과 느낌이 길러지고 그것을 퍼내고 또 퍼냅니다.

○ 쓰고 싶어야 잘 쓴다

내가 글쓰기에 사로잡힌 것은 키보드를 두드리는 손가락 끝에서 일어나는 신비한 경험 때문입니다. 그저 하나의 단어였을 뿐인데 조사가 붙어 의미가 달라지고, 단어에 단어가 연결되면 문장이 살아 움직입니다. 살아서 독자의 눈에 읽히면 문장은 독자를 설레게도 하고 울게도 하고 웃게도 합니다. 매일 새벽, 오늘은 어떤 신비에 홀리게 될지 잔뜩 기대하며 쓰던 원고의 파일을 엽니다.

글을 써 모아 책을 낸다든지 책을 내기 위해 글을 쓴다든지 하는 것은 부차적인 문제입니다. 유명해지기 위해, 베스트셀러 작가가 되기 위해 글을 써야 했다면 나는 진즉에 글쓰기를 포기했을 겁니다. 책이 별로 팔리지 않는 시대니까요. 나는 단지 글쓰기를 좋아합니다. 쓰다 보니 블로그 콘텐츠가 되고 쓰다 보니 책이 될 뿐, 나는 그저 한 줄 한 줄 문장이 살아 꿈틀대는 신비에 홀려 매일 쓸 뿐입니다. 나는 65살 생일날 아침에도 이렇게 쓰고 있을 것이며, 김형석 선생님처럼 100살 아침에도 쓸 것입니다. 쓰는 게 좋거든요. 쓰는 사람으로 살아서 너무 좋거든요. 제가 글을 잘 쓴다면, 그 비결은 글쓰기를 좋아하기 때문일 것입니다.

○ 좋아해야 잘 쓴다

돈이 되는 글을 쓰려면 글쓰기를 좋아해야 합니다. 글 쓰는 당신을 좋아해보세요. 그러면 돈이 되는 글을 쓰게 됩니다. 당신이 쓴 글을 좋아한다는 것은 잘 썼기 때문이 아니라 쓰면 쓸수록 더 나은 글을 쓰게 된다는 것을 알기에 가능한 일입니다. 보듬고 다듬어 완성도를 높여가면 글 값 받는 수준이 될 것이기에 지금 수준 그대로 당신의 글을 좋아해도 됩니다. 당신의 글을 좋아하게 되면 전문가의 피드백이 두렵지 않습니다. 피드백을 받는다는 것은 내가 놓칠 뻔한 생각의 오류와 표기의 실수를 바로잡을 기회를 만나는 것이거든요. 그것을 수정하고 다듬으면 내 글이 훨씬 좋아지니까요. 그러니 피드백이 반가울 수밖에요. 글쓰기가 좋아지면 전문가를 찾아가 피드백을 청하는 놀라운 변화도 일어난답니다.

○ 시간, 관심 투자하기

쓰다 보면 어느 순간엔가 글쓰기에 홀리는 때가 오지만, 의도적으로 글쓰기에 매진하면 홀림의 순간이 빨라집니다. 글쓰기에 전념하고 몰두해보세요. 당신의 일상에 글쓰기를 들여놓으세요. 하루 중 특정한 시간에 글을 쓰세요. 매일 같은 시간에 글을 쓰면 습관으로 굳어지고, 쓰기를 습관 들이면 쓰지 않으면 힘들어집니다. 매일 같은 시간에 정해진 분량의 글을 쓰게끔 루틴을 만드세요. 당신의 일정표에 매일 이 루틴을 표시하세요. 글쓰기 루틴을 만들어가다 보면 하루쯤 부득이하게 쓰지 못하는 날이 있을 수 있습니다. 실망하지 마세요. 다음날 정해진 시간에 쓰기를 이어가면 됩니다. 오늘부터 '1일'로 리셋하세요.

당신의 글에
책임져라

나는 내 글의
보안관

이슬아 작가는 일명 '생계형 작가'입니다. 하루 한 편의 수필을 쓰고 구독자의 이메일로 전송해주는 셀프 연재 프로젝트 〈일간 이슬아〉를 발행합니다. 글을 써서 밥을 먹으면 누구나 '생계형'일 테지만 그의 경우 학자금 대출 갚기를 목표로 글을 썼으니 명실상부한 생계형입니다. 그의 생계형 글쓰기에 반한 〈럭셔리〉 매거진 편집장이 그만의 '반짝이는 젊음'에 반해 인터뷰를 요청했습니다. 잡지에 인터뷰 기사가 나가면 돈 한 푼 안 내고 몇 쪽의 광고를 하는 것이니 생계형 작가에게 얼마나 요긴한 기회입니까? 그런데 이슬아 작가, 이러한 기회를 거부했답니다. 〈럭셔리〉 매거진 편집장은 이슬아 작가의 거절을 이렇게 해석합니다.

학자금 대출 갚으려고 글 쓰는 사람인데 <럭셔리> 매거진에서 인터뷰하자고 하니까 말이 안 되는 거죠.

이슬아 작가가 발하는, 보는 이를 매혹하는 젊음의 빛의 출처는 여기 같습니다. 자신의 글에 책임지기. 정반대의 경우도 있습니다. '정리의 여왕'으로 불리며 세계적인 스타가 된 곤도 마리에는 '설레지 않으면 버려라'며 지속적으로 강조해왔는데요. 최근 온라인 쇼핑몰을 개설하고 가정용품 판매를 시작했습니다. 장사가 잘 되었을까요? 독자들은 '언제는 버리라더니 이제는 사라는 거냐'며 상업주의에 빠져 원칙을 버렸다고 비판했고, 쇼핑몰 장사도 별로라 합니다. 이제는 개인이 쓴 글 한 편이 온 세상을 움직이는 시대입니다. 그런 영향력을 발휘하는 글을 쓰려 한다면, 그 글에 책임도 져야 합니다.

◉ 자신의 글에 책임지기

여성지를 만들던 시절, 나는 검찰청과 언론중재위원회까지 드나들었습니다. 편집장이란 역할은 잡지 전반에 관한 무한책임을 져야 하기 때문입니다. 30대 초반에 이런 곳을 드나들며 문제가 된 사안에 대해 소명하고 해결책과 대책을 제시하는 글을 썼습니다. 내가 쓰지도 않은 잘못된 글에 책임을 지는 일은 납득하기도 감당하기도 벅찼지만, 그 덕분에 글을 쓰는 일은, 그것을 독자 대중과 공유하는 일은 얼마나 큰 책임을 요하는 일인가를 뼈저리게 인식했습니다. 이후 공공연한 책임을 지는 일까지는 아니라 해도 누군가 내가 쓴 글을 읽고 좋든 싫든 영향받는다고 생각하면 아무 글이나 아무렇게나 써서는 안 된다며 마음을 다잡곤 했습니다.

우리는 누군가 하는 말이 어눌해도 그 속에서 진정성을 발견합니다. 문장이 거칠어도 그 행간에 진정성이 녹아 있으면 우리는 얼마든지 전달받습니다. 인간관계와 마찬가지로 진정성 없는 글은 읽히지 않고 먹히지도 않습니다. 자신의 글에 책임지기란 이러한 진정성이 살아있는 글을 쓰는 것입니다. 글에 책임을 지는 것은 내가 쓴 글이 독이 되고 마는 위험을 미리 막는 것이기도 합니다.

○ 인터넷에는 삭제키가 없다

인터넷이 좋은 것은 누구든지 얼마든지 무슨 내용이든지 공짜로 올릴 수 있다는 것입니다. 인터넷이 위험한 이유 또한 바로 그 점입니다. 글을 써 올리는 행위에 아무도 간섭하지 않습니다. 과하든 부족하든 누구도 바로 잡으라 조언하지 않습니다. 피드백해주는 사람도 없이 인터넷에서 혼자 글을 쓸 때는 그 글이 내 목을 겨누는 칼이 되지 않도록 신중하게 써야 합니다. 혼자 글을 쓰는 환경은 서부세계와 같아서 스스로 보안관이 되어야 합니다. 내 글은 내가 지켜야합니다. 인터넷에는 삭제키가 없습니다. 독이 되는 글을 쓰면 언제든 부메랑이 되어 돌아옵니다. 글에 대한 책임을 요구받으면 오롯이 혼자 책임을 져야 합니다. 돈이 되는 글은, 자신이 쓴 글에 책임지는 비용, 즉 위험수당을 포함한다고 봐야 합니다.

남의 생각인지도 모르고

신문, 잡지, 출판 등 글로 쓰인 콘텐츠를 파는 미디어 기업들은 편집진이 중심에 자리하여 이중삼중으로 콘텐츠를 다듬고 확인합니다. 내용과 표현 그리고 표기에 있어 잘못과 실수가 있어서는 정확성이 훼손되고 콘텐츠와 매체의 가치가 떨어지기 때문입니다. 내가 쓴 글을 살펴보고 지켜주는 이러한 서비스를 받지 못하면서, 정확성보다 선정성에 기울어지는 온라인에 글을 쓸 때는 스스로 엄격해야 합니다.

글쓰기에서 책임을 묻는 문제는 비난을 듣거나 잘못을 바로잡는 데 그치지 않습니다. 민형사상의 법적 책임까지 묻는 일이 다반사로 일어납니다. 다른 이의 콘텐츠를 무단으로 도용한 책임을 묻는 일은 이름만 대면 알만한 작가, 정치인 등 유명인들에게 자주 일어납니다. 특히 온라인에서 남의 글을 허락도 받지 않고 출처도 밝히지 않은 채로 긁어 붙여 쓰는 습관은 참으로 위험합니다.

글로 표현된 누군가의 생각도 이제는 법으로 보호받는 재산임을 안다면 허락도 받지 않고 긁어 붙여 쓰다가 낭패를 보는 일은 없을 겁니다. 남의 생각을 내 생각인 양 포장하여 팔면 도둑질, 그러니까 표절입니다.

① 남의 생각인 줄도 모르고

내 머릿속에서 떠오른 것이 남의 것인지 내 것인지 구별되지 않는 바람에 그냥 쓰다 보니 표절이 되는 경우입니다. 책이나 자료를 읽을 때 비판적으로 받아들이지 않고 무조건 수용하다 보면 이런 일이 흔하게 일어납니다.

② 표절인 줄 모르고

남의 글을 가져다 쓰면서 원작자와 출처를 표시하지 않으면 무단 전재로 불법입니다. 남의 글은 원칙적으로 허락을 받고 사용해야 합니다. SNS에서 얻은 자료라도 허락받아야 합니다. 남이 쓴 글을 인용하고 출처를 밝히며 글을 쓰려다 보면 글쓰기가 더뎌집니다. 그렇더라도 이 습관은 반드시 들여야 합니다. 습관 들여야 합니다.

③ 깜빡하느라

우리나라 저작권법은 저작물을 창작하여 공표한 순간 저작권이 자동 발생합니다. 저작권 표시가 따로 없어도 보호받는다는 의미입니다. 남이 쓴 글을 인용할 때는 글의 주인을 명확히 밝혀야 합니다.

④ 허락 받았더라도

글의 주인에게 허락을 받았더라도 한 페이지 이상 인용하면 글 값
을 치르고 사용해야 합니다.

제 5 장

돈이 되는 글쓰기
근육을 강화하는
매일 습관 7

• 돈이 되는 글쓰기, 카시(KASH)의 법칙 •

H
습관
Habbit

―― 66 ――

글쓰기는 기본을 배우고 배운 것을 적용하고
쓰고 쓰고 또 쓰면서야 배울 수 있습니다.
그래서 글쓰기는 공부가 아니라 수련입니다.

―― 99 ――

쓰면서 배우는
돈이 되는 글쓰기

너무 못생겨서

단국 대학교 의과대학 서민 교수가 돈이 되는 글을 쓰게 된 계기라 합니다. '못생긴 용모로 인해 낮아진 자존감을 회복하려면 글이라도 잘 써야 한다'고 생각했답니다. 계기야 어떻든 그가 알려주는 글을 잘 쓰게 된 비결은 이렇습니다.

10년 동안 글쓰기 지옥 훈련했다.

듣고 싶지 않은 답인가요? 외면하고 싶나요? 하지만 아무리 들어

봐도 다른 표현은 없습니다.

"의대 동아리 회지에 쓴 글을 보고 책을 내자는 제안을 받았다. 소설을 써 출간했는데 처참하게 망했다. 글 좀 쓰는 줄 착각하고 있다가 책이 실패하면서 현실을 자각했다. 나는 글을 잘 쓰는 게 아니었다." 그때부터 본격적으로 글쓰기 연습에 돌입했다고 합니다. 의대생이 수련하듯, 글을 잘 쓰기 위해서도 수련했다고 표현합니다. 10년 훌쩍 넘는 시간 동안 쓰거나, 쓰기 위해 읽거나, 했다고 합니다.

◌ 글쓰기는 '공부'가 아니다

글잘러들은 의도했든 아니든 글을 잘 쓰는데 필요한 연습과 훈련을 합니다. 글쓰기 강사나 수업을 쫓아다니는 것으로는 글을 잘 쓰게 되지 않습니다.

자전거의 구조를 훤하게 이해하고 자전거가 구동되는 원리를 속속들이 배웠어도 자전거를 타지 않으면 배울 수 없습니다. 유튜브 스타가 알려주는 자전거 잘 타기 비법을 100번 들어도, 자전거 잘 타는 법칙을 다룬 베스트셀러를 읽어도, 자전거 잘 타는 사람들을 따라다니며 그들의 자전거 타기를 관찰해도 자전거 타기는 쉽게 배울 수 없습니다. 자전거는 넘어지고 다쳐가며 배웁니다. 글을 잘 쓰는 것은 자전거를 타는 것과 같습니다. 글쓰기의 기본을 배우고 배운 것을 적용하고 쓰고 쓰고 또 쓰면서야 배울 수 있습니다. 그래서 글쓰기는 공부가 아니라 수련입니다. 더러 글쓰기를 수련하지 않고도 책 한 권 내고 유명해지고 벼락부자가 되는 이도 있습니다. 하지만 이것이 그가 돈이 되는 글을 잘 쓰는 사람이라는 증거는 아닙니다. 블로그를 썼을 뿐인데 유명한 작가가 되었다고 하는 이들도 있습니다. 이들의 성공은 우연한 행운이 아니라 블로그를 매일 쓰면서 자신도 모르게 글쓰기를 수련한 결과입니다.

돈이 되는 글의 글잘러가 되어 원하는 것을 이루는 사람과 글을 잘 쓰고 싶다는 열망에만 사로잡혀 허덕이는 사람의 차이는 글쓰기 연습에 달렸습니다. 연습하지 않으면 글은 잘 쓸 수 없습니다.

○ 독학하라, 글쓰기

세계적인 음악가들을 최고의 아마추어들과 비교한 연구가 있습니다. 결과적으로 두 그룹의 연습 양상이 똑같았는데, 이들의 지위가 달라진 것은 혼자 연습하는가의 여부였습니다. 세계적인 음악가들은 혼자 연습하는 시간이 아마추어보다 5배나 많았다고 합니다.

내가 하는 일에 필요하다고 생각되는 마케팅이나 경영학, 조직론, 심리학 같은 학문을 학교에서 정식으로 배운 적은 없다. 독학으로 얻은 지식으로 일한다.

《철학은 어떻게 삶의 무기가 되는가》를 쓴 일본 작가 야마구치 슈의 말입니다. 그는 자신이 거둔 책쓰기, 컨설팅 등 지적 성취의 비결을 독학에 있다고 주장합니다. 글쓰기도 독학으로나 가능한 지적 성취의 영역입니다. 소문난 글쓰기 강사라도 당신의 글쓰기에 기적을 부릴 수는 없습니다.

글쓰기로 돈 버는 사람, 돈만 쓰는 사람

소프트웨어 인재 양성기관 이노베이션 아카데미의 리더인 이민석 교수. 그간의 경험을 이렇게 정리합니다.

학생들에게 뭘 만들어보라 하면 열이면 열 책을 사서 공부해요. 다 읽고 나면 어렵거든요? 그러면 또 다른 책을 사서 봐요. 이렇게 계속 공부만 해요.

'하기'보다 '배우기'에 열심인 세태는 여기서도 마찬가지인가 봅니다. 글쓰기 분야에서도 예외가 아닙니다. '글 좀 써봐야겠다' 싶으면 열이면 열 책을 사서 공부합니다. 다 읽고 나면 어렵거든요? 그럼 또 다른 책을 사서 봅니다. 그중 일부는 강의를 듣습니다. 강의가 어렵거든요? 그럼 다른 강의를 찾아갑니다. 이렇게 계속 공부만 합니다.

2부 태도와 습관으로 완성하는 돈이 되는 글쓰기

성공한 요리사들에게는 데이고 베인 상처가, 음식을 먹어보느라 붙어난 체중이 트레이드마크입니다. 요리를 '하면서' 배웠다는 증거니까요. 이름난 요리사들은 다양한 매체에 등장하여 자기만의 레시피를 공개하고 직접 요리를 해보이기도 합니다. 백종원 셰프만 해도 방송, 유튜브, 잡지, 책 등으로 수많은 레시피와 팁을 무료로 제공합니다. 요리를 해가면서 과정을 보여주기도 합니다. 백 셰프가 아무리 비법을 공유해도 그가 운영하는 식당은 여전히 잘나갑니다. 레시피를 아무리 알려줘도 백 셰프처럼 맛을 낼 수는 없으니까요. 요리 기술은 레시피가 아니라 연습으로 좋아지니까요.

백 셰프처럼 요리하려면 그에게 배운 대로, 그가 알려주는 레시피대로 수없이 요리를 '해야' 합니다. 그래야 비슷하게나마 결과를 낼수 있습니다. 글쓰기도 딱 그렇습니다. 제목을 다는 기술, 첫 문장 시작하는 기법, 문장을 쉽게 짧게 쓰는 방법 같은 노하우를 그때그때 배운다고 잘 쓰게 되지는 않습니다. 글쓰기 기술은 노하우를 연습함으로써 좋아집니다. 쓰고 쓰고 또 쓰면서 감이 길러지고 안목이 생깁니다. 피드백 받고 또 받고 하면서 내가 쓴 글이 다른 사람에게 어떻게 읽히는지 감을 잡습니다.

소설가가 되려면 이렇게 하세요, 저렇게 하세요, 하는 기존의 노하우에 미혹돼서는 안 된다. 여하튼 자기 작품을 쓰면 된다. 기법이야

아무런 상관없다. '어떻게 쓸까'가 아니라 '어쨌든 쓴다'라는 것이 중요하다.

일본 작가 모리 히로시의 말입니다. 글쓰기가 업인, 돈이 되는 글을 쓰는 사람들은 혼자 배웁니다. 글쓰기 책이나 강사를 통해 한두 번 글쓰기를 배우고 이후에는 쓰면서 배웁니다. 그들은 씁니다, 지속적으로 씁니다. 그리고 피드백을 받아 개선합니다. 이 일을 무한 반복합니다. 그 결과 단지 글쓰기가 아니라 프로처럼 진짜 잘 쓰게 되고 돈이 되는 글쓰기 능력을 갖게 되고 이를 토대로 원하는 것을 이루며 삽니다. 글쓰기를 배운다며 많은 이들이 글쓰기 수업에 글쓰기 강사에 돈을 들일 때, 돈이 되는 글을 쓰는 사람들은 혼자서 쓰면서 배웁니다.

읽기 근육을 기르는
베껴 쓰기 연습법

돈이 되는 글쓰기
코어 근육 만들기

    돈이 되는 글을 쓸 줄 아는 능력은 우리의 일과 삶이 필요로 하는 원활한 소통, 강력한 영향력을 가능하게 합니다. 돈이 되는 글을 쓸 수 있다면 누구라도 넘볼 수 없는 차이를 만드는 초능력을 갖게 되는 것이라고 앞에서 여러 번 강조했습니다. 돈이 되는 글쓰기 초능력은 사고력이라는 척추가 받쳐주어야 합니다. 이 척추는 각각 읽는 능력과 생각하는 능력으로 조직된 코어 근육으로 유지됩니다. 운동선수들이 코어 근육을 단련하기 위해 매일 기본 운동을 빠뜨리지 않는 것처럼, 돈이 되는 글을 쓰는 사람들 또한 이 코어 근육을 위해 읽고 생각하고 쓰기로 구성된 기본 운동을 합니다. 그들은 쓰는 것보다 많이 읽고 쓰는 만큼 생각하며 돈이 되는 글쓰기 척추를 탄탄하게 유지합니다.

우리 몸의 코어 근육을 만들려면 일련의 트레이닝 프로그램과 룰을 지켜야 합니다. 돈이 되는 글쓰기 코어 근육 역시 그에 맞는 프로그램에 따라 연습하고 훈련할 때, 그 과정에서 요구되는 규칙을 지켜낼 때 만들어집니다.

○ 돈이 되는 글쓰기 코어 근육 프로그램

핵심을 빠르게 전달하여 원하는 반응을 빠르게 얻어내는 돈이 되는 글쓰기 능력은 잘 읽기, 잘 생각하기, 잘 표현하고 전달하기라는 세부 근육을 필요로 합니다. 잘 읽기 근육은 내용을 읽고 파악하고 이해하여 적절한 반응을 유도합니다. 잘 생각하기 근육은 생각을 만들고 발전시키며 짜임새 있게 구성하게 합니다. 잘 전달하는 근육은 쓸거리를 일리 있고 조리 있게 표현하고 전달하여 독자로 하여금 의도한 반응을 하게 만듭니다. 나는 그동안 글쓰기 수업에서 읽기-생각하기-전달하기 세 근육을 단련하도록 베껴 쓰기, 저널 쓰기, 매일 1페이지 에세이 쓰기를 통합한 프로그램을 만들어 사용했습니다.

'돈이 되는 글쓰기 코어 근육을 기르는 매일 연습 3'이라 이름 붙인 이 프로그램을 소개합니다. 이 프로그램이 안내하는 대로 읽기-생각하기-표현 및 전달하기를 연습하면 언제, 어디서든 어떤 용도로든 돈이 되는 글쓰기가 가능한 근력을 갖게 됩니다. 이 방법대로 반복하여 연습하면 직장인의 보고서에서 마케팅 글쓰기, SNS 등 어떤 글이든 원하는 만큼 잘 쓰게 됩니다. 이 프로그램의 규칙은 간단합니다.

매일 베껴 쓰기, 저널 쓰기, 에세이 쓰기를 한 세트 이상 연습한다.

글 잘 쓰는 사람들이
몰래하는 읽기 연습

돈이 되는 글쓰기 불변의 법칙을 다룬 제1장에서 글을 잘 쓰는 사람은 예외 없이 잘 읽는 사람이라 단언했습니다. 잘 읽지 못하면 잘 쓸 수 없다고 했습니다. 글 좀 쓰는 사람들에게 글 잘 쓰기 비법을 청하면 거두절미하고 '많이 읽으세요' 합니다. 무턱대고 읽기만 해서는 글을 잘 쓰게 될 리 만무합니다. 글을 잘 쓰는 사람들이 몰래 하는 읽기 연습 비법, 베껴 쓰기를 소개합니다.

◐ 쓰면서 읽어야 잘 읽는다

베껴 쓰기란 샘플로 고른 글 한 편을 그대로 옮겨 쓰는 것을 말합니다. 눈으로 읽는 것보다 쓰면서 읽으면 주의를 집중해서 읽게 되고, 한 문장 한 문장 일일이 옮겨 쓰는 과정에서 잘 읽히는 한 편의 글이 어떻게 쓰였나를 추적하게 됩니다. 잘 쓴 글을 베껴 쓰기 하며 모방하다 보면 주제에 맞게 메시지를 끌어내고 자료를 인용하여 논리정연하게 증명하는 방법도 배웁니다. 적절한 단어를 골라 연결하여 의미를 담아내는 방법도 배웁니다.

베껴 쓰기 연습법은 글에 대한 감각과 안목을 기르는데 탁월합니다. 독자로서 어떤 문장에 반응하는지, 어떤 표현이 거슬리는지 스스로를 지켜보면서 좋은 글, 잘 쓴 글 그리고 그렇지 않은 글을 알아보는 글에 대한 눈썰미, 즉 글썰미를 키웁니다.

○ 글썰미를 기르는 유일한 방법, 베껴 쓰기

글쓰기는 읽기를 필수적으로 요구합니다. 잘 읽지 못하면 절대 잘 쓰지 못합니다. 그런데 읽기 능력은 내남 없이 퇴화를 거듭하는 중입니다. 읽기가 디지털 기기의 '보기'로 대체되면서 아예 읽지 않거나 읽더라도 건성입니다. 문장 한 줄도 끝까지 읽으려 하지 않습니다. 이런 식이라면, 읽지 않는다면, 제대로 읽을 줄 모른다면 글쓰기를 배운다고 백날 뛰어다녀도 허사입니다. 베껴 쓰기는 주의를 집중하여 읽는 연습이자 다른 이의 잘 쓴 글을 모방함으로써 글을 잘 쓰게 되는 신통한 비법입니다. 베껴 쓰기를 연습하는 것으로 읽기와 쓰기까지 잘하게 됩니다.

베껴 쓰기는 최상의 읽기 훈련입니다. 일일이 손으로 쓰면서 읽기 때문에 집중하여 읽는 습관을 들입니다. 베껴 쓰기는 최고의 쓰기 연습입니다. 잘 쓰인 글을 일일이 옮겨 쓰다 보면 의도한 아이디어를 메시지로 전달하는 방법을 배웁니다. 메시지를 효과적으로 전달하기 위해 내용을 구성하고 문장으로 표현하는 방법들을 체득합니다.

○ 논설위원이 쓴 1,500자 칼럼 베껴 쓰기

베껴 쓰기 연습법에서 가장 중요한 것은 베껴 쓰기 할 글을 고르는 것입니다. '잘 쓴 글'이 아니라 '제대로 쓰인 글'을 골라야 합니다. 잘 쓰고 못 쓰고는 주관적이라 기준이 애매하지만 제대로 쓰인 글은 누구에게든 통하는 기준을 확보했기 때문입니다. 나는 '일간지 논설위원이 쓴 1,500자 내외의 칼럼'을 적극 추천합니다. 신문사 논설위원이 쓴 칼럼은 누구나 읽기 수월한 대중적인 글쓰기의 표본이기 때문입니다. 논설위원은 지금 가장 뜨거운 이슈들을 소재로 정치·경제·사회·문화 등 전반에 관한 내용을 글로 씁니다. 논설위원이 쓴 칼럼은 소속 신문사에서 숙련된 전문가들의 손에 의해 여러 차례 다듬어져 신문에 실리기 때문에 제대로 쓰인 글로 봐도 무방합니다. 신문 칼럼은 쉽게 구할 수 있다는 측면에서 베껴 쓰기용 글로 적격입니다. 종이 신문에서 칼럼을 골라 베껴 쓰기를 권합니다. 그래야 단락 중심의 글쓰기를 배우기 좋습니다. 신문사마다 인터넷으로 서비스하는 PDF 신문 보기를 활용하면 종이신문 효과가 가능합니다.

베껴 쓰기로 읽기 근육을
단련하는 방법

18세기 초, 학교를 다니지 않고 인쇄소에서 일하는 10대 청소년이 있었습니다. 그는 후에 미국 건국의 아버지가 되고 미국 100달러 지폐에 등장하는, 미국인이 오래오래 좋아하는 위인이 되었는데요. 그 비결이 글쓰기 실력이라면 믿어지세요? 게다가 그는 학교에 다닌 적이 없어 글쓰기를 한 번도 배우지 못했고, 혼자 글쓰기를 배웠을 뿐입니다. 대체 그가 혼자 배운 글쓰기란 무엇인지 궁금하지 않나요? 그리고 이 방법은 동서고금을 막론하고 글쓰기로 밥 먹는 사람들이 예외 없이 따라 하는 글쓰기 연습법이기도 합니다. 이 방법이 '베껴 쓰기'입니다. 베껴 쓰기는 읽기 근육을 만드는 쉽고 빠르고 근사한 방법이지만 진지하게 임하지 않으면 효과를 보기 어렵습니다. 단순히 글자만 옮겨 쓰는 것으로는 효과를 보기 어렵습니다.

제대로 된 베껴 쓰기는 잘 쓰인 글 한 편을 최소한 세 번 읽게 합니다. 먼저, 신문 칼럼을 읽습니다. 소리 내어 읽으면 한 줄 한 줄 집중하여 읽게 됩니다. 만일 인터넷에서 고른 칼럼일 경우 PDF 버전을 인쇄하여 읽습니다.

이제 글을 옮겨 쓰며 두 번째 읽습니다. 가능한 한 의미 단위별로 내용을 끊고 끊어낸 내용을 그대로 외워 옮겨 씁니다. '의미 단위'란 의미상 연관이 있는 내용의 모둠을 말합니다. 의미 단위별로 끊어 읽으면 내용 파악이 수월하고 빨리 읽을 수 있습니다. 의미 단위로 옮겨 쓰지 않고 단어 하나하나 또는 문장 단위로 옮겨 쓰면 의미파악이 더디고 읽기 속도가 느려져 읽기조차 불편해집니다. 이런 상태라면 베껴 쓰기가 제대로 될 리 없습니다. 의미 단위로 끊어 읽기는 베껴 쓰기 연습법의 성과를 좌우할 정도로 중요합니다. 한 편의 글을 전부 옮겨 쓴 다음, 그 내용을 또 소리 내어 읽으며 옮겨 쓰는 과정에서 생긴 오타나 오류를 바로잡습니다.

읽기 근육을 기르려면 최소한 매일 한 편씩은 베껴 쓰기 해야 합니다. 단 한 편이라도 매일 하는 것이 하루 10편씩 가끔 하는 것보다 효과적입니다. 베껴 쓰기는 에버노트와 같은 앱이나 인터넷 카페, 블로그 또는 워드파일에 하면 됩니다. 손글씨 쓰기가 힘들지 않다면

• 읽기 능력을 기르는 베껴 쓰기 연습법 •

개요	글 한 편을 그대로 옮겨 쓴다.
왜	잘 읽히는 글의 감각과 안목을 기르기 위해
어떻게 / 언제	매일 편한 시간에
어디에	워드파일 또는 SNS에
무엇을	논설위원이 쓴 1,500자 분량의 칼럼
어떤 방법	의미 단위로 외워 옮겨 쓴다.
주의사항	출처와 필자 이름 꼭 밝히기

노트에 일일이 옮겨 적는 방법도 좋습니다. 베껴 쓰기를 할 때는 필자와 출처를 반드시 밝힙니다.

베껴 쓰기 효과를 극대화하는 방법들

베껴 쓰기 기본 연습, 그러니까 제대로 쓰인 글 한 편을 그대로 옮겨 쓰기에 숙달되면 심화과정에 도전합니다. 베껴 쓰기 한 글을 내 식으로 응용하면서 쓰기 연습으로까지 확장시켜 줍니다.

① 베껴 쓰기+요약하기

베껴 쓰기를 한 다음 내용을 요약하세요. 1,500자 칼럼을 100자 이내로 요약하세요. 사실적 이해력과 핵심을 간파하는 능력, 이를 추려 정리하는 능력이 길러집니다. 제대로 요약했는지를 봐줄 전문가의 피드백이 있다면 금상첨화, 그렇지 않다면 네이버, 다음에서 서비스하는 요약봇과 자동요약 서비스를 이용하여 아쉬운 대로 점검이 가능합니다. 요약문을 쓰고 로봇이 요약한 내용과 비교하는 작업으로 피드백을 대신할 수 있습니다. 내용을 요약할 때 요약자의 의견이나 해석은 포함하지 않습니다.

② 베껴 쓰기+내 식대로 다시 쓰기

신문 칼럼을 베껴 쓰기 한 다음 그 내용을 내 언어로 다시 써보세요. 아이디어는 그대로이되 전개방식이나 문장표현은 내 식대로 내 언어로 표현하는 방법입니다. 이 방법을 '다시 쓰기'라고 하는데요. 핵심을 이해하고 그 내용을 내 언어로 표현함으로써 깊은 이해에 도달합니다.

③ 베껴 쓰기+배경지식 정리하기

신문 칼럼은 다양한 배경지식으로 설득력을 높입니다. 베껴 쓰기 하면서 알게 된 새로운 지식이나 호기심을 갖게 된 정보들을 따로 정리합니다. 제목과 설명의 포맷으로 자료를 정리해두면 내 글을 쓸 때 자료로 활용할 수 있습니다.

④ 베껴 쓰기+내 것 만들기

베껴 쓰기를 하면 내용을 더 확실하게 더 깊게 이해하는 한편 다양한 생각과 느낌을 갖게 됩니다. 이것을 글로 써보세요. 원문에 대한 나의 생각, 느낌을 다룬 한 편의 다른 글이 탄생합니다. 베껴 쓰기가 최고의 읽기 연습이며 최상의 쓰기 연습임을 실감하게 됩니다.

생각 근육을 기르는
저널 쓰기 연습법

글 잘 쓰는 사람들은
쓰면서 생각한다

글을 잘 쓰는 사람들은 고민하지 않습니다. 글을 잘 쓰는 사람들은 생각합니다. 돈이 되는 글쓰기의 탄탄한 척추를 만드는 생각 근육은 '쓰면서 생각하기'라는 도구를 활용하여 단련합니다. 쓰면서 생각하기 도구를 능숙하게 사용할 줄 알면 어떤 생각이든 척척 만들 수 있고, 깊고 넓게 남다르게 다듬어낼 수 있습니다. 이 도구를 능란하게 다루면, 어떤 글을 쓰려 하든 의도에 맞게 생각을 만들어내고 쓸거리로 만들어 빠르게 전달하여 원하는 반응을 끌어낼 수 있습니다.

글을 쓰려고 생각에 시동을 걸면 머릿속에서는 참으로 많은 일이 일어납니다. 생각을 떠올리고 잡아두고 엮는 복잡다단한 이 일들을 머릿속에서만 하려 하면 뇌에서는 과부하가 걸릴 수밖에 없습니다. 이때 필요한 것이 쓰면서 생각하기 도구입니다. 쓰면서 생각하기는 머릿속 생각들과 수집해놓은 자료들을 문장으로, 눈앞에 끄집어 내놓고 그것들을 보면서 처리할 수 있기 때문에 어려운 생각도 척척 할 수 있습니다. 맨손으로 일하기 힘들 듯, 맨 뇌로는 생각하기 어렵습니다. 생각이 필요하다면 '쓰면서 생각하기' 도구를 활용하세요. 생각을 머릿속에 담아둔 채 끙끙대지 말고 쓰면서 생각하세요.

여느 도구들처럼 쓰면서 생각하기도 능수능란하게 다룰 수 있어야 합니다. 반복하여 연습하는 것밖에 방법이 없습니다. 쓰면서 생각하는 근육을 단련하는 '저널 쓰기 연습법'을 소개합니다. 내가 진행하는 책쓰기, 글쓰기 수업에서는 '매일 저널 쓰기'라는 프로그램으로 생각 만들기 연습을 합니다.

매일 한 편의 저널을 쓴다.

저널(journal)이란 신문이나 잡지의 기사, 연구논문, 일기 등을 포함하는 '글쓰기 활동' 전반을 뜻합니다. 미국 초등학교에서는 수업을

• 저널 쓰기 연습법 •

> 매일 하나의 주제에 대해 1,500자 내외 분량으로 한 편의 저널을 쓴다.

시작하기 전 아이들에게 저널을 쓰게 하는데, 이때 저널은 '사회현상, 자연현상, 주변에서 일어나는 일들, 나의 경험 등에 대한 짧은 글을 쓰는 활동'을 의미합니다. 여기에서 착안하여 나는 저널 쓰기를 능수능란하게 생각하는 능력을 기르는 연습 방법으로 활용합니다.

쓰면서 생각하기 도구인 저널 쓰기에서 '저널'이란 하나의 주제에 대해 끌어낸 생각의 밑그림을 말합니다. 저널로 생각의 초안을 만든 다음 이후 교정, 수정, 편집의 과정을 거쳐 에세이로 완성하고 독자와 공유합니다. 저널 쓰기란 하나의 주제에 대해 쓰면서 생각을 만들고 정리하고 다듬는 작업을 말합니다. 저널 쓰기는 머릿속에서 뒤섞여 있는 산만한 정보와 생각의 파편과 기억 등의 재료를 주제에 맞게 일리 있고 조리 있게 구조화하는 작업입니다. 매일 저널 쓰기를 하면 생각작업에 능숙해집니다. 그러면 생각하기가 만만해지고 글쓰기까지 부담 없이 해냅니다. 매일 저널 쓰기를 하면 더 잘 생각하고 더 깊게 생각하고 남다르게 생각하는 능력을 개발합니다.

생각을 말로 글로
만들어내는 연습

매일 저널 쓰기를 연습하면 논리적으로 생각하는 습관을 만듭니다. 체계적이고 짜임새 있게 생각하게 만듭니다. 생각을 만들고 전달하기까지 쓰기의 전 과정을 무한반복하다 보면 생각을 끌어내고 정리하는 프로세스가 뇌에 장착되며, 마침내 생각하기가 쉽고 만만해집니다. 이제는 글쓰기가 하나도 어렵지 않습니다.

생각을 잘하려면 특정한 주제를 중심으로 생각해야 한다.

미국 피츠버그 대학교에서 교육심리학을 가르치는 로렌 레즈닉 박사가 강조하는 '생각 잘하는 방법'입니다. 저널 쓰기는 하나의 주제에 대해 매일 생각을 만들고 정리하고 표현함으로써 잘 생각하는 능력을 기르는 최고의 아니 유일한 연습 방법입니다. 매일 저널 쓰기 연습법 규칙은 간단합니다.

1. 매일 저널을 한 편씩 쓴다.
2. 하나의 주제에 대해 쓴다.
3. 3찰 포맷으로 1,500자 이내로 서술한다.

저널 쓰기 주제는 잘 아는 것, 잘하는 것 또는 말하고 싶은 것으로 정합니다. 그래야 지치지 않고 매일 쓸 수 있습니다. 1,500자 분량에 맞춰 쓰는 연습을 하면 핵심에 더욱 집중하게 됩니다. 전달할 내용을 선택하고, 문장표현, 전달방법에 대해 더 연구하게 됩니다. 저널

개요	매일 한 편의 저널을 쓴다.
왜	생각을 언어화, 문장화하는 습관을 기르기 위해 궁극적으로는 생각하는 능력을 기르기 위해
어떻게 / 언제	매일 편한 시간에, 늘 같은 시간에
어디에	워드파일 또는 SNS에
무엇을	1,500자 내외의 저널을 쓴다.
어떤 방법	3찰 포맷에 맞춰 쓴다.
주의사항	저널 내용에 맞는 제목 달기까지

을 쓸 때는 일단 쓰면서 생각을 만들어가는 것이 좋습니다. 쓰려는 내용에 대해 확신이 서지 않더라도 일단 쓰고, 고쳐 쓰다 보면 생각이 구체화 되고 분명해질뿐더러 이 과정에서 좋은 생각들이 떠오르거나 만들어집니다. 자연히 내용이 좋아지지요.

○ 저널 쓰기 3찰 포맷

저널을 쓸 때는 관찰-성찰-통찰이란 3찰 포맷에 맞춰 쓰세요. 그러면 어떤 생각이든 언어화하는 데 수월합니다.

• 저널 쓰기의 3찰 포맷 •

관찰	성찰	통찰
이런 일이 있었다.	이런 생각, 느낌이 들었다.	이런 의미, 가치를 발견하고 배웠다.

관찰 이런 일이 있었다

특정 경험, 독서, 대화, 공부, 관찰, 업무, 생활 혹은 생각하기, 꿈 꾼 것까지. 저널을 쓰게 된 계기를 언급합니다.

관찰 늘 송 코치의 글쓰기 수업을 들었다.

성찰 그 사실로 인해 이런 생각, 느낌이 들었다

사실과 관련하여 성찰한 것을 씁니다. 기억을 떠올렸다, 이런 생각을 했다, 저런 느낌이 들었다는 식으로 씁니다.

성찰 글을 잘 쓰려면 쓸거리부터 만들어야 하고 쓸거리를 만드는 생각은 쓰면서 하라는 조언이 인상적이었다.

통찰 이런 의미, 가치를 발견하고 배웠다

어떤 사실을 경험하고 그것에 대해 성찰하는 과정을 통해 발견한 의미나 가치, 그것을 통해 전하고 싶은 메시지를 씁니다. 이런 것을 알게 됐다, 깨달았다, 발견했다는 식으로 씁니다.

통찰 나는 지금까지 생각과 쓰기는 별개의 작업이라고 믿고 있었다. 오늘 수업에서 쓰면서 생각해야 제대로 생각할 수 있고 제대로 쓸 수 있다는 것을 알게 되었다.

3찰 포맷은 생각이 어느 한쪽으로 쏠리는 것을 막아줍니다. 3찰 포맷으로 생각을 정리한 다음 하나씩 풀어쓰면서 단락을 완성하고, 단락을 합치면 한 편의 저널이 완성됩니다.

○ 저널 쓰기로 오레오 공식 연습하기

3찰 포맷으로 생각을 끌어내고 정리하고 정돈하는 저널 쓰기에 익숙해지면 오레오 공식으로 쓸거리 만드는 연습에 도전하세요.

가만히 들여다보면 3찰 포맷과 오레오 공식은 거의 같습니다. 팩트와 사례를 관찰하고 이유과 근거를 대면서 생각을 파고들고, 어떤 의미나 가치를 끌어내 통찰한 바를 주장하고 강조하기가 같은 맥락입니다.

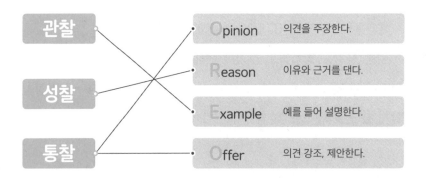

관찰		Opinion	의견을 주장한다.
성찰		Reason	이유와 근거를 댄다.
		Example	예를 들어 설명한다.
통찰		Offer	의견 강조, 제안한다.

--- **Attention** ---
주목을 끌고

--- **Point** ---
핵심을 전하고

관찰	이런 일이 있었다.		**O**pinion 의견 주장하기
성찰	그 사실로 인해 이런 생각, 느낌이 들었다.		**R**eason 이유와 근거 대기
			Example 사례 들기
통찰	이런 의미, 가치를 발견하고 배웠다.		**O**ffer 의견 강조, 제안하기

--- call **T**o action ---
원하는 반응
끌어내기

공감형 글쓰기   **설득형 글쓰기**

3찰 포맷으로 연습한 다음 객관적인 이유와 근거, 예시들로 설득력을 더하고 구체적인 방안을 제안하면 곧 오레오 공식이 됩니다. 굳이 구분하자면 3찰 포맷은 공감형 글쓰기 연습에, 오레오 공식은 설득형 글쓰기 연습에 더 잘 맞기는 합니다. 어느 쪽이든 저널을 쓴 다음 에세이 포맷에 담아 편집과정을 거치면 당장 독자에게 공개해도 손색없는 한 편의 글이 완성됩니다.

보고서 잘 쓰려면
매일 저널 쓰기 하라

하버드 대학교에서 20년 동안 글쓰기 교육을 해온 낸시 소머스 교수. 그가 한국에 왔을 때 글을 잘 쓰는 비법을 공유해주었습니다.

짧은 글이라도 매일 써보라.

하루 10분이라도 매일 글을 써야 비로소 '생각'을 하게 된다고 강조합니다. 교수는 어릴 때부터 짧게라도 꾸준한 읽기와 쓰기를 하면서 생각하는 능력을 쌓은 학생들이 대학에서도 글을 잘 쓰더라는 경험을 들려줍니다. 매일 저널을 쓰며 생각하는 연습을 하면 어떤 글이든 수월하게 잘 쓰는 것은 당연지사입니다. 글을 쓴다는 것은 생각을 쓴다는 것이니까요. 직장인이 매일 저널을 쓰면 회사에서 인정받는 길도 열립니다. 기획안이니 제안서니 보고서니 하는 문서들은 생각의 결과물이고, 매일 저널 쓰기로 일리 있고 조리 있게 생각하기를 연습하면 아마존의 혁신비결이라는 서술형 사고에 능통해집니다. 매일 저널 쓰기로 생각을 문장으로 만들기에 익숙해지면 회사가 원하는 창의와 혁신에 능한 사고 능력이 개발됩니다. 문서작성 능력이 눈에 띄게 향상되어 어떤 종류의 문서라도 거뜬히 쓸 수 있습니다. 매일 저널 쓰기를 연습하면 논리정연하게 발표하는 등 소통하는 능력이 길러집니다. 급기야 매일 저널 쓰기를 연습하면 컴퓨터와 인공지능에 대체되지 않는 핵심인재로 인정받게 됩니다.

강남구청에서 핵심인재를 위한 글쓰기 수업을 2년에 걸쳐 진행할 때, 핵심적인 방법은 저널 쓰기와 피드백 수업이었습니다. 처음엔 '보고서만 잘 쓰면 되지 서술형 글쓰기가 다 뭐냐'는 반응이었지만 저널 쓰기 연습법을 통해 직장인에게 요구되는 논리정연한 사고와 글쓰기가 가능하다는 것을 알고는 적극적으로 임했습니다.

○ 쉽다, 쉽다! 저널 쓰기 ABC

3찰 포맷을 활용하면 쉽고 빠르게 의도한 대로 생각을 만들 수 있습니다. 하지만 생각을 쏟아내는 습관에 익숙한 대부분은 이마저도 불편합니다. 생각나는 대로 쏟아내는 습관은 하도 오래되어 고치기도 어렵습니다. 그렇다면 이 습관 위에 '저널 쓰기 ABC 패턴'이라는 새로운 습관을 덮어쓰기 하면 좋겠습니다.

저널 쓰기 ABC 패턴은 일단 쓰고 싶은 대로 쓰고, 써놓은 것을 정리하고 정돈하여 일리 있고 조리 있게 글을 완성하는 방법입니다.

먼저 머릿속에 떠오르는 생각들과 수집한 자료를 취해 후다닥 씁니다. 처음부터 끝까지 멈추지 않고 쓰는 것이 중요합니다. 번뜩이

• 쓰면서 생각하는 저널 쓰기 ABC •

A ▶ B ▶ C

At once   Build up   Clearly
쏟아내기   정리하기   다듬기

는 생각을 문장으로 담아내는 데는 속도가 중요합니다. 그래야 모처럼 찾아온 생각을 잊어버리지 않으니까요. 그래야 쓰려고 한 아이디어의 흐름을 유지하게 되니까요(At once, 쏟아내기). 생각을 쏟아낸 다음, 이것들을 저널 쓰기 3찰 포맷(관찰-성찰-통찰)으로 정리합니다 (Build up, 정리하기). 마지막으로 당초 의도한 아이디어대로 서술되었는지 확인하면서 내용과 표현을 다듬어 완성합니다(Clearly, 다듬기).

돈이 되는 글쓰기 홈트레이닝 119:
매일 1페이지 에세이 쓰기

돈이 되는 글쓰기
초능력을 기르는 실전훈련

쓰면서 배우고 배운 대로 쓰는 과정을 무한반복할 때 돈이 되는 글쓰기의 기적이 일어날 것이라 장담했습니다. 하지만 그냥 무턱대고 부지런히 쓰기만 한다고 저절로 돈이 되는 글쓰기가 가능하지는 않습니다. 제대로 된 연습은 의도에 부합되는 프로그램을 의식적으로 수행할 때라야 가능합니다. 제1장 법칙 6에서 알려드린 돈이 되는 글쓰기, 의식적인 연습을 토대로 설계한 홈트레이닝 프로그램을 소개합니다. '돈이 되는 글쓰기 홈트레이닝 119'는 매일 1페이지 에세이를 포스팅하여 독자와 공유하는 습관을 들임으로써 돈이 되는 글쓰기 코어 근육을 탄탄하게 세워줍니다. 아예 뇌 자체를 돈이 되는 글쓰기 뇌로 만들어줍니다. 뇌가 돈이 되는 글쓰기에 특화된다면 의식하지 않아도 애쓰지 않아도 잘 쓰지 않겠어요?

돈이 되는 글쓰기에 필요한 코어 근육을 기르기 위해 베껴 쓰기를 하며, 잘 읽는 연습과 잘 쓴 글들을 모방하며, 잘 쓴 글에 대한 감각을 높이고 안목을 갖추는 연습을 했습니다. 또 저널 쓰기로 생각을 만들고 정리하면서, 돈이 되는 글쓰기 능력의 핵심인 사고력을 단련하는 연습을 했지요. 이제 돈이 되는 글쓰기 실전훈련에 돌입합니다. 돈이 되는 글쓰기 홈트레이닝 119의 미션은 이러합니다.

매일 한 편의 에세이를 소셜미디어에 포스팅한다.

'매일 에세이를 써 SNS에 포스팅하기'가 실전훈련의 핵심입니다. 이때 에세이는 새로운 글을 따로 쓰는 게 아닙니다. 에세이 초안인 저널을 고쳐 쓰고 다듬고 윤을 내는 편집작업(제3장 돈이 되는 글쓰기 스타일링 5 참조)을 더해 에세이를 완성하고 이를 소셜미디어에 포스팅하면 됩니다. 돈이 되는 글쓰기 홈트레이닝 119는 읽기와 생각하기와 쓰기가 합체된 프로그램으로 저널을 에세이로 만들고 에세이를 독자에게 전달하여 원하는 반응을 끌어내는 실전훈련입니다.

◦ 1일 한 차례, 90분 동안 집중 연습하기

돈이 되는 글쓰기 홈트레이닝 119는 돈이 되는 글쓰기 능력을 향상하기 위해 설계된 연습 프로그램입니다. 쓰기뿐 아니라 쓰기에 필수적으로 요구되는 읽고 생각하기 연습까지 포함하여 설계했습니다. 딱 90분만 시간 들여 매일 1페이지의 에세이를 포스팅하는 것만으로 돈이 되는 글쓰기를 척척 잘하게 되는 능력을 기르게 됩니다.

90분은 돈이 되는 글쓰기 코어 근육을 단련하는데 필요한 매일의 시간이자, 매일 1페이지 에세이를 포스팅하는 데 필요한 최소한의 시간을 의미합니다. 글쓰기 연습을 매일 하려면 그에 필요한 시간을 확보해야 하는데요. 이미 충분히 바쁜 우리가 글쓰기에 들일 별도의 시간을 무한정 빼기란 불가능합니다. 또 한 번에 20분, 30분씩의 조각난 시간으로는 1페이지 에세이를 쓰기에 턱없이 부족합니다. 90분은 생체리듬이 요구하는 최고의 집중력을 발휘하는 최대의 시간 단위입니다. 돈이 되는 글쓰기 홈트레이닝 119는 한 가지 주제에 집중할 수 있는 최적의 시간단위라고 전문가들이 밝힌 25분 기준으로 90분을 세 부분으로 나누어 1페이지 에세이 쓰기를 위해 연습해야 할 읽기와 쓰면서 생각하기를 동시에 연습하도록 설계했습니다.

• 90분 집중 연습하기 패턴 •

파트 1	파트 2	파트 3
한 차례	한 차례	한 차례
90분 중 첫 25분	90분 중 40분	90분 중 25분

글쓰기 수업을 진행할 때마다 늘 안타까운 마음입니다. 글쓰기 수업이 효과를 보려면 적잖은 시간을 투자해야 하고 수업료도 만만치 않으며 지역적인 이유로 유능한 강사가 진행하는 의미 있는 프로그램을 만나기도 쉽지 않다는 것을 많은 분들이 털어놓는 속내를 통해 알게 되었거든요. 글쓰기를 배우겠다는 열망이 그렇게 쉽게 식을 수밖에 없는 배경을 이해하자, 저절로 혼자서 하는 연습을 궁리하기 시작했습니다. 글밥 먹는 사람들이 대개는 글쓰기를 혼자 배운다는 것에 착안하여 마침내 돈이 되는 글쓰기 홈트레이닝 119를 만들었습니다. 이 프로그램은 그동안 진행한 글쓰기 수업에서 검증받은 효과적인 연습 프로그램들을 혼자 연습하기 좋게 응용한 것입니다. 동시에 글쓰기 코치이자 작가인 내가 매일 하는 연습이기도 합니다.

• 돈이 되는 글쓰기 홈트레이닝 119 •

개요	매일 에세이 한 편을 SNS에 포스팅한다.
왜	돈이 되는 글쓰기 코어 근육을 기른다.
어떻게 / 언제	매일 편한 시간에(가급적 이른 아침에)
어디에	SNS에 올린다.
무엇을	하나의 주제를 다룬 에세이를
어떤 방법	APT 포맷으로
주의사항	읽게 만드는 흥미진진한 제목까지

실력에 맞춰 지금 당장
시작하는 홈트레이닝

돈이 되는 글쓰기 홈트레이닝 119는 돈이 되는 글쓰기 연습에 필수적인 읽기와 생각하기, 쓰기 연습을 단계적으로 도모하도록 설계했습니다. 레벨 A는 읽기 연습부터, 레벨 A+는 생각하기 연습 위주로, A++는 에세이 쓰기 중심으로 설계했습니다. 쓰기는 읽기, 생각하기와 맞물린 작업인 만큼 글쓰기 연습에서도 이 3가지는 늘 병행해야 합니다. 90분이라는 시간 동안 이 3가지 연습을 병행하기가 쉽지 않을 때에는 주말에라도 보충하도록 설계했습니다. 가령 매일 1페이지 에세이 쓰기에 돌입하기 전인 앞 두 단계에서도 주말에 한 차례의 1페이지 에세이 쓰기를 설정했고, 레벨 A++ 단계는 주말에라도 베껴 쓰기를 통한 읽기 연습을 지속하도록 했습니다. 읽기-생각하기-쓰기에 이르는 전 과정을 연습해야 한다면 레벨 A부터, 생각하기부터 연습해야 한다면 레벨 A+부터, 에세이 쓰기에만 집중하고 싶다면 레벨 A++부터 연습하면 됩니다.

○ 레벨별로 21일씩 63일 동안

각 레벨은 21일 동안 연습합니다. 레벨 A 단계를 시작으로 A++까지 각각 21일씩 연습하면 1회기입니다. 1회기는 레벨별 21일씩으로 총 63일이 소요됩니다. 뇌가 새로운 변화를 눈치채는데 걸리는 최소

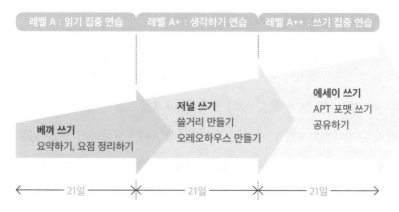

• 돈이 되는 글쓰기 레벨별 연습 내용 •

| 레벨 A : 읽기 집중 연습 | 레벨 A+ : 생각하기 연습 | 레벨 A++ : 쓰기 집중 연습 |

에세이 쓰기
APT 포맷 쓰기
공유하기

저널 쓰기
쓸거리 만들기
오레오하우스 만들기

베껴 쓰기
요약하기, 요점 정리하기

← 21일 → ✳ 21일 → ✳ 21일 →

한의 시간이 21일이며, 새로운 기술을 습득하는데 8주가 한계점이고, 습관이 새롭게 자리 잡는 데는 66일이 소요된다고 많은 연구결과들이 말합니다. 읽기, 생각하기, 쓰기를 동시에 연습하는 돈이 되는 글쓰기 홈트레이닝 119가 요구하는 회기당 63일은 이러한 연구들을 토대로 설정했습니다.

레벨 A 읽기 집중 연습

레벨 A는 쓰기에 있어 가장 기초적인 토대를 구축하는 읽기 집중 연습 단계입니다. 평일엔 90분 동안 베껴 쓰기-요약하기-정리하기 순으로 연습합니다. 주말엔 저널 쓰기를 연습합니다.

레벨 A+ 생각하기 연습

레벨 A+는 글을 쓰려는 의도에 맞게 생각과 자료를 짜임새 있게 구성하는 연습을 합니다. 오레오 공식으로 쓸거리를 만든 다음 이를 한 편의 저널로 서술하기까지가 이 단계 90분 동안 연습하는 내용입니다. 읽기 연습인 베껴 쓰기도 빠뜨리지 않고 연습합니다. 주말엔 1페이지 에세이 쓰기를 연습합니다.

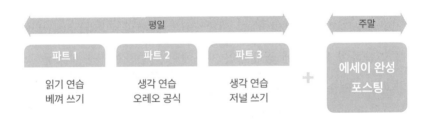

레벨 A++ 에세이 쓰기 집중 연습

레벨 A++는 본격적인 쓰기 연습 단계로 매일 1페이지 에세이 포스팅을 연습합니다. 매일 90분 동안 아이디어를 정하고 자료를 찾고 정리하며 오레오 공식으로 쓸거리를 만들고 이를 에세이로 담아내

포스팅하기까지 전 과정을 실전모드로 훈련합니다. 주말엔 베껴 쓰기 연습을 계속합니다.

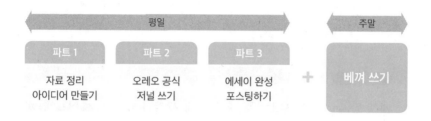

돈이 되는 글쓰기 홈트레이닝: 하루 중 언제가 좋을까

영국 시사잡지 〈가디언〉의 편집국장은 쇼팽의 〈발라드 제1번〉을 연습하여 1년 안에 공개적인 자리에서 연주하겠다는 목표를 정하고 도전에 나섰습니다. 그는 매일 출근 전 20분 동안 피아노 앞에 앉아 〈발라드 제1번〉을 연습했습니다. 그러다 보니 출근 전 20분을 피아노 앞에서 보낸 날은 뇌의 화학반응이 달라진 것만 같은 느낌을 받습니다. 피아노 연습을 하고 하루를 시작하면 마치 뇌가 안정된 기분을 느꼈고, 그날 하루 무슨 일이 일어나더라도 거뜬하게 대처할 수 있을 것 같은 자신감이 들었습니다. 후에 그러한 기분의 원천이 신경회로망이 재편되면서 비롯된 것임을 알게 되었다고 합니다. 매일 한 편씩 에세이를 쓰고 포스팅하면 같은 결과를 낳습니다. 돈이 되는 글쓰기에 적합하게끔 신경회로망이 재편됩니다. 베껴 쓰기와 저널 쓰기로 다져온 '돈이 되는 글쓰기 근육'을 만들고 강화하고 유지하려면 매일 에세이를 쓰고 포스팅하는 습관을 반복해야 합니다.

돈이 되는 글쓰기 능력이 그토록 대단하다는 것을 알면서도 바쁘고 빠듯한 일상에서 글쓰기 연습에 시간을 내기란 쉽지 않은 일입니다. 생산성 전문가인 칼 뉴포트 교수는 최소한의 시간 동안 몰입해서 일하는 딥 워크가 답이라고 알려줍니다. 그는 딥 워크에는 다음 3가지 조건이 필요하다고 조언합니다.

1. 시간과 장소를 구체적으로 정한다.
2. 매일 작업목표를 정하고 한다.
3. 도움이 되는 환경을 만든다.

이 조건을 중심으로 당신의 글쓰기 연습 프로그램을 설계해보세요. 당신에 의한 당신을 위한 당신의 프로그램을 설계하세요. 그리고 바로 시작하세요. 내년부터? 휴가 끝나면? 이런 특별한 날을 기다리지 마세요. 하루라도 빨리 시작하는 것이 제일 좋은 방법입니다.

글쓰기 연습에 필요한 최소시간 90분은 하루 중 언제가 제일 좋을까요? 사람마다 새벽, 심야, 점심 때 등 집중하기에 좋은 시간대가 다릅니다. 돈이 되는 글쓰기 능력을 발휘하는 사람들의 증언과 전문가들의 조언을 종합하면, 또 내가 실제로 해본 경험을 토대로 조언하면 글쓰기를 연습하는 시간으로는 새벽이 좋습니다. 뇌는 하루 동안 갖은 스트레스와 감정소모에 시달립니다. 저녁이면 지쳐 머리 쓰기가 여의치 않습니다. 이런 상태에서 글쓰기 연습에 매달려 봐야 피로만 가중될 뿐이지요. 잠자리에 들면 뇌는 하루종일 쌓인 찌꺼기를 분리수거합니다. 남길 것과 버릴 것을 구분하여 기억하거나 지워버리지요. 그 결과 잘 자고 일어난 새벽의 뇌는 머리 쓰기 아주 좋은 상태입니다. 두뇌 회전이 잘 되고 몰입도 잘 되어 적은 시간으로도 큰 성과를 낼 수 있습니다. 매일 글쓰기 연습 시간 90분을 만들기에 최적의 시간대입니다.

만일 당신이 수십 년째 심야형으로 살고 있다면 글쓰기 연습을 위해 새벽에 시간을 내기가 거의 불가능할지도 모릅니다. 그러나 당신이 하루하루 습관을 들여 심야형으로 굳어진 것처럼, 지금부터 하루하루 새벽형 습관을 쌓는다면 100살까지 새벽마다 1페이지 에세이를 생산하며 살 수 있을 테니 충분히 도전해볼 만하지 않을까요? 시간이 많다고 하여 쓰기 연습이 더 잘 되는 것은 아닙니다. 1페이지 에세이 쓰기에 무한한 시간을 들이면 긴장감이 떨어지고 긴장감 없이는 집중 연습이 불가능하니까요. 새벽에 글쓰기 연습하기 90분 미션을 달성하고 나면 하루 종일 기분이 좋습니다. 대부분의 사람들이 시간 없다며 미루는 글쓰기 연습을 당신은 하루 중 맨 처음 해치웠으니까요. 이러한 기분은 그날 하루 종일 당신이 하는 일의 생산성을 높여줍니다.

○ 돈이 되는 글쓰기 초능력을 가르는 90분

글쓰기, 책쓰기 특강에서 자주 받는 질문이 있습니다. 잘 쓰는 비결을 콕 집어 알려달라는 것입니다. 매번 이렇게 답합니다. '쓰는 시간을 확보하세요.' 그러면 또 이렇게 질문합니다. 짬짬이 쓰면 되는 것 아니냐! 제대로 된 생각은 집중을 필요로 하고 뭉텅이 시간이라야 집중이 잘 됩니다. 뭉텅이 시간을 확보하여 의도적으로 의식적으로 연습하지 않으면 매일 1페이지 에세이 쓰기 효과를 보기 어렵습니다. 뭉텅이 시간을 확보한 다음에도 각 시간 단위마다 무엇을 어떻게 하겠다는 실행계획을 분명하게 해두어야 합니다. 그렇지 않으면 90분은 후다닥 지나고 한 것 없이 시간만 흘려보냈다는 자괴감만 남습니다. 이런 식으로 사나흘 계속하다 보면 매일 1페이지 에세이 쓰기 연습 계획은 결국 흐지부지됩니다.

○ 매일 글쓰기 연습 어디서 할까

글쓰기 연습을 새벽에 하면 그 장소는 자연히 집일 테지요. 부지런한 사람은 일터 앞 카페에서 글쓰기 연습을 할 수도 있습니다. 하지만 몰입을 통한 높은 생산성을 요하는 글쓰기 작업은 생각에만 집중하는 공간이라야 합니다. 카페를 전전하며 대작을 썼다는 이야기로 유명한 해리포터 시리즈의 조앤 롤링 작가도 여건이 좋아지면서부터는 호텔방을 예약하여 하루 치의 글을 쓰고 귀가하는 생활을 했다고 합니다.

나는 내 집에서 씁니다. 작은 방 한 칸이 나의 작업실입니다. 이 작업실에는 내 분야와 관련하여 책이나 자료들로 빼곡하고 잊지말라고 적어둔 메모들도 곳곳에서 보입니다. 컴퓨터 테이블 옆에 길게 놓인 책상엔 읽다 만 책이 엎어져 있고, 쓰고 있는 글에 필요한 자료책들이 손만 뻗으면 닿을 곳에 바로 있습니다. 조용한 카페를 이동식 작업실 삼아 드나드는 사람도 많습니다만 나는 내 글쓰기를 위해서만 존재하는 작업실에서 최고의 글을 만듭니다. 어디에서든 90분 동안 몰입할 수 있는 곳이라면 그곳이 글쓰기 연습에 최적인 공간이지요. 하지만 방해할 사람도 눈치 볼 사람도 없이 오로지 글쓰기 연습에만 몰입할 수 있는 내 집에서 글쓰기 연습하기를 권합니다. 가족들이 아직 깨지 않은 새벽에.

새벽에 내 집에서 하는 훈련이 방해받지 않기로는 최적이지만 돈이 되는 글쓰기를 훈련하는 90분 동안 주의를 집중할 수 있다면 그곳이 최고의 장소입니다.

◉ 하루 90분 글 쓰는 시간 만들기

당신의 글쓰기에 투자할 하루 90분을 만들어볼까요? 다음 질문에 답을 하다 보면 없던 시간도 생길 겁니다.

- 하루 중 언제 가장 집중이 잘 되나요?
- 그 시간은 왜 집중이 잘 되는 것 같나요?
- 그 시간은 매일 일정한가요?
- 그 시간은 얼마나 되나요? 00분? 00시간?
- 그 시간은 특정장소에서만 가능한가요?
- 그곳은 언제든 드나들 수 있나요?
- 그렇다면 그곳은 어디인가요?
- 당신의 경우, 집중하는 시간에 가장 큰 방해를 하는 것은 무엇인가요?
- 당신이 글쓰기에 투자할 90분은 어떻게 구성되나요?
- 당신이 마련한 그 시간은 당신의 시간을 방해하는 위험요소와 무관한가요?

돈이 되는 글쓰기
홈트레이닝 딱 1년만!

돈이 되는 글쓰기 홈트레이닝 119 프로그램은 매일 한 편의 에세이를 소셜미디어에 포스팅하기를 반복합니다. 얼마나 훈련해야 핵심을 빠르게 전달하여 원하는 반응을 빠르게 얻어내는 글 잘 쓰기 능력을 갖게 될까요? 얼마나 계속해야 숙련된 돈이 되는 글쓰기 기술이 가능할까요? 나아가 원하는 것을 다 이루게 되는 돈이 되는 글쓰기 초능력은 언제쯤 발휘될까요? 10만 시간이면 될까요?

1년만 해보시죠!

내 대답입니다. 돈이 되는 글쓰기 홈트레이닝 119 프로그램 그대로 1년만 연습하면 당신의 일과 삶에도 돈이 되는 글쓰기의 기적이 일어납니다.

우리는 이 책을 쓰기 1년 전에 웹사이트 <더 미니멀리스트>를 시작했다. 그 이후로 우리 인생은 거의 모든 것이 변했다. 1년 전에는 웹사이트를 만드는 방법은커녕 HTML의 철자도 몰랐다. 지금은 웹사이트 <더 미니멀리스트>에 소설을 소개하는 사이트까지 운영한다. 1년 전에는 우리가 쓴 글을 읽는 사람이 한 명도 없었다. 지금은 매달 10만 명 이상이 우리의 글을 읽고 올해만 151개 국가에서 50만 명 이상이 우리의 에세이집을 읽었다. 1년 전에는 우리를 트위터나 페이스북에서 팔로우하고 싶어 하는 사람이 없었다. 지금은 1만 5천 명 이상이 우리와 연결되어 있다.

이 내용은《미니멀리스트》책을 쓴 두 저자 조슈아 필즈 밀번, 라이언 니커디머스의 증언입니다. 이들은 겨우 1년 지났을 뿐인데, 그 성취의 1년이 갖는 힘에 감동받았다고 말합니다. 어떤 목적을 갖고 노력하는 1년 동안이면 좋은 일들이 일어나기에 충분하다고 조언합니다. 그래요, 우리도 1년만 딱 1년만 일단 해보기로 해요. 거의 매일 360여 일 에세이를 쓰고 소셜미디어에 포스팅하면 당신도 조슈아 필즈 밀번, 라이언 니커디머스처럼 놀라운 결과를 얻게 됩니다. 딱 1년만 매일 계속하면 글쓰기 수업 듣지 않아도, 글쓰기 강사를 찾아다니지 않아도 숙련된 글쓰기 기술이 가능합니다. 신문기자로 글쓰기 기술을 단련한 작가 이고은 님의 말마따나 이런 일이 가능해집니다.

끊임없이 쓰고 고치는 훈련을 거듭하다 보면 어느새 세상에 내놓아도 나쁘지 않을 만큼의 실력은 연마된다. 글의 대략적 논리와 구조가 머릿속에서 자연스럽게 구상되고 뼈대에 살을 입힐 글감을 고르고 모으고 써먹는 일도 자연스럽게 일상적으로 된다.

1년만 의도적으로 의식적으로 글쓰기를 훈련하면 자기만의 주제를 발견할 수 있습니다. 이름을 걸고 내 것이라 주장하고 싶은 아이디어도 손에 쥘 수 있습니다. 딱 1년만 두 눈 꾹 감고 글쓰기가 숙련되도록 훈련하기로 해요. 잘 쓰고 못 쓰고는 1년 후에 따지자고요.

우선은 1년 동안 주제 하나 잡아 매일 쓰고 매일 포스팅하고 또 고쳐 쓰면서 글쓰기에 대한 감각을 길러보기로 해요. 그러노라면 어느새 더 잘 쓰고 싶은 욕심이 생길 테고 그 욕심을 따라가다 보면 더 많이 읽게 되고 자료도 더 찾게 되고 더 많이 고쳐 쓰는 자신을 발견하게 됩니다.

나만의 글쓰기
홈트레이닝 설계하기

글을 쓰려고 하면 꼭 냉장고 청소를 하고 싶어져요.

헤밍웨이에게 누군가 이렇게 하소연했다고 합니다. 그러자 헤밍웨이는 단호하게 해결책을 제시합니다.

그럼 냉장고 청소부터 하세요.

기자로 작가로 평생 글을 써온 헤밍웨이조차도 글을 쓰겠다면서 딴청만 부린 게 부지기수인가 봅니다. 저토록 현실적으로 조언하는 것을 보면요.

먼저 자리에 앉는다. 머릿속에는 꺼내야 할 책이 들어있다. 하지만 미루기 시작한다. 아침에는 이메일로 뉴스 등 뭐든지 다 확인한다. 자리에 앉아 나 자신과 마주해야 하는 일을 조금이라도 미루기 위해서다. 3시간 동안 아니야, 나중에 나중에… 한다.

이렇게 고백한 이는 《연금술사》의 작가 파울로 코엘료입니다. 세계적인 베스트셀러 작가인 그도 글쓰기에 돌입하기가 이렇게 쉽지 않았다고 하니 이제 글 좀 잘 써보려 시도하는 당신에게 미루기는 너무도 당연합니다. 그래도 파울로 코엘료는 미루기에 지지 않았고, 자신을 어르고 달래며 글을 씁니다.

그러다가 어느 순간 내 자신에게 체면을 구기지 않기 위해 '자리에 앉아서 30분 동안 글을 쓰자' 생각하고 정말로 그렇게 한다. 물론 이 30분이 결국 10시간 연속이 된다. 앞서 서너 시간이나 글을 쓰지 않은 데 대한 죄책감을 만끽해야 한다. 그래야만 글쓰기를 시작할 수 있고 쉬지 않고 쓴다.

파울로 코엘료가 베스트셀러를 연달아 써내는 비결은 30분만 쓰자고 자신을 달래는 것입니다. 우리도 그렇게 해볼까요? 매일 에세이 한 편 쓰기를 습관 들여 볼까요? 이렇게 매일 자신을 달래고 꾀고 어르며 돈이 되는 글쓰기 능력을 만들고, 그렇게 써 모은 글로 책도 내고 유튜브도 하면서 많은 이들에게 영향 미치는 삶을 살아볼까요?

○ 글쓰기 홈트레이닝 슬럼프를 이기는 페이스메이커

돈이 되는 글쓰기, 즉 의도한 대로 의식적으로 의미 있게 쓰고 독자를 원하는 방향으로 행동하게 만드는 일은 최대한의 몰입을 요합니다. 그러나 머릿속에서는 별의별 생각이 다 떠올랐다 사라지고를 반복합니다. 평소 잘 나지 않는 좋은 생각은 왜 꼭 그럴 때만 번뜩이는지요. 반가운 아이디어를 메모하려 쓰던 문장에서 눈을 떼면 그 즉시 산만해집니다. 곧바로 쓰던 문장으로 돌아와도 생각도 감도 흥도 다 놓쳐버린 후입니다. 그 사이 또 다른 생각이 삐죽 고개를 내밀지요. 글 한 줄 쓴다면서 우리가 하는 일이 이렇습니다. 나도 예외는 아닙니다. 글 한 쪽 쓰려면 충동과 싸우느라 더 바빴습니다. 이제는 충동에 끌려다니지 않습니다. 산만해지면 바로 정신을 차려 쓰던 문장으로 돌아옵니다.

충동을 극복하고 산만을 다스리는 일은 의지력만으로는 어림도 없습니다. 페이스메이커의 도움을 받습니다. 써야 할 원고가 있으면 매일 목표 치를 정해놓고 그 목표를 달성해야 책상을 떠납니다. 이때 목표를 정리해둔 일정표는 목표달성을 도와주는 페이스메이커입니다. 에세이를 쓸 때는 메모지와 연필을 키보드 바로 옆에 두고 생각이 떠오르면 1초 만에 메모하고 쓰던 문장으로 돌아옵니다. 메모지와 연필이 페이스메이커지요. 한 번에 25분씩 쓰게끔 타이머를 맞

2부 태도와 습관으로 완성하는 돈이 되는 글쓰기

쥐놓고 눈가리개를 한 경주마처럼 쓰기에만 달려듭니다. 타이머가 페이스메이커입니다. 새 책 쓰기에 돌입하면 블로그에 '이번 한 달은 집필할 겁니다' 하고 묻지도 않은 질문에 혼자 답을 올립니다. 그러면 블로그 이웃들이 제가 정말 집필하는지 물어볼 것 같아 딴청이 줄어듭니다. 블로그 이웃들이 페이스메이커지요. 당신도 당신만의 기상천외한 방법으로 페이스메이커를 만들어보세요. 사람이든 사물이든 혹은 환경이든 글쓰기에 몰입하도록 돕는다면 모두 페이스메이커입니다.

돈이 되는 글쓰기 홈트레이닝 119로 연습하는 동안 당신을 위해 함께 달려줄 페이스메이커를 소개합니다. 눈으로 체크하는 매일 연

• 돈이 되는 글쓰기 매일 연습 확인표 •

• 연습 목표 정하기
• 굵은 펜으로 ×자 표시하기

연습 목표	1	2	3	4	5	6	7	8	9	10	11	12	13	14	15	16	17	18	19	20	21	코멘트

연습 목표	1	2	3	4	5	6	7	8	9	10	11	12	13	14	15	16	17	18	19	20	21	코멘트

연습 목표	1	2	3	4	5	6	7	8	9	10	11	12	13	14	15	16	17	18	19	20	21	코멘트

습표인데요. 매일 90분 동안 3가지 연습하기 미션을 달성하고 체크 표시를 하세요. ×자로 굵게 표시하다 보면 쇠사슬처럼 보이는데요. 쇠사슬 ×표가 길어지면 매일 글쓰기 연습 습관도 그만큼 탄탄해졌 다는 증거가 되니, 하루라도 쇠사슬 ×표를 놓치고 싶지 않을 것입니 다. 매일 계속하고 싶은 마음이 생길 겁니다(www.돈이되는글쓰기.com 에서 관련 자료를 다운로드받아 활용하세요).

훨씬 더 좋은 글을 쓰는 습관,
피드백 찬스 쓰기

글쓰기 수업은 효과 없다,
피드백 받지 않는다면

스탠퍼드 대학교 경영대학원에서 30년간 리더십을 가르쳐온 제프리 페퍼 교수는 '리더십 강의는 효과 없다'고 돌직구를 날립니다. 테니스 잘 치는 법에 관한 세미나에 참석한 사람과 테니스 교실에서 코치에게 테니스를 배운 사람 중 실제로 누가 테니스를 잘 치게 되느냐면서, 리더십은 전문코치에게 훈련받고 피드백 받아야 한다고 강조합니다. 글쓰기도 특강이나 연수로는 배울 수 없습니다. 그냥 글쓰기가 아니라 돈이 되는 글쓰기, 즉 핵심을 빠르게 전달하고 원하는 반응을 빠르게 얻어내는 돈이 되는 글을 잘 쓰려면 효과가 검증된 프로그램으로 훈련받고 피드백 받는 길뿐입니다.

캐나다 토론토 대학교 심리학과 교수로 재직 중인 조던 피터슨 교수는 유튜브 구독자가 230만 명에 이르는 스타입니다. 그는 글쓰기가 얼마나 중요한가를 강조한 영상을 자주 올립니다.

여러분이 제대로 생각할 수 있고, 말할 수 있고, 글 쓸 수 있다면, 여러분 앞길을 막는 건 아무것도 없습니다. 도대체 이걸 왜 얘기를 안 해주는지 모르겠어요. 글 쓰는 법은 누군가에게 제공해줄 수 있는 가장 강력한 무기입니다.

조던 피터슨 교수는 글 쓰는 법을 알려주는 사람이 드문 것은 글쓰기를 가르치기가 매우 힘들기 때문이라고 말합니다. 잘 쓴 글은 이것저것 다 잘했으니 'A' 하고 체크하면 그만이지만, 못 쓴 에세이는 손볼 곳이 많아 채점이 너무 어렵다고 엄살 부립니다.

못 쓴 에세이는 우선 단어도 잘못 고르고 문구나 문장도 이상하고 문장의 순서들도 잘못되어 있고, 문단은 서로 연결도 안 되고… 아니 글 전체가 그냥 말이 안 된다. 이런 에세이에 '제대로 된 게 하나도 없음'이라고 피드백할 수밖에 없는데, 이러면 글 쓴 사람에게 도움이 안 된다.

이러니 시중에서 글쓰기 피드백 수업을 만나기 힘들거나, 있다손

치더라도 수업료가 엄청나게 비싼 과정일 수밖에 없습니다. 그러다 보니 피드백 수업을 생략하거나 오탈자나 뛰어쓰기를 잡아주는 첨삭지도로 떼우기 십상입니다.

글쓰기 피드백 수업이 드문 것은 그럴만한 능력을 가진 전문가가 드물기 때문이기도 합니다. 글을 잘 쓴다고 책을 냈다고 제대로 된 피드백 수업을 하지는 못합니다. '이렇게 쓰세요, 저렇게 쓰지 마세요'라는 조언은 누구나 할 수 있지만, 어떤 부분을 어떻게 수정하면 훨씬 잘 읽히는 글이 되는지를 일일이 피드백하려면 전문적인 능력과 경험을 갖춰야 합니다. 글을 수정하여 완성도를 높이는 것뿐 아니라, 글쓴이에게 발견되는 글쓰기의 오류를 발견하여 원인을 짚어주고 대책을 알려주는 한편 그러한 오류를 사전에 막는 방법까지도 조언할 수 있어야 피드백 수업이 가능합니다. 역설적으로 글쓰기 강의를 100시간 듣는 것보다 이러한 능력을 지닌 전문가를 만나 단 한 번이라도 피드백 수업을 듣는다면 당신의 글쓰기는 일취월장합니다.

피드백 없이 좋아지지 않는다, 절대로

당신이 독학으로 6개월 연습한 끝에 터득한 것을 당신의 코치는 단 5분 만에 지적할 수 있다.

프로골퍼 잭 버크의 말입니다. 어떤 분야든 프로들에겐 코치가 있습니다. 언어장애가 심했던 영국 왕 조지 6세에게는 언어장애를 치료하여 유능한 연설가가 되도록 코칭한 라이오넬 로그라는 코치가 있었고, 연설을 잘한 케네디 대통령에게는 테드 소렌슨이라는 코치가 있었습니다. 탁월한 재능이 어떻게 만들어지는지를 연구한 미국의 저널리스트 제프 콜빈은 "어떤 기술이든 연습할 수 있지만 그 효과를 확인하지 못하면 성과를 향상시킬 수 없고, 그러면 성과에 더 이상 신경 쓰지 않게 된다"며 피드백 없이는 탁월한 재능을 가질 수 없다고 말합니다. 최재천 교수는 글을 잘 쓰기로 소문난 과학자입니다. 피드백을 동반한 일대일 글쓰기 코칭 덕분이라고 최 교수는 말합니다.

SNS에 매일 글을 써 올린 덕분에 방문자가 하루 수천 명 되는 인플루언서들 가운데 막상 책쓰기 같은 돈이 되는 글쓰기를 하려면 절절 매는 이가 많습니다. 제대로 된 프로그램으로 글쓰기를 배운 적이 없고 피드백을 받아본 적도 없으니까요. 그래서 제프리 콜빈은 피드백 없이는 나쁜 습관이 강화되어 그것을 교정하는 데 많은 시간과 비용을 들여야 한다고 경고합니다. 글쓰기로 먹고사는 사람들은 셀프 피드백이 가능합니다. 피드백 수업을 받으며 글쓰기에 대한 감각과 안목을 갖췄기 때문이지요. 피드백 경험이 단 한 번이라도 없으면 셀프 피드백도 불가능합니다. 100번의 글쓰기 강의보다 단 한 번의 피드백 수업이 훨씬 중요한 이유가 여기에 있습니다. 당신이 글을 잘 쓰고 싶다면, 잘 팔리는 글, 돈이 되는 글을 쓰고 싶다면 당신에게 유능한 글쓰기 코치를 붙여주세요.

○ 정중한 웨이터형은 피하라

세계적인 재능전문가 대니얼 코일은 《탤런트코드》에서 단언합니다.

탁월한 재능은 타고 나는 게 아니라 길러지는 것이며, 재능을 기르려면 신중하게 계획된 연습을 하면 된다.

그가 말한 '신중하게 계획된 연습'이란 의도한 효과를 낼 수 있는 프로그램으로 연습하고 연습 결과를 확실하게 피드백 받는 것을 말합니다. 돈이 되는 글쓰기를 재능 수준으로 개발하는 데도 신중하게 계획된 연습은 필수입니다. 결국은 어떤 사람에게 코치 받는가가 관건입니다.

대니얼 코일은 글쓰기를 배우든 테니스를 배우든 제대로 된 코치를 만나려면 다음 몇 가지 조건을 체크해보라고 조언합니다.

① 정중한 웨이터형은 피하기

최소한의 노력으로 편안하고 행복하게 원하는 결과를 얻을 수 있다고 하는 사람, 짧은 시간 수많은 내용을 다루며 "걱정 마, 잘 될 거야, 나중에 하면 돼"라고 웃으며 말하는 사람, 정중하기 그지없는 웨이터를 연상하게 하는 이런 사람은 피하는 것이 좋습니다. 오히려 우리가 만나야 할 전문가는 당신의 실력에 대해 솔직하게 말하기를 거리끼지 않아 기분을 상하게 만드는 사람입니다. 이는 감정의 문제가 아니라 발전하는데 필요한 정보를 전달하는가의 문제니까요.

② 긴장시키는 사람

확실한 피드백을 해줄 전문가는 당신이 무엇을 원하는지, 어떤 상태인지 등을 면밀히 살핍니다. 따라서 이런 사람에게 당신은 존경, 경외, 두려움 등 낯선 감정을 느끼게 될 것입니다.

③ 간결하고 확실한 지침을 주는 사람

당신이 가진 문제상황을 정확히 이해하고 유용한 정보를 주어 문제를 해결하도록 간결하고 명확하게 지침을 주는 사람이라야 합니다.

④ 기본을 중시하는 사람

어떤 경우에도 기본 없이는 원하는 발전이 불가능합니다. 유능한 코치는 골프채 쥐는 방식, 기타에서 단일 음표를 연주하는 방법 등 기본을 가르치는 데 많은 시간을 할애합니다. 당신에게 기본의 중요성을 강조하고 요구하는 사람을 만나야 합니다.

⑤ 같은 조건이면 연장자

가르치는 재능 또한 제대로 성숙하려면 시간이 필요하지요. 많은 시간, 코칭해온 사람을 택하세요.

이런 사람을 찾아
피드백 받으세요

대니얼 코일은 재능을 기르려면 코치를 잘 만나야 한다고 강조합니다. 다음은 글을 잘 쓰고 싶은 당신이 만나야 할 글쓰기 코치의 조건입니다. 이런 코치를 만나거든 무조건 매달리십시오. 그리고 그의 곁에서 1년이고 2년이고 글쓰기를 배우십시오. 최재천 교수처럼.

① 글을 쓰게 만드는가

글쓰기를 가르치기만 하는 사람이 아니라 글을 쓰게 하고 피드백해주는 전문가를 만나야 합니다. 그러려면 그의 경력과 자격에 주목해야 합니다. 글쓰기를 제대로 배운 사람이라야 당신이 글을 잘 쓰게끔 실질적인 것을 알려주고 요구합니다.

② 피드백 능력자인가

당신이 쓴 글을 첨삭이 아니라 제대로 피드백해줄 수 있는지 확인하세요. 첨삭지도는 글쓰기 맨 마지막에 점검하는 차원에서 하는 일이지요. 만일 의도에 맞게 핵심을 빠르게 전달하도록 글이 쓰이지 않았다면 첨삭은 무의미합니다. 피드백 수업이 가능하려면 피드백 수업으로 글쓰기 훈련을 받았어야 가능합니다.

③ 글을 자주 쓰는가

글 값 받는 글을 자주 또는 일상적으로 쓰는 사람이어야 합니다. 쓰지 않고 가르치기만 하는 사람은 잘 읽히는 글쓰기를 지도하고 피드백하기가 불가능합니다. 글 값 받는 글을 쓰기 위해 애를 쓰고 기를 써본 사람이라야 당신이 글을 쓰며 겪는 애로를 이해하고 문제를 해결해줄 수 있습니다.

④ 글쓰기 지도 경험이 풍부한가

다른 이의 글쓰기를 지도한 경험이 많아야 합니다. 자신의 글이나 책을 써온 경험만으로 다른 이를 지도할 수는 없습니다. 특히 피드백 수업을 진행하는지, 그러한 경험이 많은지 검토해야 합니다. 그래야 당신이 쓴 글을 한 줄 한 줄 읽어가며 더 나은 글로 만드는 방법을 지도할 수 있습니다.

⑤ 유명 작가보다 유능한 코치를 만나야

글쓰기에 대한 전문적인 이해와 기술을 갖춘 이를 만나야 합니다.

그래야 체계적으로 글쓰기에 대한 지식을 습득하고 글쓰기 역량을 갖출 수 있습니다. 이런 전문가는 일대일 첨삭지도에 필요한 검증된 훈련 프로그램과 피드백 시스템을 갖춘 사람입니다. 설령 많은 이를 가르쳐왔더라도 시간을 두고 검증한 자신만의 프로그램이 없다면 그리고 피드백하는 시스템을 갖추지 않았다면, 의도적인 훈련이 불가능합니다.

글쓰기 스터디 모임으로
오래 함께하기

글을 잘 쓰려면
페이스메이커가 필요해

한국을 방문했을 때 당시 고등학생들과 만날 기회가 있었어요. 학생들끼리 서로의 글을 읽고 고쳐주라고 했더니 '한 번도 해본 적 없다'고 해서 놀랐지요.

하버드 대학교에서 글쓰기를 가르쳐온 낸시 소머스 교수의 말입니다. 소머스 교수는 학생들끼리 서로 글을 읽고 첨삭해주는 '동료 평가(peer edit)'가 글쓰기 실력 향상에 매우 중요하다고 강조합니다. 동료의 글을 최대한 많이 읽어보고 자기 글에 대한 평가를 받아봐야 비로소 내 글의 단점이 무엇인지, 어떻게 개선할지를 알 수 있다고 조언합니다.

글을 잘 쓰려면 우선 쓰고, 피드백 받아라.

이것이 돈이 되는 글쓰기 능력을 갖추는 유일한 방법입니다. 쓰는 것이야 SNS 포스팅 등 마음만 먹으면 얼마든지 가능하지만, 피드백 받기란 유능한 코치를 만나는 기회도 드물고 만만찮은 비용까지, 쉽지 않은 일입니다. 그렇다고 낙심하기엔 이릅니다. 글쓰기 모임을 만들면 각자 쓴 글에 대한 의견을 주고받는 귀한 기회를 만들 수 있으니까요.

글C클럽은 '글 쓰는 CEO'라는 뜻을 가진 글쓰기 모임입니다. 글을 잘 쓰고 싶은 사람이라면 누구나 참여 가능한데요. 한 달에 한 번 글쓰기 강의를 듣고, 연말이면 회원들의 글을 모아 책을 냅니다. 변호사·은행원·사업가·주부 등 하는 일도 다양하고 나이도 30대에서 60대까지 다채롭습니다. 수년 동안 계속돼온 글C클럽을 보면 글쓰기 공부 또한 혼자 애쓰기보다 함께하면 더 오래 잘할 수 있다는 생각이 듭니다.

돈이 되는 글쓰기 능력을 기르고 싶다면 당신도 동지들과 함께하세요. 글쓰기 모임을 만들어 함께해보세요. 혼자 글쓰기를 하다 보면 엉뚱한 곳에서 헤매기 일쑤고, 피드백 없이 혼자 글을 쓰다 보면 악습이 날로 강화되는 위험에 빠지기 쉽습니다. 뜻이 맞는 사람들끼리 글쓰기 모임을 하면 내 글쓰기 실력이 느는 것을 지켜봐주고 조금씩 잘할 때마다 박수 쳐주는 동료를 갖게 됩니다. 글쓰기 공부에 박차를 가하게 만드는 소중한 페이스메이커를 두는 셈입니다.

돈이 되는 글쓰기 능력을 갖는 일이 하루아침에 될 리 없습니다. 운전처럼 한 번 배웠다고 평생 써먹는 기술도 아닙니다. 잘 쓰기 위해 더 잘 쓰기 위해 평생 수업해야 되는 일인 만큼 함께해줄 친구이자 경쟁자이자 동료이자 멘토들과 함께하는 기회를 만들어보세요. 내 글에 대해 진정성 가득한 의견을 들려줄 페이스메이커와 함께하세요.

● 쓰고 이야기하는 쓰담 수업

나는 '라이브클리닉'이란 이름으로 글쓰기 피드백 수업을 합니다. 이 수업은 글을 써와 소리 내어 읽고 함께한 동료들의 의견을 듣고, 코치의 전문적인 피드백 받기 순으로 진행합니다. 이 수업은 한 번에 최대한 8명까지만 가능하여 많은 사람들에게 기회가 돌아가지 않습니다. 이런 아쉬움에 대한 대안으로 제안하는 것이 글쓰기 스터디 모임, 쓰담 수업입니다. 쓰담이란, 글을 쓰고 그 글에 대해 이야기(談)한다는 뜻입니다.

쓰담 수업에서 내가 쓴 글에 대한 의견을 듣는 것만으로 어떻게 글을 써야 할지 가늠하게 됩니다. 비록 전문적인 피드백을 받지는 못하더라도 글을 쓰느라 자기만의 생각에 빠져 놓쳐버린 것들을 발견하고 바로 잡는데 더없이 좋습니다. 동료들이 글을 읽고 '무슨 뜻이냐, 그래서 어쩌란 건지 모르겠다, 글 앞뒤가 다르다, 내용이 어렵다' 등등의 의견을 말해주면 의도한 핵심이 전달되지 못했다는 것을 알게 되고 원하는 반응을 끌어내기에 미흡했다는 것을 알게 됩니다. 이런 과정을 많이 거치다 보면 쓰기 전에 글을 읽게 될 독자를 먼저 떠올리는 습관이 생깁니다. 이렇게 쓰면 독자는 어떻게 생각할까 등등 독자 입장을 사전 점검하는 바람직한 쓰기의 자세를 갖게 됩니다.

내가 진행하는 모든 책쓰기 수업, 글쓰기 수업에서도 반드시 쓰담 수업을 병행합니다. 자신이 쓴 글과 다른 이가 쓴 글을 살피는 쓰담 수업을 하고 나면 '글이 보인다'고 말합니다. 쓰담 수업의 장점은 내가 쓴 글을 다른 사람에게 보일 때의 민망함에 익숙해지는 것도 포함됩니다. 다른 사람에게 글을 내보이는 일이 속옷차림으로 거리에 나가는 것처럼 버겁지만 쓰담 수업을 서너 차례 하고 나면 곧 익숙해집니다. 쓰담 수업을 하다 보면 글이란 고쳐 쓰면서 나아지는 것임을 몸소 알게 됩니다. 이것이 쓰담 수업의 가장 큰 효과입니다.

글쓰기 스터디 모임 만들고 운영하기

'내가 쓴 글을 읽은 동료로부터 리뷰를 듣는다'가 핵심인 글쓰기 스터디 모임, 쓰담 수업은 글쓰기에 대한 열망이 강하고, 모임을 끌어갈 정도의 리더십을 갖춘 사람들로 구성합니다. 참가하는 사람 중 리더를 정하되, 기왕이면 연장자가 좋습니다. 모임을 만든 리더는 첫 번째 회기(63일) 동안만 그 역할을 합니다. 회기가 끝나면 구성원이 돌아가며 리더를 맡습니다. 이렇게 해야 구성원 모두가 글쓰기 스터디 모임이라는 원래의 목적에 충실할 수 있습니다.

쓰담 수업은 63일 단위의 회기(會期)로 진행합니다. 매일 돈이 되는 글(에세이)을 쓰고 주기적으로 만나 동료의 리뷰를 받아 개선하기를 목표합니다. 하나의 기술을 익히려면 최소한 8주 또는 66일이라는 시간을 필요로 합니다. 또 최소한 21일을 반복해서 해야 변화의 조짐이 일어난다고 하지요. 여기에 착안하여 글쓰기 모임도 21일씩 세 차례로 구성된 63일을 기본 주기로 설정합니다. 63일 동안 매일 에세이를 쓰고 격주마다 한 번씩 쓰담 수업 하기가 글쓰기 모임의 미션입니다. 인터넷상의 커뮤니티 서비스에 모임 아지트를 만들어 이곳에 매일 에세이를 씁니다. 쓰담 수업은 격주마다 한 번씩 만나서 진행하며, 한 달에 한 번은 전문가와 함께하는 쓰담 수업을 진행합니다.

1. 매일 글을 쓴다. 전용 인터넷 카페에 글을 올린다.
2. 63일 단위로 돌아가며 리더를 맡는다.
3. 격주에 한 번씩 쓰담 수업을 진행한다.

2부 태도와 습관으로 완성하는 돈이 되는 글쓰기

○ 멤버 구성하기

옷을 잘 입는 사람들과 어울리면 옷을 잘 입게 마련입니다. 이는 생각과 습관, 생활방식이 엇비슷해지기 때문입니다. 글쓰기 스터디 모임, 쓰담 수업도 어떤 사람들이 함께하느냐가 성패를 가릅니다. 쓰담 수업에 적합한 멤버는 '그리 친하지는 않은' 사람들이 좋습니다. 쓰담 수업을 하다 보니 '글 친구'되는 것이 좋습니다. 친한 사람들이 모여 쓰담 수업을 하면 객관적으로 리뷰하기가 불가능합니다. 다양한 직업, 나이, 성별을 가진 이들이 함께해야 피드백 수업 효과를 높일 수 있습니다. 글 값 받는 글쓰기에 대한 열망과 모임에 성의 있게 참여하려는 의욕을 가진, 쓰담 수업에 대한 이해가 높은 이들로 모임을 구성합니다. 모임을 시작하는 시점에서 글쓰기 경험의 수준이 엇비슷해야 서로 배워가는 재미를 느낍니다. 서로가 돈이 되는 글을 쓰게끔 서로에게 페이스메이커가 되어줄 만한 8명 내외의 구성원으로 시작하는 것이 딱 좋습니다. 시작한 후에는 한두 명 그만두기 마련이지만 어떤 경우에도 최소 5명은 유지하도록 노력해야 합니다.

○ 최소한의 규칙

책 읽기는 싫지만 책과 가까이 하고 싶어 하는 사람들을 대상으로 한 모임도 있습니다만, 어떤 독서 모임은 책을 사서 읽어야 하고 독후감을 제출하지 않으면 모임에 참여할 수 없는 규칙으로 운영됩니다. 이러한 규칙이 유료임에도 잘나가는 모임이 되게 합니다. 글쓰기 전문가가 진행하는 글쓰기 수업이 아니라 동료들 간의 모임에서도 이런 규칙은 매우 중요합니다. 최소한의 규칙을 만들고 규칙을 사수해야만 모임이 의도대로 진행됩니다. 글쓰기 모임이 준수해야 할 규칙으로는 이런 것이 있습니다.

1. 돈이 되는 글쓰기를 목표한다.
2. 매일 에세이를 쓴다.
3. 쓰담 수업으로 개선한다.

○ 쓰담 수업 준비하기

① 쓰담 수업 알리기

리더가 글쓰기 모임 아지트인 인터넷 카페에 공지합니다. 글쓰기 모임을 결성할 때 격주에 한 번 쓰담 수업을 하기로 결정하고 일정을 미리 지정해두면 편합니다. 쓰담 수업을 진행할 장소로는 커피전문점 같은 열린 공간보다 에세이를 소리 내 읽고 쓰담하기에 적당한 개별 공간이 좋습니다.

한 사람당 에세이를 읽고 관련하여 의견을 주고받으며 이야기하는데 30분가량 듭니다. 참석인원에 따라 3~4시간 소요됩니다. 4시간 이상 길어지면 집중력이 떨어져 효과가 반감하므로 진행시간을 제한하는 것이 좋습니다. 쓰담 수업의 준비물은 딱 하나, 저마다 에세이를 참석자 수대로 출력해 오는 것입니다. 쓰담 수업용 에세이는 수업 3일 전까지 확정하여 인터넷 카페에 올려놓게 하는데, 충분히 시간을 들여 읽고 이야기할 거리를 메모하려면 이 정도 시간은 필요합니다. 나는 쓰담 수업을 위한 에세이 쓰기용 파일을 공유하여 모두 같은 포맷의 글을 출력하게 합니다. 이 파일은 독자가 읽기 쉽게 1,500자로 분량을 제한하여 구성한 워크시트입니다(www.돈이 되는 글쓰기.com에서 관련 자료를 다운로드받아 활용하세요).

② 쓰담 수업 진행하기

먼저 쓰담 수업 방법을 공유합니다. 쓰담 수업이 무엇인지, 왜, 어떻게 하는지를 정리한 자료를 출력하여 공유합니다(www.돈이되는글쓰기.com 참조).

다음엔 순서대로 '쓰담'합니다. 차례가 돌아오면 출력한 에세이를 나눠주고 자신이 쓴 글을 소리 내어 읽습니다. 소리 내어 읽으면 일정한 거리를 두고 내용과 표현을 객관적으로 바라보면서 수정할 부분을 찾게 됩니다. 다른 참석자는 필자가 소리 내어 읽는 동안 눈으로 따라 읽으며 다음 관점에서 의견을 정리합니다.

- 내용면에서 : 일리 있고 조리 있게 설득력이 있는지, 쓸거리가 짜임새 있는지
- 표현면에서 : 모호한 문장, 어려운 문장, 헛갈리는 문장은 없는

지, 의도와 다르게 표현된 단어나 문장은 없는지와 주제가 흥미로운지, 너무 일반적이거나 사적인 내용이 아닌지, 흔하고 뻔한 내용은 아닌지

마지막으로 소리 내어 읽고 난 소감을 말합니다. 에세이를 쓰면서 어려웠던 점, 막혔던 부분, 그것을 해결한 방법 등을 소개합니다. 다른 참석자의 질문을 받고 답하는 것도 피드백 효과에 큰 도움이 됩니다.

동료들이 의견을 이야기하면 그중 타당한 의견은 꼼꼼하게 메모하여 고쳐 쓰기에 반영합니다. 이때 글쓴이는 반박하거나 질문에 일일이 답변하기보다는 독자로서 들려주는 의견, 질문이 뜻하는 바가 뭘까? 즉 내가 쓴 글의 어떤 점이 독자로하여금 저러한 반응을 불러왔을까, 모색하는 데 중점을 두어야 합니다. 바람직한 것은 받아들여 개선하고 용납되지 않는 부분은 거절하면 됩니다.

리더는 동료의 한 사람으로서만 참여하고 최대한 자유롭게 이야기를 나누게 가급적 개입하지 않습니다. 이야기의 방향이 빗나가거나 집중도가 떨어질 때만 관여하여 진행을 돕습니다.

2부 태도와 습관으로 완성하는 돈이 되는 글쓰기

리뷰의 기술:
칭찬, 응원, 격려보다 태그하기

쓰담 수업을 하는 이유는 동료들의 리뷰를 듣기 위해서입니다. 동료의 글에 리뷰하기는 '글은 고쳐 쓰면 얼마든지 좋아진다'는 기본 인식에서 출발해야 합니다. 동료가 쓴 글의 잘잘못을 지적하는 것이 아니라 독자로서 읽은 글에 대한 의견을 전하는 것이 리뷰입니다.

쓰담 수업에서 리뷰가 원활하게 이루어지려면 사전에 각자 쓴 글을 공유하고 미리 읽게 해야 합니다. 막연히, 알아서 리뷰하게 하는 것보다 동료의 글을 읽으며 아쉬웠던 점과 이유 또한 3가지씩 준비하게 하면 리뷰 작업이 의미 있게 진행됩니다. 리뷰는 글을 읽고 독자로서 든 생각이나 느낌을 전달하는 데 집중합니다. 글을 잘 썼네 못 썼네 하는 지적이나 칭찬은 금물입니다. 이렇게 해보라며 가르치려 들어서도 안 됩니다. 쓰담 수업 리더는 평가하거나(잘했다, 못했다) 판단하는 리뷰가 나올 경우, 말려야 합니다. 상대는 동료니까요. 잘못 썼다는 지적은 전문가에게 들어도 받아들이기 쉽지 않기 때문입니다. 판단, 평가, 지적, 지시하지 않는 대신 '태그'합니다. 태그란 의견 말하기(Tell), 글쓴이에게 질문하기(Ask), 긍정적 제안하기(Give)를 말합니다.

Tell 의견 말하기

나는 이 글의 이런 점이 이래서 좋았다, 이런 부분은 이래서 좀 어색했다는 식으로 가급적 구체적으로 의견을 말하는 것이 좋습니다.

Ask 글쓴이에게 질문하기

글을 읽고 궁금한 것을 질문하면, 글쓴이가 의도한 내용이 전달되지 않았음을 시사합니다.

Give 글쓴이에게 긍정적 제안하기

이렇게 하면 더 좋을 것 같다고 아이디어를 전달합니다.

Tell 의견 말하기	• 나는 이 글이 좋았다. 왜냐하면 • 나는 OO 부분이 좀 아쉽다. 왜냐하면~
Ask 글쓴이에게 질문하기	• 궁금한 부분이나 의문점에 대해 구체적으로 질문한다.
Give 글쓴이에게 긍정적 제안하기	• 이러면 좋을 것 같다. • 이런 생각 해봤다.

○ 쓰담 수업 효과를 극대화하려면

글쓰기 경험이나 전문적인 소양을 아직 갖추지 못한 동료들 간의 수업은 발전에 한계가 있습니다. 한 번씩 전문가를 초대하여 제대로 된 피드백 수업을 받는 것이 좋습니다. 쓰담 수업 참석자들의 글을 모아 책자로 만들면 글쓰기 실력이 빨리 늡니다. 강남구청 직원들을 대상으로 한 글쓰기 수업에서도 이 방법은 주효했습니다. 6개월 동안 글 잘 쓰기에 대한 비결을 공유하고 서술형 글쓰기를 위해 매일 온라인 카페에서 연습하고, 마지막에는 한 편씩 글을 모아 책자로 출간했습니다. 책자를 만들기 위해 책자의 콘셉트를 정하고 각자 주제를 정하고 주제에 맞춰 글을 쓰고 피드백 받고 고쳐 쓰고 하는 일에 매달리면서 글쓰기에 대한 이해와 재미와 보람이 늘었다고 인사를 들었습니다.

가르치면서 배우면, 나도 글쓰기 코치

글쓰기 스터디 모임, 쓰담 수업으로 한걸음 더 나가보실래요? 당신도 글쓰기 코치가 되어 보세요. 당신이 누군가의 부모, 누군가의 선생님이라면 글쓰기 코치에 도전하기 딱 좋습니다. 가장 잘 배우는 사람은 가르치는 사람이라는 말이 있습니다. 누군가에게 글쓰기에 대해 가르치려 하면 당신은 훨씬 더 잘 이해하게 됩니다. 글쓰기에 관한 문제해결을 도와주다 보면 자신이 겪는 글쓰기의 곤란과 혼란에 대해서도 해결하게 됩니다. 글쓰기 코치로서 모범을 보이려면 돈이 되는 글을 쓰기 위해 더 많은 노력을 할 테지요.

당신이 아이들의 글쓰기 코치가 될 수 있다고 장담하는 이유는 아이들은 우리 어른들과 달리 하루하루 지적으로 성장하기 때문에 매일 글을 쓰도록 독려만 해도 부쩍부쩍 좋아지기 때문입니다. 앞에서 살펴보았듯 글쓰기는 쓰면서 배워야 하는 것이므로 글쓰기 지식이나 기술을 시시콜콜 가르쳐주기보다는 매일 글을 쓰도록 돕는 것만으로 글쓰기 코치의 역할을 다하는 것입니다.

글쓰기 코치로 데뷔하기

① 누구를 대상으로 하나

학부모라면 당신의 아이를 지도하세요. 일선학교 선생님이라면 담임반 아이들을, 사교육 선생님이라면 맡고 있는 아이들을 지도하세요.

② 무엇을 지도하나

매일 저널을 쓰게 하세요. 미국, 캐나다의 정규학교에서는 하루 수업이 시작되기 전 15분 동안 저널을 쓰게 합니다. 가정에서 학교에서 학원에서 혹은 공부방에서 하루 15분 동안 저널을 쓰게 하는 것만으로 당신도 글쓰기 코치가 될 수 있습니다.

③ 어떻게 지도하나

- 마음에 드는 저널 쓰기 노트를 마련하게 합니다.
- 매일 정해진 시간에 한 페이지씩 저널을 쓰게 합니다. 저널이 무엇인지, 왜 좋은지를 미리 알려주세요.
- 그날 혹은 전날 있었던 일 가운데 가장 인상 깊었던 것에 대해 쓰게 합니다.
- 하나의 쓸거리에 집중하도록 유도합니다.
- 아이들이 쓴 저널에 공감하는 댓글을 써주세요. 내용에 일일이 개입하기보다는 과제를 다 한 것에 대해 칭찬하는 피드백이 좋습니다.
- 저널 쓰기 15분이 '공부 추가'라 여기지 않도록 숙제를 덜어주거나 공부시간에 포함시켜주세요.
- 당신도 매일 저널 쓰기를 하세요. 그러면 아이들이 저널 쓰기와 관련하여 질문하면 척척 답하게 됩니다.

돈이 되는 글쓰기를 척척,
워크시트 10

반죽을 빵틀에 흘려 붓고 팥 앙꼬를 넣으면 붕어빵이 뚝딱 구워 집니다. 돈이 되는 글쓰기도 붕어빵처럼 수월하게 뚝딱 가능합니다. 워크시트를 활용하면 되거든요. 워크시트란 만들어내고자 하는 생각대로 미리 조직해놓은 생각의 틀을 말합니다. 워크시트들은 생각을 짜임새 있게 만들어내도록 도와 핵심을 전달하여 원하는 반응을 빠르게 얻어내는 글을 쓰는데 기여합니다. 돈이 되는 글쓰기 능력을 기르는데 필요한 지식-기술-태도-습관에 걸쳐 써먹기 딱 좋은 워크시트를 드립니다. 글쓰기, 책쓰기 수업에서 실제로 활용하는 것들입니다. 글을 쓰기 전에 워크시트를 사용해 생각을 정리하는 습관을 들이면 일리 있고 조리 있는 글쓰기 능력을 기를 수 있고, 익숙해지면 워크시트 없이도 생각하고 쓰는 패턴이 자리 잡습니다.

워크시트를 사용하는 돈이 되는 글쓰기 과정을 안내합니다.

1. 워크시트에 생각과 자료를 담는다.

2. 요소별로 빠졌거나 부족한 부분을 보완한다.

3. 생각을 풀어 서술한다.

돈이 되는 글쓰기에 필요한 워크시트는 〈www.돈이되는글쓰기.com〉에서 관련 자료를 다운로드받을 수 있습니다.

핵심을 빠르게 전하는 쓸거리 만들기

Opinion	Reason	Example	Offer
의견을 주장한다.	이유와 근거를 댄다.	예를 들어 설명한다.	의견 강조, 제안한다.

Opinion 의견을 주장한다.	
Reason 이유와 근거를 댄다.	
Example 예를 들어 설명한다.	
Offer 의견 강조, 제안한다.	

읽고 싶게 읽기 쉽게 쓰는 에세이 포맷

Attention 주목을 끌고		
Point 핵심을 전하고	O	
	R	
	E	
	O	
call To action 원하는 반응 끌어내기		

고객을 매혹하는 마케팅 글쓰기의 기본 공식

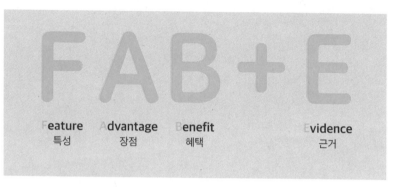

Feature 특성	
Advantage 장점	
Benefit 혜택	
Evidence 근거	

해결책을 선물하는 공식

PRESENT

Problem	Real problem	Executive cause	Solution	Evidence	Net benefit	call To action
문제 제기하기	진짜 문제 강조하기	실질적인 원인 어필하기	해법 제안하기	해법에 대한 근거 제시하기	해법의 실제 이익 강조하기	원하는 반응 요청하기

Problem 문제 제기하기	
Real problem 진짜 문제 강조하기	
Executive cause 실질적인 원인 어필하기	
Solution 해법 제안하기	
Evidence 해법에 대한 근거 제시하기	
Net benefit 해법의 실제 이익 강조하기	
call To action 원하는 반응 요청하기	

잘 읽히는 이메일 쓰기 공식

SENT

Small talk	**E**xecuter	**N**ecessary	call **T**o action
간단한 인사	소개의 글	용건 어필	원하는 반응 요청

Small talk 간단한 인사	
Executer 소개의 글	
Necessary 용건 어필	
call To action 원하는 반응 요청	

2부 태도와 습관으로 완성하는 돈이 되는 글쓰기

잘 통하는 댓글 쓰기 공식

R R R

Respond
응답하는
내용 쓰기

Reason
그렇게 생각하는
이유 쓰기

Repeat
질문을 반복하여
답변 마무리

Respond 응답하는 내용 쓰기	
Reason 그렇게 생각하는 이유 쓰기	
Repeat 질문을 반복하여 답변 마무리	

위기를 기회로 만드는 사과문 쓰기 공식

Sensing 문제상황 감지	
Optimize 잘못 인정하기	
Regret 반성과 사과	
Respond 개선 약속	
thank You 사과 기회에 대한 감사 인사	

잘 먹히는 설명 공식

Problem 문제점 지적하기	Importance 중요성 언급하기	Solution 해결책 제시하기	Timeline 시간 특정하기	Ownership 책임자 특정하기	Location 문제해결 장소 특정하기

Problem 문제점 지적하기	
Importance 중요성 언급하기	
Solution 해결책 제시하기	
Timeline 시간 특정하기	
Ownership 책임자 특정하기	
Location 문제해결 장소 특정하기	

생각 근육을 기르는 저널 쓰기 포맷

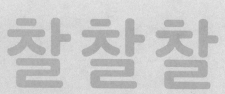

관찰
이런 일이
있었다.

성찰
이런 생각,
느낌이 들었다.

통찰
이런 의미, 가치를
발견하고 배웠다.

관찰 이런 일이 있었다.	
성찰 이런 생각, 느낌이 들었다.	
통찰 이런 의미, 가치를 발견하고 배웠다.	

더 좋은 글을 쓰기 위한 피드백 포맷

Tell 의견 말하기	
Ask 글쓴이에게 질문하기	
Give 글쓴이에게 긍정적 제안하기	

당신의 글에
투자하라

내 책을 여러 권 읽은 독자는 내가 투자의 제왕 워런 버핏 회장을 얼마나 좋아하는지 잘 압니다. 다른 리더들은 따라 하기 힘든(또는 불가능한) 방법들로 세계 최고가 되는데, 워런 버핏 회장은 내가 할 수 있는 일로 1등을 하기 때문에 좋아하지 않을 수 없습니다. 따라하지 않을 수 없습니다. 워런 버핏 회장에게 야후 파이낸스에서 "어디에 투자하면 좋을까요?" 하고 물었습니다. 그가 답했습니다.

당신이 할 수 있는 탁월한 투자는 당신 자신에게 투자하는 것이다.

그는 친절하게 설명을 보탭니다.

모든 것에 우선하는 투자가 있다. 당신 자신에게 투자하는 것이다. 모든 사람은 아직 사용하지 않은 잠재력을 지니고 있다. 누구도 빼

앗거나 훔칠 수 없다. 그리고 잠재력에는 세금을 매기지 않는다. 물가 오른다고 화폐처럼 가치가 떨어지지도 않는다. 남은 평생 동안 오롯이 당신의 소유다.

워런 버핏 회장은 '자신에 대한 투자' 중 가장 수익률 높은, 보장된 종목도 하나 콕 집어줍니다.

글과 대화 양 측면에서 더 잘 소통하는 법을 배워라. 이 기술을 익히면 당신의 가치가 최소 50퍼센트는 올라갈 것이다.

아시겠지만, 글을 잘 쓰면 대화는 저절로 잘 된답니다. 쓰면서 단련된 돈이 되는 글쓰기 능력은 대화든 연설이든 말하기 영역에서까지 발휘되니까요. 그러니 돈이 되는 글쓰기는 당신의 가치를 최소한 50퍼센트 올려줄 블루칩이에요. 어째, 투자 좀 하시겠어요?

○ 글을 쓰는 한 평생 현역

100살의 김형석 선생님은 70대인 아들과 며느리, 딸, 사위에게 밥을 삽니다. 수입이 지속적으로 들어오는 현역이라서 그렇다고 합니다. 미국의 경영사상가 피터 드러커는 글을 쓰는 한 평생 현역이라고 했습니다. 돈이 되는 글쓰기 초능력을 발휘하는 한 당신도 평생 현역입니다.

한 주제에 대한 배움에 깊이 빠져들다 보니 자신이 모르는 것이 얼마나 많은지를 알게 된 사람이 전문가다.

나는 이 말을 참 좋아합니다. 내가 이 책을 쓴 것은 누구보다 글을 잘 써서가 아니라, 쓰다 보니 그리고 쓰게 돕다 보니 모르는 게 점점 많아져서 답을 찾아 나서고 찾아낸 것을 적용하고 하다 보니 어느새 전문가가 된 덕분입니다. 이 책에 소개한 글쓰기에 대한 지식, 태도, 기술, 습관들은 내가 만든 것이 아닙니다. 소통에 대해 오랫동안 인류가 전승해온 조언들을 찾아다닌 결과물입니다. 이 책에 내 것이 있다면 그런 조언들을 행한 경험에서 건진 인사이트와 팁들뿐입니다. 내가 이 책을 쓸 자격이 있다면 글쓰기 수업을 해서가 아니라 잘 쓰고 싶은 마음이 누구보다 강렬해서입니다. 나는 돈이 되는 글쓰기를 가로막는 것들과 타협하지 않을 것입니다. 더러 잘 못 쓸 수도 있고 어쩌다 잘 쓸 수도 있을 테고, 더러는 머뭇거리기도 하겠지만 그럼에도 나는 매일 쓸 것이고 계속 쓸 것입니다. 이것이 돈이 되는 글을 쓰는 작가로서 돈이 되는 글쓰기를 돕는 코치로서 내 일입니다.

마사 그레이엄이 90살 무렵, 한국을 방문한 적이 있어요. 휠체어를 타고 공항에 나타난 그녀는 무용을 잘하려면 어떻게 해야 하느냐고 묻는 팬들의 질문에 이렇게 답했습니다.

저스트 두 잇(Just do it!, 지금 바로 하세요!)

'돈이 되는 글쓰기 잘하려면?' 하고 물으면 나는 이렇게 말하려고요.

라잇 라잇(Right write!, 지금 쓰세요!)

당신의 글쓰기가 돈이 되게 돕는
송숙희 코치 드림